Psychotherapeutische Methoden werden seit rund einhundert Jahren zur Behebung von Privatkrisen und -konflikten eingesetzt. Ihre Zahl ist inzwischen Legion. Neu ist, daß solche Methoden zunehmend auch in Betriebe und Institutionen Einzug halten. Hier sollen sie Störungen des Arbeitsklimas und hierarchische Konflikte beseitigen. »Supervision« heißt das Zauberwort, das neuerdings in Therapie- und Institutionskreisen kursiert. Gemeint mit dieser »Überwachung« ist das Beobachten von Spannungen und Konflikten durch institutionsfremde Berater, die speziell für solche Aufgaben ausgebildet sind. Der von dem Psychologen und Supervisor Harald Pühl herausgegebene Band faßt den heutigen Stand der Supervision in Institutionen in theoretischer wie praktischer Hinsicht zusammen. Die Autorinnen und Autoren des Bandes informieren über die verschiedenen Beratungsmethoden, über die Bedeutung von Organisationskultur und -geschichte für die Supervision, über das »Unbewußte« in Institutionen, über das Thema Macht in der Supervision von Führungskräften und weitere Aspekte.

Harald Pühl, Jg. 1947, Dr. phil., Diplompsychologe, Supervisor und Institutionsanalytiker, ist in Berlin als Dozent und Berater für Supervision tätig.

Supervision
in Institutionen

Herausgegeben von Harald Pühl

**Fischer
Taschenbuch
Verlag**

Geist und Psyche
Herausgegeben von Willi Köhler
Begründet von Nina Kindler 1964

4.–5. Tausend: August 1997

Originalausgabe
Veröffentlicht im Fischer Taschenbuch Verlag GmbH,
Frankfurt am Main, Dezember 1996

Gesamtherstellung: Clausen & Bosse, Leck
Printed in Germany
ISBN 3-596-12698-3

Gedruckt auf chlor- und säurefreiem Papier

Editorische Vorbemerkung

Nicht nur Einzelpersonen sind von Gefühls- und Verhaltensstörungen bedroht, ganze Menschengruppen bis hin zu Völkern können davon betroffen sein. Wie bei Einzelpersonen so verbergen sich auch hinter den Störungen von Gruppen die vielfältigsten Gründe und Anlässe, zumeist ein nicht unmittelbar einsichtiges Problem- und Konfliktbündel. Mißverständnisse, Neid, Mißgunst, verzerrte Wertungen und Erwartungen werden mit rational begründbaren Leistungsforderungen und hierarchischen Notwendigkeiten zu einem brisanten, jederzeit aufflammbaren Konfliktpotential vermengt, das nicht nur die Kommunikation erheblich behindern, sondern auch die Produktion von Gütern und Dienstleistungen beeinträchtigen kann. Gruppenkonflikte der unterschiedlichsten Art sind von den Betroffenen selbst in der Regel nicht oder nur gewaltsam durch »Mobbing« und Entlassungen zu beheben. Erkenntnisse aus psychotherapeutischen Erfahrungen mit Gruppen und aus psychologischen Trainingsmethoden werden seit einiger Zeit auch zur Behebung von Konflikten mit Institutionen eingesetzt. Damit ist ein neues Expertenwesen samt einschlägiger Ausbildung und Literatur in die Welt gekommen: die Supervision, angeboten und ausgeübt von eigens für diesen Zweck ausgebildeten Supervisoren. Die Arbeit von Supervisoren in den verschiedensten institutionellen Zusammenhängen hat sich als so wirkungsvoll und hilfreich erwiesen, daß die Supervision zu einem Standardmittel der Personalführung in größeren Einrichtungen und Betrieben werden dürfte. Der vorliegende Band informiert über Theorie und Praxis der Supervision.

wk

Inhalt

2. Teil

Harald Pühl

Einleitung

Vorbemerkungen

Der Supervisionsbegriff ist inzwischen so schillernd, daß nicht immer deutlich wird, was darunter zu verstehen ist. Das hängt zum einen sicherlich damit zusammen, daß die soziale Akzeptanz dieser Beratungsform enorm zugenommen hat, und zum anderen damit, daß Supervision über ihre ursprünglich sehr engen Anwendungsfelder hinausgewachsen ist.

Während es vor zwölf Jahren nur zwei Bücher zu diesem Thema gab, sind inzwischen zahlreiche Veröffentlichungen auf dem Markt. U. a. gibt es allein im deutschsprachigen Raum drei Handbücher zur Supervision (Fatzer/Eck, 1990; Pühl, 1990, 1994) und drei Fachzeitschriften, einen deutschen, österreichischen und schweizerischen Berufsverband für Supervisoren (Adressen s. S. 241). Kurz gesagt: Supervision ist modern und liegt im Trend der Zeit. Es gibt einen wahren Supervisionsboom, und ein Ende ist – trotz aller Prophezeiungen – nicht abzusehen. Was vor etwa 75 Jahren in den Helferberufen seinen Anfang nahm, stößt inzwischen auch in der Industrie, der Verwaltung und dem Gewerbe auf zunehmendes Interesse. Das hat seinen Grund ganz sicherlich in dem zunehmenden Druck, unter dem sich die Institutionen bzw. Organisationen befinden: Sie müssen sich neuen Gegebenheiten und Vorgaben anpassen. Damit hat sich auch der Blick der Supervision grundlegend verändert: Kreisten früher die Fragen stärker um die Integration therapeutischer Konzepte in die Supervision und damit um die Abgrenzung von Supervision und Therapie, liegt heute das Augenmerk eindeutig auf dem Verständnis institutioneller Prozesse, und damit stellt sich die Abgrenzungsfrage neu, nämlich zwischen Supervision und Organisationsberatung.

Den Blick auf das Institutionelle will das vorliegende Buch aus sehr unterschiedlichen Richtungen beleuchten. Dabei geht es nicht um eine geschlossene Theorie mit entsprechender Praxis. Vielmehr lag es dem Herausgeber am Herzen, Autorinnen und Autoren zu Wort kommen zu lassen, die zu einem erweiterten Institutionsverständnis einen Beitrag leisten können.

Supervision und Supervision ist nicht dasselbe

Trotz der besagten Professionalisierung von Supervision kommt es immer wieder zu Verständigungsproblemen. Das hängt damit zusammen, daß für zwei unterschiedliche Supervisionsintentionen derselbe Begriff verwandt wird. Aus diesem Grunde unterscheide ich *Fortbildungssupervision* und *Ausbildungssupervision* (Pühl, 1990, 1994).

Die Ausbildungssupervision dient innerhalb professioneller Aus- und Weiterbildungen (Sozialarbeit und Psychotherapie) dazu, die besondere methodische Kompetenz anhand konkreter Praxiserfahrungen zu sichern.

Im folgenden werden wir uns ausschließlich mit der Fortbildungssupervision beschäftigen. Das Spezifische der Fortbildungssupervision ist, daß es um berufliche Qualitätssicherung und -erweiterung geht. Adressaten sind die Mitarbeiter wie ihre Institutionen. Die supervisorischen Interventionen dazu sind die Einzel-, Gruppen-, Team- und Leistungssupervision sowie die Organisationsberatung bzw. -entwicklung. Die Wahl erfolgt in Abstimmung mit den spezifischen Anforderungen und Möglichkeiten. Fortbildungssupervision erlangt immer größere Bedeutung, und dafür gibt es mehrere Gründe (vgl. auch Wimmer, 1993), u. a.:
- die zunehmende Komplexität der Arbeitsabläufe;
- immer differenziertere Fachkenntnisse der Berufstätigen für kleine und kleinste Teilbereiche mit der Folge erschwerter Kooperation;
- institutionelle Umstrukturierungen, wie sie durch Spar- und Rationalisierungspläne in allen Bereichen erforderlich werden.
Ganz gleich, um welche Form der Fortbildungssupervision es sich handelt: Sie ist immer institutionsbezogen. Das weist auf das dynamische Dreieck hin, mit dem wir als Supervisoren und auch als Supervisanden in der beruflichen Arbeit ständig konfrontiert sind:

Mitarbeiter – Arbeitsaufgabe (Klienten) – Institution. In der Praxis stellt sich im Laufe einer längeren Beratung meist heraus, daß ein Pol dieses Dreiecks ein Übergewicht bekommen hat und dadurch die beiden anderen Pole nicht mehr ausreichend zur Geltung kommen. Hier kann (Fortbildungs-)Supervision den eingeengten Blick wieder auf das Zusammenwirken des Ganzen lenken. Und zwar den eingeengten Blick sowohl des einzelnen, des Teams als auch der Institution. Supervision heißt ja frei übersetzt: Von oben auf das Ganze schauen. Und das Ganze sind die Mitarbeiter *und* die Institution *und* ihr Arbeitsauftrag (z. B. die Versorgung von Klienten), auch wenn der Einfachheit halber nur von Supervision die Rede sein wird.

Es ist nicht mehr zu übersehen: Supervisoren richten ihr Augenmerk zunehmend auf die institutionellen Prozesse – und das aus gutem Grund, wie die vorliegenden Beiträge zeigen. Der vielbeschworenen systemischen Sichtweise ist es mit zu verdanken, daß in den pädagogischen und therapeutischen Berufsfeldern der Klient nicht mehr isoliert, sondern in der Dynamik mit seinem Umfeld gesehen wird. Aus dieser Sichtweise schließen sich die Helfer und ihre Institutionen allerdings noch weitestgehend aus. Vorherrschend scheint hier noch eine Betrachtung zu sein, die den Helfer als Handelnden in der Beziehung zu seinen Klienten isoliert. Die Elle, welche die Helfer für ihre Klienten anlegen, scheint für sie nur sehr begrenzt zu gelten. Denn bei genauer Betrachtung leben die Institutionen ein Paradox vor: Auf ihre Fahnen haben sie vielfach einen fortschrittlichen Anspruch geschrieben, der kann heißen »familientherapeutisch«, »sozialtherapeutisch«, »ganzheitlich«, »multiprofessionell« usw., während die Selbstreflexion über ihre institutionellen Wirkungen oft ausgeblendet wird.

In einer Einzelfallstudie über die Suiziddynamik in einer psychiatrischen Klinik zeigt Bardé, wie verheerend sich der Mangel an Leitungs- und Verantwortungskompetenz auf das Geschehen auswirkt, das eingebettet ist in den spezifischen Klinikmythos. Er macht deutlich, wie dieser Mythos in der praktischen Arbeit nicht umgesetzt werden kann und von daher destruktiv wirkt. Während Bardé in erster Linie den Chefarzt als Repräsentanten des Institutionsmythos ausmacht, stellt sich Kernberg in seiner Betrachtung schützend vor den Klinikleiter und sucht die Quellen institutioneller

Dysfunktion eher beim Verwaltungsleiter und bei der psychiatrischen Klientel, deren Dynamik in der Institution spezifische Prozesse in Gang setzt. Um Kernbergs Sicht zu verstehen, muß man wissen, daß er selbst aus der Rolle eines Klinikleiters schreibt, während Bardé sich potentiell mit der Mitarbeiterschaft identifiziert.

Die Institutionsmatrix

Dieser kleine Ausschnitt soll Verständnis dafür wecken, daß Institutionen höchst komplexe und komplizierte Systeme sind. Und die Sicht der Dinge ist immer abhängig von der Position, von der aus man sie betrachtet. Um das komplexe Geschehen in Institutionen dennoch begrifflich fassen zu können, wähle ich den Begriff der Institutionsmatrix. Dazu gehört neben der formalen Institutionsstruktur mit ihren Aufgabenbereichen, Hierarchieebenen und Rollenbeschreibungen gleichberechtigt die informelle Struktur. Mit dem, was sich unterhalb bzw. neben der formalen Struktur abspielt, beschäftigen wir uns hier vorrangig. Diese informellen Strukturen sind schwerer faßbar, aber gerade deshalb sehr wirksam.

Evolutionsgeschichtlich gesehen haben Institutionen ja nicht einzig den Zweck, Arbeitsvollzüge zu regeln und zu gestalten. Institutionen haben sich in dem Maße erst entwickeln können, wie sie die Rolle fester, orientierungsgebender Gruppenzusammenhänge übernommen haben. Wie die starren Gruppen für ihre Mitglieder die Funktion erfüllten, Angst zu binden, kommt diese Funktion den Institutionen ebenfalls zu (Pühl, 1991, 1994a). Hinweise dafür finden sich, wenn die großen Organisationen sich als Muttergesellschaft definieren und ihre »Ableger« als Tochtergesellschaften. So knüpften die Industriebetriebe der Gründerzeit bewußt an die Tradition der Dorfgemeinschaft an, wenn sie eigene Siedlungen und dergleichen gründeten (Krupp, Borsig, Siemens usw.). Die Mitarbeiter und ihre Familien identifizierten sich darüber umfassend mit ihrer Arbeitgeberinstitution.

Auf diesem Hintergrund sind meines Erachtens auch die aktuellen Diskussionen über die Organisationskultur (s. auch die Beiträge von Schreyögg und Scheffler), die institutionellen Leitbilder und damit zusammenhängend die Identifikation der Mitarbeiter mit ihrer Institution (Stichwort »corporate identity«) verständlich. Letztlich geht es hier ebenfalls um die Bindung der Mitarbeiter, um Motivation und Identifikation. In direkter Beziehung zur Organisationskultur stehen die Institutionsmythen, wie sie sich im Laufe der Institutionsgeschichte (s. dazu den Beitrag von Thiel) entwickelt haben.

Der Begriff der Institutionsmatrix faßt die beiden Seiten sehr gut: einerseits die formale Struktur und die Arbeitsaufgabe und andererseits die schwerer faßbaren Bindungs- und Abhängigkeitsaspekte. Matrix bedeutet nämlich eigentlich »Muttertier« (frz.) und meint im übertragenen Sinne allgemein »das, worin etwas erzeugt oder hergestellt wird«. Es geht auf das lat. »matrix« zurück und bedeutet »Muttertier, Gebärmutter, Stammutter«. Auf diesem Hintergrund wird verständlich, wenn Schülein ausführt, daß Institutionen vieles »produzieren«, was außerhalb ihrer offiziellen Definition liegt und in den Institutionen gar nicht abgebildet werden kann, aber höchst wirksam ist. Ein Beispiel dafür, wie schwierig der Abschied vom Familienbetrieb ist, gibt Scheffler in ihrem Beitrag über alternative Frauenprojekte. Diese Institutionsform steht in gewisser Weise für alle Gründerbetriebe in Familienhand (auch wenn sie sich durch die klare Machtverteilung unterscheiden – doch selbst der Machtbegriff verliert bei genauer Betrachtung an Eindeutigkeit – vgl. den Beitrag von Schiersmann / Thiel). Charakteristisch für sie ist, daß die Beziehungen der Mitglieder untereinander in erster Linie emotional getönt sind. In größeren Institutionen dagegen sind die Beziehungen durch Rollen definiert. Dies bedeutet oft einen schmerzlichen Abschied vom Gefühl emotionaler Geborgenheit hin zu einem Entfremdungsmodell – freilich mit der Chance größerer individueller Gestaltungsfreiheit.

Die Institutionsmatrix stelle ich mir aus einem feinen Geflecht sichtbarer und unsichtbarer Strukturen vor, wobei sich diese Strukturen gegenseitig bedingen. Die Veränderung eines Strukturelements beeinflußt die anderen Strukturelemente. Der Begriff der Institutionsmatrix hat sich für mich als hilfreich für mein Supervisionsverständnis erwiesen. Vor allem hilft es, mir institutionelle Verschiebungsprozesse vorzustellen.

Institutionelle Verschiebungsprozesse

Unter einem institutionellen Verschiebungsprozeß verstehe ich verkürzt gesagt, daß die Probleme da, wo sie auftauchen, oft gar nicht entstanden sind und deshalb auch dort nicht einseitig bearbeitet werden können. An den von mir vermuteten Positionen von Bardé und Kernberg zeigt sich das klarer. Bardé vermutet einen verschobenen Konflikt der leitenden Ärzte auf die Mitarbeiter bzw. die Klienten. Während Kernberg in der Tendenz eher Verschiebungskonflikte von der Verwaltungsebene auf die Chefarztebene und von der Klientendynamik auf die Mitarbeiterdynamik annimmt.

Der Begriff der Verschiebung wurde zuerst von Freud geprägt, und zwar in Zusammenhang mit seinem berühmten Fall »Die Phobie eines fünfjährigen Knaben«. Bekanntlich ging es hierbei um die Angst des Jungen vor Pferden. In der Arbeit mit dem Vater entdeckte Freud, daß das dahinterliegende Problem die Angst des Jungen vor dem eigenen Vater war. Da der Junge dem Vater als geliebtes Objekt, von dem er zudem abhängig war, nicht aus dem Wege gehen konnte, verschob er unbewußt seine Ängste vor dem Vater auf das Pferd.

Die institutionellen Strukturen bieten sich geradezu an, daß die Probleme von einem Subsystem auf ein anderes verschoben werden. Das hat zur Folge, daß die Störungen in dem Subsystem, in dem sie auftauchten und mit denen der Supervisor an dieser Stelle konfrontiert wird, oft gar nicht dort entstanden sind.

In den Mittelpunkt meines Schaubildes habe ich das Team gestellt, weil in der Praxis dies ein Setting ist, das häufig nachgefragt wird. Man kann sich aber in der Mitte ebenso die Leitung wie die Klienten vorstellen. Der Wunsch nach Team-Supervision wird fast immer von (unterschwelligen) Teamkonflikten begleitet.

Versucht man als Supervisor die Konflikte in einem Team ausschließlich als Konflikte zwischen den Mitarbeitern oder zwischen Mitarbeitern und Klienten zu bearbeiten, kann es geschehen, daß man auf einem institutionellen Nebengleis fährt. Stoff in dieser Richtung wird es reichlich geben, so daß alle Beteiligten gar nicht merken, daß sie sich neben der Hauptspur bewegen. Die Folge wird sein, daß institutionelle Strukturkonflikte auf der Beziehungsebene abgehandelt werden. Dies kann zu einem quasitherapeutischen

Umwelt / Politik

– Einführung neuer Gesetze
  und Planungsvorgaben
– veränderte Finanzierung

Leitungskonflikt

– unklare Verantwortungsstruktur
– gespaltene Leitung / ungeklärte
  Machtfragen
– Differenzen zwischen
  Verwaltung und Päd. / Medizin

Institutionskonflikt

– institut. Arbeitsaufgabe ist
  diffus bzw. hat sich verändert
– Institutionsmythen wirken
  sich destruktiv aus

Team-Konflikt

– Bildung von Untergruppen
– unlösbarer Konflikt zwischen Kollegen
– Sündenbockbildung
– innere Kündigung

Widerspiegelung der Klientendynamik

z. B. Ambivalenz zwischen
Elternbindung und Autonomie
(Heimkinder)

Vermeidung des Arbeitsbezugs

Die »eigentlichen« Themen sind
zu schwierig bzw. bedrohlich:
Tod, Trauer, Depression,
Hoffnungslosigkeit, Krankheit

Individuelle Neurosen

spielen selbstverständlich auch
eine Rolle, wobei sich allerdings
die Frage stellt, warum wurde
derjenige eingestellt bzw. fest
übernommen

Klima mit entsprechenden Schuld- und Inkompetenzgefühlen der Mitarbeiter führen. Sie müssen die Suppe auslöffeln, die sie sich gar nicht eingebrockt haben.

In meiner Supervisionspraxis stoße ich beispielsweise immer wieder auf das Phänomen, daß es in Teams zwei rivalisierende bzw. zerstrittene Untergruppen gibt oder daß zwischen einzelnen Mitarbeitern unversöhnliche Streitigkeiten laufen. Diese Streitigkeiten sind für den Außenstehenden meist nicht verständlich.

Ich halte sie in der Regel für ein typisches Verschiebungsphänomen, und zwar für einen verschobenen institutionellen Konflikt. Meine Hypothese und supervisorische Suchbewegung dazu geht immer in Richtung der Leitung der Einrichtung. Fast immer läßt sich in solchen Fällen feststellen, daß sich auf der Leitungsebene ein verdeckter (beim Tippen schrieb ich statt verdeckter »verdreckter«) Konflikt manifestiert hat, der nicht bearbeitet wird. Unbewußt ist er auf die Teamebene verschoben worden. Es gibt noch andere Phänomene, die oft Ausdruck verschobener Konflikte sind: z. B. das Mobbing. Wenn wir das auf das Freudsche Beispiel einer Verschiebung zurückführen, müßten wir statt mit dem Team mit der Leitung arbeiten.

Umgekehrt ist es genauso: Wenn einem als Supervisor vom Team ein Konflikt mit der Leitung präsentiert wird, stellt sich gleichfalls die Frage, warum das Team sich so stark an der Leitung orientiert und dabei seine eigenen Handlungsmöglichkeiten aus der Hand gibt. Vielleicht verdeckt die Fixierung am Leitungskonflikt die Angst der Mitarbeiter vor der Übernahme der Verantwortung für den eigenen Bereich. Im einen wie im anderen Falle sind beide Seiten (Team und Leitung) in einer Art Doppelbindung verhakt, wie Bauriedl in ihrem Beitrag näher ausführt.

Regelmäßig können wir in Institutionen neben dem Phänomen der Verschiebung das Phänomen der Inszenierung beobachten. Auch das ist ein unbewußter Prozeß. In Team-Supervisionen setzen die Supervisanden in Beziehung zum Supervisor beispielsweise symbolisch die Situation ihrer Klienten in Szene oder aber ihre eigene Situation in der Institution (s. dazu die Beiträge von Oberhoff und König/Staats). D. h., die Szenen, die sich in der Supervision spontan und unbewußt entfalten, drücken gleichsam die Situation der Klienten wie der Mitarbeiter aus. Die Kunst des Supervisors ist es u. a., neben den verbalen Beiträgen dieses »Material« mit den Supervisanden zu entschlüsseln. Dem Supervisor vermittelt es zudem überhaupt erst einen gefühlsmäßigen Eindruck von dem Primärgeschehen (Helfer-Klient bzw. Helfer-Institution).

Dem Supervisor wird wie auf einer Bühne vorgeführt, wie es den Mitarbeitern geht. Durch Zuspätkommen, Vergessen usw. sollen ihm unbewußt ähnliche Kränkungen zugefügt werden, wie sie die Supervisanden in ihrer Arbeit erleben. Das Supervisionsarrangement – oder mit anderen Worten das Setting – und die unbewußten Inszenierungen sind immer Ausdruck der aktuellen Institutionsdynamik und können nur auf diesem Hintergrund verstanden und bearbeitet werden. Dazu bedarf es allerdings eines klaren supervisorischen Rahmens, der Inszenierungen als solche deutlich werden läßt und Grenzverletzungen erlaubt, um sie als solche für alle Beteiligten sichtbar und verstehbar werden zu lassen. Wellendorf geht darauf in seinem Beitrag ein. Ich selbst werde in meinem Beitrag zeigen, wie man die Methode der Nachfrageanalyse supervisorisch nutzen kann, um den institutionellen Grundkonflikt zu analysieren, der sich in der Inszenierung ausdrückt.

1. Teil

Harald Pühl

Supervisionsbeginn, Nachfrageanalyse und institutionelle Triangulierung

Meistens sind es konkrete Arbeitsprobleme individueller oder institutioneller Art, die dafür ausschlaggebend sind, sich nach einem geeigneten Supervisor umzusehen. Und damit beginnen auch schon die Schwierigkeiten: Wer ist der geeignete Berater, und wie genau kann der Supervisionsauftrag in diesem Stadium definiert werden?

Im folgenden werde ich meine Erfahrungen und Vorstellungen formulieren, die ich für eine konstruktive Supervisionsvereinbarung zwischen Auftraggeber und Supervisor für wichtig halte. In einem weiteren Abschnitt stelle ich die Nachfrageanalyse vor, die sich als ein wirkungsvolles Instrument zur Prozeßdiagnostik verborgener institutioneller Konfliktdynamiken erwiesen hat. Abschließend werde ich meine Überlegungen zur »institutionellen Triangulierung« vorstellen. Dahinter verbirgt sich die Frage, welchen Platz der Supervisor in dem komplexen institutionellen Geflecht einnehmen sollte, ohne durch unbewußte Bündnisse die Sicht für das Ganze zu verlieren.

Erstgespräch und Sondierungsphase

Ich werde mich im folgenden auf Supervisionsnachfragen aus Institutionen an einen externen Supervisor beschränken. Die Nachfragen können kommen von
– Arbeitsteams ohne Leitung;
– Arbeitsteams mit Leitung;
– der Leitung für die Arbeitsteams; oder
– der Leitung für sich selbst.
Ganz gleich, um welche Form von Supervision es sich im einzelnen handelt, werde ich global von »institutioneller Supervision« spre-

chen. Das Erstgespräch, das der ersten Kontaktaufnahme folgt, ist schon aus vielen Gründen brisant. Hier stellt sich die Frage:

– Wieviel Zeit lassen sich die Ratsuchenden und der Supervisor zum Aushandeln und Klären ihres Settings, in dem sie arbeiten wollen?
– Wie definieren sie das Thema, das bearbeitet werden soll?

Das Problem ist das Problem

Ausgangspunkt, eine solche Supervision in Anspruch zu nehmen, sind meist konkrete Probleme in der Arbeit, die oft schon eine gewisse Eskalationsstufe erreicht haben. Bevor die Ratsuchenden sich an einen externen Berater wenden, haben sie für sich erst einmal eine Problemdefinition gefunden. Sei es, daß Fall-Supervision gewünscht wird, um die Arbeit effektiver gestalten zu können, daß Kooperations- und Kommunikationsprobleme besprochen werden sollen oder daß es um Konflikte des Teams mit der Leitung oder umgekehrt der Leitung mit einem Team oder um strukturelle Veränderungen in der Institution geht. In jedem Fall wird dem Supervisor im Erstkontakt ein Thema bzw. zu bearbeitendes Problem genannt. Nun liegt es in der Natur der Sache, daß das selbstformulierte Problem gar nicht das eigentliche Problem sein muß. Mir fallen hier Vergleiche mit somatischen Erkrankungen ein. Wenn ein Magenkranker zu seinem Arzt geht, wird er auch seine Magenbeschwerden als Problem benennen, schließlich spürt er dort die Schmerzen. Erst durch eine gründliche Untersuchung kann es gelingen, die Ursachen für diese Beschwerden zu analysieren. Dabei sind ganz unterschiedliche Ergebnisse möglich. Die Ursachen sind meist vielschichtig und lassen sich nicht auf die Schmerzgegend begrenzen.

Ähnlich ist es auch in der Supervision. Auch hier ist die Problemdefinition bereits ein Teil des zu bearbeitenden Problems. Das hängt damit zusammen, daß jede Institution bzw. Subgruppe eine Problemdefinition findet, die ihrem Typus entspricht. Institutionen, deren primäre Arbeitsaufgabe die Heilung und Pflege von Klienten ist und die somit ein hohes Maß an Beziehungsarbeit und -fähigkeit von den Mitarbeitern fordert, formulieren ihre auftauchenden Konflikte zuerst auf dieser Ebene: Wo beispielsweise die Teamarbeit aufgrund mangelnder Arbeitsabsprachen oder unklarer Arbeitsvorgaben überstrapaziert ist, wird oft die Klärung der emotionalen Beziehungen gewünscht, obwohl es gerade darum gehen könnte und müßte, zu untersuchen, wo und warum die entlastende Funktion organisatorischer Strukturen nicht greift.

Ein anderes Extrem sind Institutionen, deren Arbeitsaufgabe im Verwaltungs- oder Produktionsbereich liegt. Hier ist die Arbeit oft durch Vorgaben und Anweisungen in einem hierarchischen System vorgegeben. Entsprechend liegen die Konfliktformulierungen am ehesten auf der Ebene der Mitarbeiterführung: Wo die Arbeit durch Überformulierung von Regeln und Anweisungen zusammenzubrechen droht und sich als Gegenbewegung informelle Strukturen in gleichem Maße zur Regelung der emotionalen und arbeitstechnischen Beziehungen herausgebildet haben, wird in der Problemdefinition genau dieser emotionale Bereich ausgeklammert, und gewünscht werden vorrangig Vorschläge und Strategien zur Effektivierung der organisatorischen Struktur.

Um gemeinsam herauszuarbeiten, wie und unter welchen Bedingungen das zuerst angebotene Thema bearbeitet werden kann, empfehle ich den Ratsuchenden – gleich ob Team oder Leitung – einige Sitzungen zur ersten Klärung des Supervisionswunsches. Hier geht es darum, zunächst die »offizielle« Motivation zur Supervision zu bearbeiten. Diese Diagnostik- oder Sondierungsphase dient dazu, nach der vereinbarten Zeit eine genauere Supervisionsvereinbarung zu treffen und herauszufinden, ob das vorgegebene Setting das angemessene ist.[1]

Mit diesem Vorgehen bezwecke ich zweierlei: zum einen eine Streßentlastung für mich als Supervisor, weil ich nicht in einem einzigen Gespräch mich und mein Vorgehen umfassend darstellen muß, und zum anderen haben die Ratsuchenden die Chance, in einem begrenzten fokussierten Prozeß herauszufinden, welches ihre vorläufigen Beratungsthemen sind und wie und in welchem Setting sie bearbeitet werden können. Nach meinen Erfahrungen macht die mit der Supervisionsvorstellung einhergehende Veränderung auch angst. Diese anfänglich diffuse Angst läßt sich sinnvoll begrenzen, wenn die Ratsuchenden etwas genauer wissen, auf was sie sich und mit welcher Thematik sie sich einlassen. Besonders zerstrittene oder heterogene Teams haben häufig Schwierigkeiten, sich auf einen

Berater zu einigen. Gerade für solche Teams bietet die begrenzte Phase einer ersten Konfliktanalyse allen Mitgliedern die Chance, auf der Grundlage dieser konkreten Erfahrung eine gemeinsame Basis für ihre Supervisionsentscheidung zu finden.

Nach meiner Erfahrung können sich auf diese begrenzte Zeit diejenigen Mitarbeiter gut einlassen, welche die größten Bedenken gegen Supervision haben. Die zum Teil sehr unrealistischen Vorstellungen über Supervision können hier ebenso einer realistischen Einschätzung unterzogen werden wie die Angst vor versteckter Therapie.

Letztlich geht es in dieser Phase um die Frage, ob die Ratsuchenden und der Supervisor ein tragfähiges Arbeitsbündnis schließen können und wie das Setting für die zu bearbeitenden Anliegen sinnvollerweise gestaltet sein sollte. Für die weitere Zusammenarbeit ist es bedeutsam, zu einer vorläufigen Arbeitsvereinbarung zu kommen, die möglichst von allen oder vielen Mitarbeitern der Institution getragen wird. Dabei geht es weniger darum, daß der Berater durch aufwendige Techniken zu einer abschließenden Einschätzung des Konflikts kommt, als vielmehr darum, die Beteiligten in diesen Prozeß zu integrieren oder zu erkennen, wer integriert werden müßte. Bei Teams ist es meistens die Leitung, die aus dem Prozeß ausgeschlossen werden soll. Im letzten Abschnitt werde ich zu zeigen versuchen, daß die institutionell Verantwortlichen in irgendeiner Form in die Supervision einbezogen werden müssen. Ferner muß der Supervisor prüfen, ob er sich mit dem Anliegen und dem Arbeitsauftrag der Institution ausreichend identifizieren kann, und die Ratsuchenden müssen klären, ob sie sich mit der Arbeitsweise des Supervisors identifizieren können.

Das beschriebene Vorgehen ist nach meinen Erfahrungen nur erfolgreich, wenn die Supervisoren diese Phase als eine in sich geschlossene ernst nehmen und nicht bewußt oder unbewußt Werbung für sich oder die »gute Sache Supervision« betreiben, also die Supervisanden nicht verführen wollen, sondern als kritische Kollegen annehmen.

Der Wunsch des externen Supervisors, die Ratsuchenden zu verführen, ist sicherlich eine Klippe, vor der er sich schützen muß. Das ist unter den gegebenen Marktbedingungen gar nicht so einfach, denn auch der neutrale Berater ist nicht »frei«, sondern von seinen

Aufträgen abhängig (vgl. Berker, 1994). Das konkrete Vorgehen in dieser Phase hängt von der Zusammensetzung und der Anzahl der Teilnehmer ab und dem äußeren Anlaß, der den Beratungswunsch zur Tat werden ließ.

Ein Beispiel: Team-Supervision mit oder ohne Leiter?

Das Team einer ambulanten psychiatrischen Einrichtung erkundigte sich bei mir nach Fallsupervision. Fünf Kollegen arbeiten in einem gemeinnützigen Verein in einem Stadtteil. Dort bieten sie einen offenen Treffpunkt, Gruppen, Einzelgespräche und Therapien an. Schon beim ersten Telefongespräch wird darauf hingewiesen, daß man sich im Team uneinig sei, ob der Leiter an der Fallsupervision teilnehmen solle. Eine Hälfte sei dafür, die andere dagegen. Ich schlage daraufhin ein Informationsgespräch mit allen Beteiligten einschließlich des Leiters vor, um mehr zu erfahren und um meine Supervisionsvorstellungen erläutern zu können.

Der Wunsch nach Fallsupervision entspringt der oft schwierigen Arbeit mit den psychiatrischen Klienten. Dabei sträuben sich einige Mitarbeiter gegen die Teilnahme des Leiters, da er dann auch persönliche Dinge über sie erfahren könnte und man nicht wisse, was das für Folgen habe, und außerdem betreue er aufgrund seiner Leitertätigkeit kaum noch Klienten und sei oft gar nicht da. Der Leiter würde gern teilnehmen, da er den Kontakt zur Basis nicht verlieren wolle und auch sonst keinen Ort der Reflexion habe.

Ich schlage – wie immer bei neuen Supervisionen – eine fünf Sitzungen umfassende Sondierungsphase mit allen Beteiligten vor, um gemeinsam herauszufinden, ob sich hinter dem ersten Supervisionsbedürfnis noch weitere Anliegen verbergen und wie und in welchem Setting die Fragen bearbeitet werden können.

Es waren alle damit einverstanden, in dieser begrenzten Phase herauszuarbeiten, was sich hinter dem Konflikt »Teilnahme des Leiters an der Fallsupervision« verbirgt. Ohne diesen Prozeß hier im einzelnen nachzuzeichnen, möchte ich sagen, daß sich sehr bald herausstellte, daß es um eine institutionelle Thematik ging. Dies wurde sehr deutlich, als ich die Teilnehmer ein Bild ihrer Institution malen ließ. Ein Schritt, den ich immer vorschlage, um mir im wahrsten Sinne des Wortes ein Bild davon machen zu können, wen ich eigentlich vor mir habe. Denn in der Regel ist es ja so, daß immer nur eine institutionelle Subgruppe (Team oder Leitung) zur Supervision kommt, und um diese Teilinstitution in ihrem Gesamtkontext verorten zu können, hilft es allen Beteiligten – einschließlich des Supervisors –, sich die Beziehung zum Ganzen zu vergegenwärtigen.

In diesem Falle machte das Bild – und die dadurch ausgelösten Einfälle und Phantasien – sehr bald verständlich, warum der Leiter so an diesem Team hing, ein Teil des Teams ihn aber lieber außerhalb sehen wollte. Institutionsgeschichtlich bildete dieses Team nämlich die Urzelle des Vereins (vgl. dazu auch den Beitrag von H.-U. Thiel). Von hier aus wurden weitere Projekte ins Leben gerufen, die zu einer enormen Vergrößerung des Vereins beigetragen hatten. Der Leiter fühlte sich dieser Urzelle und einigen alten Mitbegründern noch sehr verbunden, außerdem befand sich die Verwaltung des Gesamtvereins ebenfalls in diesen Räumen.

Bei mir entstand die Phantasie, daß der Leiter sein Bett immer noch im Kinderzimmer stehen habe, obwohl er eigentlich längst daraus entwachsen sei, ihm die Trennung aber schwerfalle, da er sich jetzt eigentlich eine andere Bezugsgruppe suchen müsse. Er konnte die Bilder gut verstehen, und es wurde nach Wegen gesucht, welche neue Organisationsform der Verein jetzt eigentlich brauche, um seinen gewachsenen Aufgaben gerecht werden zu können. Ein vernünftiger Weg schien zu sein, daß die Verantwortlichen der verschiedenen Projekte zusammen mit dem Leiter ein eigenes Gremium bildeten. Dadurch hatte der Leiter die Möglichkeit, in diesem Kreis über seine Arbeit zu sprechen, und brauchte die Kollegen der Urzelle nicht mehr mit seinen Fragen und Problemen von ihrer eigentlichen Betreuungsarbeit abzuhalten. Es wurde nämlich verständlich, daß der Wunsch nach Fallsupervision von dem Gedanken mitgetragen war, sich mehr auf die pädagogisch-therapeutische Arbeit begrenzen zu können und nicht ständig durch die institutionellen Veränderungsprozesse abgelenkt zu werden. Damit war auch der Wunsch der Mitarbeiter verbunden, selbst mehr Verantwortung für ihre Arbeit zu übernehmen oder, um im Bild zu bleiben, auch das Kinderzimmer zu verlassen und erwachsen zu werden. So können wir die anfängliche Frage, ob mit oder ohne

Leiter, auch als gemeinsame Ambivalenz verstehen. In der Anfangs-
frage war sie noch gespalten in dafür und dagegen. In der Analyse
konnten die gemeinsame Angst und der gleichzeitige Wunsch deutlich werden, für die jeweilige Arbeit ein Mehr an Verantwortung zu
übernehmen bei gleichzeitigem Verlust der schützenden Urzelle.

Damit hatte sich das anfängliche Problem der Leiterteilnahme für
alle verändert. Wir vereinbarten für die Zukunft Fallsupervision
ohne den Leiter und eine gemeinsame Auswertung dieser Entscheidung mit ihm nach einigen Sitzungen. Das Ergebnis dieser Auswertung war, daß das Vorgehen den Vereinsbedürfnissen entsprach.
Der Leiter überlegte seinerseits, für das Leitungsgremium eine
eigene Supervision zu suchen, um die Strukturveränderung des Vereins voranzutreiben.

Ich glaube, erst der Rückgriff auf den institutionellen Kontext
machte es möglich, die Frage der Leiterteilnahme nicht auf eine un-
terschwellige Beziehungserklärung zu reduzieren, nach dem
Motto: Warum willst du mich nicht dabeihaben? Der Leiter betrau-
erte seinen Weggang zwar, konnte ihn für sich aber gut nachvollzie-
hen. Seine Trauer hing in erster Linie damit zusammen, daß er sich
aufgrund der Größe des Vereins nicht mehr seiner ursprünglichen
Arbeit als Therapeut widmen konnte, sondern seine Identität als
Leiter mit entsprechend anderen Aufgaben suchen mußte. Der
Schritt war auch für die übrigen Mitarbeiter nicht ambivalenzfrei,
denn jetzt mußten sie sich als Team zusammenfinden. Die bis dahin
eher leiterzentrierte Orientierung der einzelnen verschob sich auf
eine offenere konkurrierende Beziehung.

Ohne Institutionsanalyse keine Supervision

In diesem Sinne ist Supervision – besonders in der Sondierungsphase – immer auch Institutionsanalyse. Neben der Klärung formaler Rollen und Aufgaben gehört dazu vor allem die Analyse der
unbewußten Institutionsdynamik. Als solche Form der tieferen Intervention sehe ich die Institutionsanalyse an. Sie versucht die Widerstände zu verstehen und zu bearbeiten, die zwangsläufig dann
entstehen, wenn vertraute Strukturen – und dazu gehören auch institutionelle Mythen – sich verändern. An anderer Stelle habe ich die

Dialektik zwischen Institutions- und Angststruktur ausführlich beschrieben (Pühl, 1994a).

Ein Teil dieser Dynamik manifestiert sich in den gewachsenen institutionellen Mythen (Pühl, 1995). Sie geben zum einen Aufschluß über die Geschichte der Institution, sind sozusagen ihr konzentrierter Ausdruck. Zum anderen sind sie ihrem Charakter nach konservativ, d. h., sie haben ein großes Beharrungsvermögen, sind von daher hochwirksam und erschweren – oder verhindern – institutionelle Innovationen. Zum tragenden Mythos dieses sozialpsychiatrischen Vereins gehörte der Anspruch, niemanden auszugrenzen. Dies galt selbstredend in erster Linie für die Klienten. Aber auch der Leiter konnte sich nicht trennen, und die gewünschte Trennung bzw. seine Nichtteilnahme an der Supervision erlebte er als Ausgrenzung. Als alle Beteiligten sich dieses eingestehen konnten und die Folgen der Offenheit als Überforderung erkennen konnten, war ein Prozeß der Trennung von Leiter und Mitarbeiterteam möglich, freilich begleitet von Gefühlen der Kränkung und Trauer.

Da alle an diesem Prozeß beteiligt waren, entstand auch in der Folgezeit bei keiner Seite das Gefühl von Mißtrauen. Sowohl Mitarbeiter wie Leiter konnten die Grenzen ihrer Belastbarkeit und eingeschränkten Präsenz akzeptieren und blieben darüber im kooperativen Kontakt.

Der Supervisionskontrakt als Kompromißbildung

Den ersten (formalen) Arbeitskontrakt verstehe ich im Sinne einer Kompromißbildung. D. h., nicht nur die vom Supervisanden angebotenen (manifesten) Themen können als Ausdruck eines Symptoms mit tiefergehenden Anliegen und Problemen verstanden und untersucht werden (Gefahr der Problemverschiebung), sondern das Setting, das Supervisor und Team vereinbaren, läßt ebenfalls das derzeit bearbeitbare Angstniveau erkennen. Beide, Team und Supervisor, werden sich in dieser ersten Kontraktphase überlegen müssen, ob sie sich auf dieses Niveau einlassen wollen.

Um das deutlich zu machen, bezeichne ich institutionelle Supervision als praktische Ethnopsychoanalyse (Pühl, 1992). Denn jeden neuen Kontakt mit einer Institution oder einem seiner Subsysteme (Team) erlebe ich so, als wenn ich eine für mich noch fremde, verschlossene Kultur betrete. Ich kenne die konkreten Verkehrsformen nicht, weiß nicht oder nur wenig über die Geschichte der Institution und deren Mitglieder usw. Ich muß mich also erst einmal ganz langsam und vorsichtig an das Unbekannte herantasten. Wenn das ratsuchende Team bzw. die Institution vorher noch keine Supervision hatte, bin ich für sie ein Vertreter einer noch fremden Berufskultur.

Der Schritt des (externen) Supervisors in diese für ihn erst mal neue Kultur ist ebenfalls angst- und vorurteilsbesetzt. Er wird mit der Frage beschäftigt sein, ob er in diesem Feld seine Berufskompetenz einbringen kann, ob es ihm gelingt, die Anliegen zu verstehen, und ob er das Vertrauen der Ratsuchenden gewinnt. Die institutionellen Mechanismen, den außenstehenden Supervisor in das System zu integrieren, sind bekanntlich sehr groß und kaum durchschaubar; klüger ist man gewöhnlich erst in der Rückschau. Aufgrund der institutionellen Differenzierung von Berufsrollen und -positionen ist der Supervisor mit einer schier unendlichen Vielfalt von Identifikationsmöglichkeiten konfrontiert, die unweigerlich eigene biographische Erfahrungen mobilisieren.

Auch die Supervisanden sind mit der Frage beschäftigt, ob der »Neue« sie in ihren Anliegen verstehen wird, wie er vermeintliche Schwächen und Probleme einschätzt, ob er sie so annehmen kann, wie sie sind. Deshalb ist jeder Supervisionsbeginn von beidseitiger Ambivalenz begleitet, welche die Angstdynamik beeinflußt. So werden sich beide – Supervisor und Team – mit der gebotenen Vorsicht und Skepsis begegnen, werden austesten, ob sie Vertrauen in die andere Seite haben können, werden bewußt oder unbewußt ausprobieren, wie weit sie gehen können und wie auf die Aktionen reagiert wird, ob sie positiv oder negativ bewertet werden.

Da emanzipatorische Supervision auch auf die Aufhebung institutioneller Unbewußtheit zielt, geht es darum, die unvermeidliche Ambivalenz nicht durch neue Strukturen zu binden und dadurch auslöschen zu wollen. Ein solches Auslöschen könnte die beschriebene Ambivalenzspaltung sein. Man findet sie in vielen, ja den meisten Teams/Institutionen vor, und zwar in Fraktionierungen (gut–böse, neu–alt, oben–unten, mit–ohne Leiter usw.). Unbewußt kann diese Ambivalenzspaltung bei der Kontraktvereinbarung auf eine andere Achse verschoben werden: der »klare« Supervisor auf der einen Seite und das diffuse Team auf der anderen Seite. In diesem Sinne würde der Supervisor dazu beitragen, die Abwehrstrategien zu verstärken bzw. institutionell zu kultivieren.

Das ethnopsychoanalytische Verständnis scheint mir für unsere Arbeit als Supervisoren produktiv zu sein, da es für die ablaufenden Prozesse einen Verstehens- und Handlungsrahmen anbietet, z. B.

1. Den Umgang mit der beidseitigen Angst vor dem Neuen, die sich im aktuellen Setting manifestiert. Unter der Prämisse der Angstbewältigung verstehe ich das Setting dann als Kompromißbildung.

2. Die gegenseitigen Verwicklungen zeigen sich in konkreten Szenen und sind Ausdruck eines unbewußten Arrangements der tieferliegenden institutionellen Konfliktdynamik. Die Bedeutung – und selbst das Erkennen solcher Szenen – ist oft erst im nachhinein möglich. Wie in einem Film kann man die Szene dann zurückspulen und in der Zeitlupe gemeinsam zu verstehen suchen.

3. Der Supervisor kann seine Gefühlsreaktionen unter dem Gesichtspunkt der Gegenübertragung und der Irritationsanalyse reflektieren.

4. Polarisierungsprozesse (gut–böse, schuldig–unschuldig usw.) können als Ambivalenzspaltung gesehen werden, die Ausdruck einer relevanten angstbesetzten Dynamik sind.

Nachfrageanalyse als Institutionsanalyse

Wenn eine Institution oder ein Teil einer Institution (Team) bei einem externen Berater um Supervision nachfragt, entsteht an dieser Schnittstelle ein bedeutsames Wechselspiel zwischen Supervisor und Institution. Dieses Beziehungsgeschehen wird in der Praxis in seiner Bedeutung oft nicht gesehen. Dadurch gehen wertvolle Informationen zum Verständnis der institutionellen Konfliktdynamik verloren. Ich will im folgenden vertiefen, daß bereits in der Form des Zustandekommens eines supervisorischen Beratungsabkommens ein Schlüssel zum Verstehen der verborgenen institutionellen Konfliktdynamik liegen kann.

Die permanente Analyse der Supervisionsnachfrage ist inzwischen zu einem Grundpfeiler des supervisorischen Vorgehens geworden, weil es unabhängig von der methodischen Orientierung des Beraters ermöglicht, zentrale Fragen zu bearbeiten (vgl. Weigand, 1990; Pühl, 1990; Wellendorf, 1994).

Wie die Handhabung institutioneller Spiegelphänomene stellt die Nachfrageanalyse eine supervisionseigene Interventions- und Diagnosemethode dar. Ich führe das hier kurz aus. Die Nachfrageanalyse geht auf die französischen Sozioanalytiker zurück. Bekannt sind hier Lapassade, Pagès und Lourau. Von letzterem stammt der schöne Satz: Die Institution sendet »durch ihre Ideologie falsche Botschaften aus und durch die Organisationsweise echte Botschaften in verschlüsselter Form«. Das ist, auf eine Kurzformel gebracht, die Erklärung dafür, Psychoanalyse und Soziologie zu verbinden. Diese Verbindung versucht die Sozioanalyse. Wesentlich dabei sind zwei Dinge:

Erstens kommt der Person des Supervisors große Bedeutung zu. Er ist immer Teil der Analyse. Seine Reaktionen, Gefühle, Impulse und Irritationen werden immer in bezug zur Institution gesehen.

Zweitens wird der Beratungsauftrag nicht einfach hingenommen, sondern es wird untersucht, wie er zustande gekommen ist, und zwar mit dem Ziel, folgendes gemeinsam herauszuarbeiten (vgl. Wellendorf, 1994):

1. Wer ist der »eigentliche« Klient des Supervisors für das Beratungsziel?
2. Was ist das Ziel der Supervision und das angemessene Setting seiner Bearbeitung?
3. Wer ist der Supervisor?

Die Fragen mögen erst einmal Verwunderung auslösen, z. B.: »Wer ist der Klient der Beratung?« Da denkt man doch zuerst, derjenige oder diejenigen, die vor einem sitzen wie in dem geschilderten Fall. Besonders in großen Institutionen fallen aber Auftraggeber und Supervisionsnehmer häufig auseinander. Beide haben bei genauerem Hinsehen sehr unterschiedliche Vorstellungen über die in der Supervision zu erreichenden Ziele. Die gemeinsame Untersuchung dieser Frage ist wichtig, weil es aufgrund der institutionellen Verschiebungsprozesse sehr leicht geschehen kann, daß der vor uns sitzende Klient ein uns untergeschobener ist, wie Wellendorf (1994) es so schön ausdrückt. Damit meine ich, daß wir mit diesem Supervisanden oder Supervisandensystem ein Problem bearbeiten, das weder hier entstanden ist noch hier gelöst werden kann.

In der Auffassung darüber, wer der »richtige« Klient der Beratung ist, können Supervisor und Institution durchaus zu sehr unterschiedlichen Einschätzungen kommen, die sie dann gemeinsam verhandeln müssen. Einen gängigen Verschiebungsprozeß nannte ich schon in der Einleitung: den verschobenen Leitungskonflikt auf die Teamebene. Gleich, ob das Team oder die Leitung Teamsupervision nachfragt, meistens haben wir es von Beginn unserer Beratung an mit mehreren Instanzen zu tun. Fragt das Team mit Zustimmung der Leitung nach, ist es zwar unser direkter Ansprechpartner, durch die Bezahlung aber ist die Institution unser formaler Auftraggeber. Bekannt ist, daß jemand, der Geld für etwas bezahlt, auch Erwartungen an den Gegenwert hat – und wenn er manchmal nur in Ruhe gelassen werden will. Gerade in großen Institutionen ist es sehr schwer, die Verantwortlichen für die Teamsupervision ausfindig zu machen. Das kann in der Klinik der Verwaltungsleiter sein oder die Fortbildungsabteilung oder der Chefarzt oder der Oberarzt oder die Pflegedienstleitung. Und damit sind wir bereits voll in der institutionellen Dynamik, wenn wir uns auf den Weg nach den Auftraggebern und ihren – meist diffusen – Aufträgen machen. Ein ebenso spannender wie steiniger Weg, den wir letztlich gehen, um die Verantwortungsstrukturen klären zu helfen.

Bereits an dieser Nahtstelle zwischen der ersten vorsichtigen Supervisionsanfrage bis zur direkten Kontaktaufnahme formiert sich das institutionelle Szenario (siehe auch das vorherige Beispiel). Auf der Bühne stehen meist nur einige der Mitwirkenden. Ein Großteil der Mitspieler bleibt hinter der Bühne, beobachtend, abwartend, die Mitwirkenden auf der Bühne betrachtend, sich gelangweilt abwendend oder auf das Spiel Einfluß nehmend. So ist es häufig bei institutionellen Supervisionen: Der Berater ist nicht wie im Theater der Regisseur. Der Berater kennt nicht mal das Stück, das gespielt wird – kennen es die Mitwirkenden auf der Bühne oder die hinter dem Bühnenvorhang? (Siehe dazu auch den Beitrag von A. Schülein.) Der externe Supervisor ist in erster Linie Gast der Institution, er kann so, wie er eingeladen wurde, auch sehr schnell wieder ausgeladen werden.

Meine Bilder sollen helfen, ein Verständnis für die Institutionsmatrix zu vermitteln, auf der die institutionelle Supervision einen bedeutsamen Platz einnimmt. Zur Institutionsmatrix gehören neben der Institutionsgeschichte und ihren Mythen alle Rollenträger der Institution, die potentiell bei der Realisierung der Arbeitsaufgabe von Bedeutung sind. Die verborgenen institutionellen Konflikte konstellieren sich in der Art der Kontaktaufnahme zum Supervisor und im gemeinsamen Spiel.

Die Frage, wer denn der eigentliche Supervisand ist, erweist sich bei genauer Analyse oft als komplizierter, als es der Supervisor auf den ersten Blick annimmt.

Im obigen Beispiel zeigte sich, daß sich hinter der ersten Anfrage nach Fallsupervision noch andere Themen verbargen. Sie entzündeten sich an der Frage der Teilnahme bzw. Nichtteilnahme des Leiters. Die genaue Analyse führte schließlich zu einem dahinterliegenden institutionellen Konflikt. Wie gar nicht selten, kristallisieren sich zwei Supervisanden mit unterschiedlichen Bedürfnissen heraus: das Team der pädagogisch-therapeutischen Mitarbeiter und der Leiter. Beide suchten für sich einen Ort der Klärung und formulierten dies auch als Wunsch an mich. Ich hatte das Gefühl, mich auch meinerseits entscheiden zu müssen: entweder mit dem Team an ihren Themen zu arbeiten oder mit dem Leiter eine Leitungssupervision zu beginnen. Auch ich mußte hier durch meinen Verzicht Trauerarbeit über die Begrenzung meines Supervisionsauftrages leisten.

Ich denke, daß die zweite Frage der Nachfrageanalyse, was denn das Ziel und das angemessene Setting der Supervision sind, durch das Beispiel verständlich geworden ist. Hinzuzufügen bleibt, daß man sich trotz aller Diffusität immer auf eine Frage der Bearbeitung einigen sollte. Denn sonst kann man die Bedeutung, die in der Änderung der Fragestellung liegt, nicht angemessen bearbeiten. Grundsätzlich sollte man als Supervisor nicht zulassen, daß das vereinbarte Thema geändert wird, ohne daß vorher besprochen wird, was die Gründe dafür sind (vgl. dazu den Beitrag von F. Wellendorf).

Supervisoren als Teile eines institutionell-beraterischen Subsystems müssen ebenfalls kooperieren

Die dritte Frage der Nachfrageanalyse mag verwundern. Sie lautet: »Wer ist der Supervisor?« Zuerst wird der Supervisor selbstverständlich davon ausgehen, er sei der Berater. Bei genauer Analyse kann sich aber herausstellen, daß es in der Institution noch andere wichtige Berater gibt. Das kann zum Beispiel der Leiter selbst sein. In Kliniken gehört es in der Regel zum Konzept, daß der Oberarzt oder ein anderer erfahrener Kollege mit den Mitarbeitern Fallbesprechungen durchführt. Dann stellt sich für den externen Supervisor die Frage, wenn er den Auftrag Team-Fallsupervision hat, welches sein Part ist und warum bestimmte Fälle bei ihm und nicht mit dem Oberarzt besprochen werden und umgekehrt. Die Mitarbeiter kommen dann oft in Loyalitätskonflikte, weil sie nicht wissen, wo sie welchen Fall einbringen sollen. Wenn sie ihn in beiden Besprechungen einbringen und die Berater aufgrund ihrer Stellung und Profession verschiedene Foki setzen, wirkt das desorientierend, weil sie nicht wissen, auf welches Ergebnis sie sich in ihrer Arbeit beziehen sollen.

Noch komplizierter ist es, wenn in einer Institution mehrere externe (oder in Kombination auch interne) Supervisoren tätig sind. Dies ist nach meinen Beobachtungen häufig der Fall. Interessanterweise ist das Thema in der Literatur bisher kaum behandelt worden. Vermutlich hängt das damit zusammen, daß es für Supervisoren eine Kränkung bedeutet, wenn sie sich bewußtmachen müssen, nicht die einzigen Berater in der Institution zu sein. Deshalb blenden sie für sich den Teil der institutionellen Realität gern aus und thematisieren die Kooperation verschiedener Supervisoren nicht. Das ist meines Erachtens in hohem Maße kontraproduktiv, da es in Institutionen immer darum geht, wie die einzelnen Subsysteme kooperieren – und ein Teil davon sind die Supervisoren selbst.

In dem Fall der kurz geschilderten Vereinssupervision war es so, daß es dort noch einen langjährigen Supervisor gab. Er hatte den Verein seit seiner Begründung beim Aufbau begleitet und supervidierte das Gesamtprojekt nun in großen Abständen. Meine Frage war, warum er nicht weiterhin die Supervision übernehmen wolle. Es gab äußere Gründe, die dies erschwerten, denn er war inzwischen in eine andere Stadt gezogen und konnte nur sporadisch kommen. Es gab aber auch innere Gründe. So war die Einschätzung aller, daß der Kollege bisher eine ausgezeichnete Arbeit geleistet, die institutionellen Aspekte aber in der Form bisher nicht angesprochen habe. Die Vermutung wurde geäußert, daß er wohl »zu dicht dran« sei. Er hatte eher die Rolle eines Coach inne, der den Aufbau des Projektes väterlich begleitet hat. Nun sei auch der Zeitpunkt gekommen, zu fragen, ob man sich nicht von ihm lösen müsse.

Zuerst war ich etwas überrascht, daß es noch einen Kollegen im Hintergrund gab, weil sich die Supervisanden mir als »Neulinge« präsentierten. Zum anderen ging mir die Ablösung etwas schnell, obwohl es thematisch an die Situation des Teams anschloß. Da der Kollege in seinen sporadischen Sitzungen sowohl Fallarbeit als auch an der Institutionsdynamik arbeitete, schlug ich ein gemeinsames Treffen mit ihm vor, damit wir unsere Bereiche abgrenzen können und nicht der eine hinter dem Rücken des anderen in eine versteckte Konkurrenzbeziehung geriete. Nachdem wir uns einige Zeit mit dem Thema »Doppel-Supervision« beschäftigt hatten, entschieden Mitarbeiter und Leiter, sich in einem absehbaren Prozeß von ihrem bisherigen Supervisor zu trennen.

Institutionelle Triangulierung

Ich stoße in meiner Arbeit als externer und auch als interner Supervisor immer wieder auf die Frage: Welchen der angebotenen institutionellen Stühle will und kann ich besetzen. Ich wähle das Symbol des Stuhles, um deutlich zu machen, daß die Position des Supervisors im Geflecht der institutionellen Dynamik nie eindeutig vordefiniert ist. Und wenn die Position vordefiniert ist, mag darin bereits ein Problem liegen, das womöglich zum Scheitern der Beratung führt. Mehrere eindrucksvolle Beispiele dazu schildert Selvini Palazzoni (1984) in ihrem Buch *Hinter den Kulissen der Organisation*. Hier nahmen die psychologischen Berater in sehr unterschiedlichen Organisationen die von der Leitung gewünschten Positionen und Aufträge unhinterfragt an und scheiterten allesamt. Ich vermute, daß es zur professionellen Kompetenz des Supervisors gehört, sich seiner offenen und – schwieriger noch – seiner versteckten Aufträge und Positionen bewußt zu werden. Ganz gleich, um welche Form von Supervision es sich handelt (Einzel-, Team-, Leitungs- oder Institutionsberatung), immer werden ihm unbewußt Bündnisangebote gemacht. Das liegt in der Natur der Sache, schließlich wünscht sich der Supervisionsnachfrager die größte Unterstützung, und zwar nicht nur für sich, sondern oft gleichzeitig (unausgesprochen) gegen jemanden.

Die institutionelle Triangulierung ist heikel. Ein institutionelles Dreieck zeichnet sich beispielsweise in der Teamsupervision durch die Beziehung des Supervisors zum Team und zur Leitung aus (vgl. Heinecke, 1995). Die Betonung liegt auf dem ›und‹, denn viele Supervisoren verlieren bei der Teamsupervision die Leitung der Institution aus dem Auge. Dadurch reduzieren sie die Institutionsmatrix zu einer Gruppenmatrix (Pühl 1996). Die Teamsupervision ist aber immer eine gesamtinstitutionelle Veranstaltung. Sie findet in der Regel in der Arbeitszeit statt, wird oft vom Arbeitgeber (mit-)finanziert und kann als solche nur stattfinden, wenn die Leitung der Institution dem zustimmt.

Es gibt noch weitere institutionelle Dreiecke. Durch das Dreieck Mitarbeiter–Arbeitsaufgabe–Institution definiert sich Supervision. Supervision hat die Aufgabe, das Zusammenwirken dieser drei Faktoren zu untersuchen. In der Regel wird Supervision dann angefragt, wenn dieses dynamische Dreieck »Mitarbeiter–Arbeitsaufgabe–Institution« nicht mehr im Gleichgewicht ist. Die institutionelle Dysfunktion zeigt sich auf der Mitarbeiterseite beispielsweise in unüberwindlichen Teamkonflikten, in hohem Krankheitsstand oder ständiger Überforderung mit Burn-out-Syndromen; auf der Seite der Institution beispielsweise darin, daß verschiedene Abteilungen nicht kooperieren, daß es keine klaren und verläßlichen Verantwortlichkeiten gibt; auf seiten der Arbeitsaufgabe, wenn die Betreuung von Patienten, die Beratung von Klienten oder die Produktion von Waren nicht in ausreichendem Maße sichergestellt sind oder aufgrund von Strukturveränderungen umgestellt werden müssen.

Wie das Schaubild zeigt, geht es den Mitarbeitern in sozialen Institutionen ähnlich wie dem Supervisor: Sie müssen das spiegelbildliche Dreieck Berater–Institution–Klient halten. Oftmals fällt

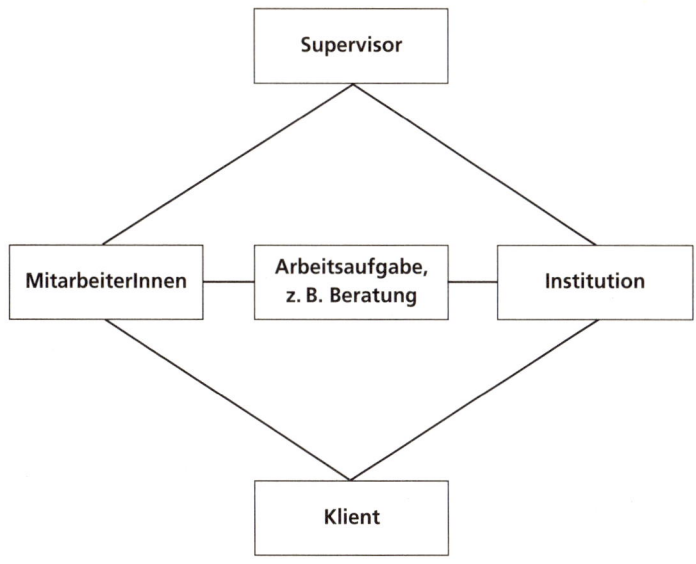

ihnen das schwer, weil sie die institutionellen Widersprüche spüren. Dann verbünden sie sich unbewußt mit dem Klienten gegen die repressive Institution. Durch dieses Bündnis fällt der Klient mit seinen eigenen Bedürfnissen jedoch aus dem Dreieck heraus und wird damit letztlich allein gelassen.

Ich möchte mir dies alles in erster Linie aus der Sicht des Supervisors anschauen, der als externer Berater in eine Institution kommt. Da Supervision in der Regel dann angefragt wird, wenn es um Konflikte oder Strukturveränderungen geht, die die Institution mit ihren eigenen Ressourcen nicht mehr bewältigen kann, wird der Supervisor schnell von einer Konfliktpartei zum Bündnispartner gegen eine andere gemacht. Bündnisse in Institutionen sind das tägliche Los des Supervisors. Eine neutrale, abgehobene Position gibt es nur als künstlich gezogene Schutzgrenze. In jeder Institution wird der externe Supervisor verführt oder manchmal auch durch direkten oder indirekten Druck dazu bewegt, für ein Teilsystem Partei gegen ein anderes zu ergreifen. Für die Supervision habe ich die Bündnisgefährdung unter dem Stichwort »Leiterspiel« beschrieben (Pühl, 1994a, S. 58 f.).

Bei institutionellen Konfliktdynamiken wird dem Supervisor zuerst die Position des Schlichters oder parteiischen Richters angeboten. Hier liegt eine gefährliche Klippe für den Beratungsprozeß. Fällt der Supervisor beispielsweise auf die Uneinigkeit in einem Team oder zwischen Team und Leitung herein und versucht, die offensichtlichen Konflikte zu schlichten, macht er sich selbst zum Mitspieler des unbewußten Institutionsprozesses und wird gleichfalls Gefangener der unbewußten Verstrickungen und Verzerrungen. Hält er die ihm entgegengebrachten Vorbehalte nicht aus und folgt seinen Wünschen nach narzißtischer Anerkennung, unterstützt er unbewußt eine Seite des abgewehrten Konfliktes. In dem beschriebenen Fall wäre die Uneinigkeit der Leiterteilnahme nicht mehr als ein komplexer, dialektischer Prozeß zu bearbeiten gewesen. Eine solche parteiliche Position wird klassischerweise mit der angebotenen Rolle eines Super-Leiters übernommen.

Diese angebotene Rolle eines gütigen Leiters mag dem Supervisor sogar schmeicheln. Vermutlich kommt sie gar seiner unbewußten Motivation für diese Arbeit entgegen. Ich denke oft, daß man Supervisor wird, weil man eigentlich eine Leiterrolle sucht, die damit verbundene Verantwortung und negativen Projektionen und Übertragungen aber scheut. Hinter dem Supervisor als Leiter seines Beratungsprozesses stehen immer die institutionellen Leiter.

Bei der Auswertung der Teamsupervisionen, die wir in der *TRIANGEL* durchgeführt haben, ist uns aufgefallen, daß unsere Beziehungen zu den Teams sehr unterschiedlich sind. Sie stehen überwiegend im polaren Verhältnis wie das Team zur Leitung. Also ist es positiv und emotional einladend getönt, wenn das Team Probleme mit der Leitung hat, und im Gegensatz dazu eher schwierig und negativ-aggressiv getönt, wenn das Team die Beziehung zur Leitung als positiv erlebt. Positive Beziehung zur Leitung heißt dann bei genauerer Betrachtung: Die Leitung läßt das Team in Ruhe und gibt wenig vor. Der externe Supervisor kommt dann unbewußt in die negative Leitungsrolle, weil er als der kontrollierende Teil erlebt wird, der sich die Arbeit qua professioneller Identität genauer anschaut und entsprechend Dysfunktionalitäten erkennen kann. Die Beziehung des externen Supervisors zur Leitung gestaltet sich nach dem gleichen Muster. Spürt die Leitung, daß sie sich den Teams gegenüber nicht durchsetzen kann, erhält der Supervisor oft den unausgesprochenen Auftrag, im Sinne der Leitung nötige Veränderungen zu initiieren. (Oft hat die Leitung den Wunsch, daß sich der Supervisor mit unqualifizierten Mitarbeitern in der Form auseinandersetzt, daß sie die Stelle wechseln.) Erlebt sich die Leitung als kompetent und orientierend, wird der externe Teamsupervisor als Eindringling und Konkurrent phantasiert.

Die Schweigepflicht als unbewußtes Bündnisangebot des Supervisors

Ich beobachte aber auch, daß Supervisoren von sich aus Bündnisangebote machen, ohne es zu merken. Über das Setting, das sie anbieten, meinen sie, sich vor den institutionellen Verwicklungsgefahren schützen zu können. Besonders Supervisoren mit therapeutischer Ausbildung stehen in der Gefahr, ihr Setting in die institutionelle Beratung zu übertragen. Ich denke dabei in erster Linie an die Schweige- oder Verschwiegenheitspflicht, die sie ihren Teamsupervisanden empfehlen. Diese Verschwiegenheitsempfehlung provoziert geradezu verdeckte Bündnisse. Sie wirkt sich für die Gesamtinstitution entwicklungshemmend oder im Extremfall sogar konfliktverschärfend aus. Ganz abgesehen davon, daß sie sich in der Praxis sowieso nicht einhalten läßt, da unter dem Mantel der Vertraulichkeit (»Stille Post«) immer Informationen aus Teamsupervisionen nach außen dringen und auf ihre Weise wirksam werden. (Um hier Mißverständnissen vorzubeugen: Es geht mir nicht darum, es zu unterbinden, wenn die Beteiligten für sich eine Schweigepflicht einführen und die Verantwortung für die Einhaltung übernehmen.)

Durch die vom Supervisor etablierte Schweigepflicht baut er eine unsichtbare Grenze zwischen Team und Gesamtinstitution auf. Unbewußt bietet er sich den Teammitgliedern als der Verstehende und Verständnisvolle an und schafft so ein Klima der Solidarität. Bündnisse jeder Art sind aber immer Zusammenschlüsse gegen etwas oder gegen jemanden. In der Institution kann dieser jemand der Chef, der Träger oder ein anderes Team sein. Das »etwas«, gegen das man sich verbündet, kann aber auch die Arbeitsaufgabe sein, beispielsweise die Beschäftigung mit der Pädagogik oder der Therapie, die vielleicht als zu belastend und von den Anforderungen als unrealisierbar erscheint.

Ich gehe davon aus, daß Themen, die in der Teamsupervision angesprochen werden, immer konflikthaftes Material der Gesamtinstitution beinhalten. Dies gilt für die Auseinandersetzung zwischen Kollegen ebenso wie für die Fallarbeit. Wenn der Supervisor durch die Schweigepflicht eine unsichtbare Grenze zwischen Team und Gesamtinstitution zieht, macht er das Team sozusagen zum Fall, den man behandeln muß. Dadurch kann man deren Themen nicht mehr als allgemein-institutionelle sehen und bearbeiten helfen. Systemisch ausgedrückt, koppelt er das Subsystem Team unbewußt von der Gesamtinstitution ab. Damit macht er das, was früher mit dem sogenannten Indexpatienten in Familien geschah: Durch die isolierte Behandlung des Indexpatienten konnten seine Symptome nicht mehr als Störung des Systems Familie gesehen werden. Begünstigt durch die isolierte Behandlung entwickelte er sich mehr oder weniger aus dem Familiensystem heraus, während das Restsystem entwicklungsmäßig erstarrte. Das läßt sich auf die Teamsupervision mit verordneter Schweigepflicht übertragen, oder anders ausgedrückt: Die Teamsupervision wird zu einer Art Gegeninstitution.

Der Supervisor als Teil einer institutionellen Dreiecksbeziehung oder: Die Angst vor der Triade

Supervisoren müssen eine Dreiecksbeziehung eingehen, wenn ihre Arbeit wirkungsvoll sein soll. Im Klartext heißt das, ihr Klient ist sowohl das konkrete Team wie dessen Institution, repräsentiert durch deren Leiter bzw. die Verantwortlichen. D. h. aber auch, der Supervisor begibt sich damit in eine Situation, welche die eigene Biographie zwangsläufig mobilisiert. Der Rettungsversuch aus diesem Dilemma über einen Allparteilichkeitsanspruch, die Neutralität oder die Abstinenz erweist sich bei genauerer Betrachtung meist als hilfloser Versuch des Supervisors. Diese beraterischen Ich-Ideal-Ansprüche sollen verhindern helfen, daß man keine Partei oder kein institutionelles Subsystem gegen das andere unterstützt. Dem liegt die Phantasie des Beraters zugrunde, er könne es allen beteiligten Parteien recht machen. Die Folge ist, daß in diesen Phantasien das Spannungsdreieck »Team–Leitung–Supervisor« zu einem »Zwei-eck« zusammenbricht (vgl. Bauriedl, 1994, S. 205). Jeweils zwei Ek-ken fallen durch die Identifikation des Beraters mit dem Team oder der Leitung zusammen, weil der Berater unbewußt die Position der Ersatzpartnerschaft eingegangen ist. Den Begriff der Ersatzpartner-schaft habe ich von Bauriedl übernommen. Er ist in ihrem Konzept zentral und läßt sich meines Erachtens auf institutionelle Supervi-sion übertragen. Die unbewußte Bereitschaft des Beraters zur Er-satzpartnerschaft hat ihrer Meinung nach ihre Ursache in seiner eigenen Entwicklung.

Da viele institutionelle Beratungen aus genau diesem Grunde scheitern, gehe ich hier kurz auf Bauriedl ein. Ihrer Meinung nach reduziert sich das familiäre Dreieck Mutter–Vater–Kind(er) auf Zweierbündnisse, und zwar zwischen Mutter und Kind gegen den Vater oder zwischen Vater und Kind gegen die Mutter oder aber der Eltern gegen das Kind. Diese »Zwei-gegen-einen-Struktur«, wie sie es nennt, begründet die existentiellen Grundängste, die uns allen nicht fremd sind. Es ist die Angst vor dem Ausgeschlossenwerden, vor der Ausstoßung, vor dem Mißbrauch, von einem gegen einen anderen Partner benutzt worden zu sein. Letztlich ist es die Angst vor dem Alleingelassenwerden. Ich nenne das die »triadische Grundangst« (Pühl, 1995a), die nach meiner Ansicht bisher viel zu wenig in den Blick genommen wurde, gerade wenn es um das Schei-tern von Beratungen geht.

Das ist die Grundlage dafür, daß die besagte »trianguläre Bezie-hung« zwischen Berater und ratsuchenden Parteien sich entfalten kann. Wir finden diese Dynamik regelmäßig auch in Institutionen wieder. Beispielsweise wenn sich die Mitarbeiter mit den Klienten gegen die repressive Institution verbünden. Wir finden sie auch in wechselnden Koalitionen der Leitung mit einem Subsystem gegen ein anderes. Diese zerstrittenen Parteien suchen im Supervisor einen Bündnispartner für sich und gegen andere. Jeder Supervisor ist aufgrund seiner eigenen biographischen Dreieckserfahrung stän-dig mehr oder weniger prädestiniert, die »Abwehrstruktur des in ›Zweiecke‹ zerfallenden Dreiecks mitzuagieren« (Bauriedl, 1994).

Praktisch heißt das, daß er sich einer Partei einfühlend unterstützend zuwendet, weil er die Hilfebotschaften des Gebrauchtwerdens kennt. Dabei geht ihm aber die andere Seite der Medaille verloren: nämlich die Ausstoßung aus der Beziehung, weil man als nicht hilfreich und wertlos erlebt werden muß, um die intrapsychische Ambivalenz nicht zu gefährden.

Die Angst vor der Triade ist grundlegend und tief: Es ist die Angst vor der Ausstoßung, vor dem Ausgeschlossenwerden und vor der Aggression. Und die Angst vor der aggressiven Ausstoßung hat neben dem realen psychischen Kern auch einen ökonomischen. Gerade der externe Supervisor oder Organisationsberater, der sogenannte freie oder neutrale Berater, ist in hohem Maße von Ausstoßung bedroht: entweder durch den Auftraggeber, d. h. die Institution, oder deren Finanzverwalter oder auch durch das Team. Wenn er es einem der beiden Seiten nicht recht macht, droht ihm die Nichtverlängerung seines Vertrages und damit die gefürchtete Ausstoßung, wie das folgende Beispiel einer Krankenhausteam-Supervision zeigen wird.

Bauriedl sieht den Weg aus dieser Zwickmühle darin, daß der Berater den »Winkel halten« muß, wie sie es nennt (Bauriedl, 1994, S. 205). Damit meint sie, daß man sich bewußtmachen muß, daß man mit dem einen und dem anderen Partner einen eigenständigen Kontakt haben darf. Beide Beziehungen schließen sich nicht aus, und die Kontaktaufnahme zu einer Seite bedeutet nicht automatisch eine Verbündung gegen die andere Seite. Ich weiß, wie schwer das in institutionellen Supervisionen zu bewerkstelligen ist, wie schwer das Dreieck zu halten ist. Die Bewegung von der einen Seite zur anderen, vom Team zur Leitung oder umgekehrt, geht schnell mit Gefühlen einher, die andere Seite zu verraten. Das Mißtrauen der Partei, von der man sich wegbewegt, schürt eigene Schuldgefühle, und man fühlt sich bewegungslos und eingeschlossen. Aus diesen Erfahrungen kann ich Bauriedl nur zustimmen, wenn sie sagt, daß sich beide Parteien nur dann bewegen können, wenn ich mich als Supervisor auch bewege, wenn ich mich und meine Impulse, Wünsche, Ängste (usw.) spüre, wenn ich meine Bewegungslust nicht aus Schuldgefühlen oder Angst, als Verräter bezeichnet zu werden, zulasse. Bauriedl nennt das den eigenen Innenraum ausfüllen, was freilich zuerst ein intrapsychischer Vorgang ist. Das Spüren der inneren

Bewegungslust und Bewegungsangst eröffnet neue Wahrnehmungs- und meist auch Handlungsdimensionen.

Aus eigener Erfahrung weiß ich, daß dies leichter gesagt als getan ist. Besonders wenn die institutionellen Strukturen sehr verhärtet sind, fällt die Begegnung mit beiden Seiten sehr schwer. Ich habe es z. B. bei der Supervision eines therapeutischen Krankenhausteams erlebt. Es handelte sich dabei um eine Abteilung, auf der Schlaganfallspatienten behandelt wurden. Neben der körperlichen Gesundung stand besonders die Frage im Vordergrund, was geschieht mit den Patienten nach der Entlassung. Da es sich meist um Pflegefälle handelte, war die Frage, können sie von ihrem Partner oder ihrer Partnerin gepflegt werden, oder müssen sie in einem Heim untergebracht werden.

Zwischen dem therapeutischen Team und der Chefärztin gab es große Konflikte. Diese machten sich u. a. an ihrem Führungsstil fest, aber auch an ihrer therapeutischen Haltung. Sie war naturwissenschaftlich-medizinisch orientiert, während sich das therapeutische Team in der Konfrontation mit den Angehörigen stark mit den Paarbeziehungen auseinandersetzen mußte. Diese Konflikte waren bekannt und konnten auch in einer vorangegangenen Organisationsberatung nicht aufgelöst werden. Mir signalisierte das Team sehr deutlich seine ablehnende Haltung der Chefärztin gegenüber. Und nicht nur das, auch reagierte es sehr mißtrauisch, als ich sagte, ich wolle die Chefärztin kennenlernen, um ihren Standpunkt zu erfahren.

Mein unmittelbarer Auftraggeber in der Klinik war aber nicht die Chefärztin, sondern die Fortbildungsabteilung. Als ich hier nachfragte, wer denn die Verantwortung für die Abteilung hätte, hieß es, nicht die Chefärztin, sondern der Verwaltungsrat. Nun gut, dann wollte ich ein Gespräch mit diesem. Man signalisierte mir, was das denn solle, der hätte doch ganz andere Probleme und treffe sich nur monatlich. Ich steckte etwas entmutigt auf, einen Verantwortlichen zu finden. Es kam mir aber auch nicht ganz ungelegen, denn ich fühlte deutlich das Mißtrauen des Teams. Nach einem halben Jahr nahm ich einen neuen Anlauf, und es kam zu einem Gespräch mit der Chefärztin. Die Situation im Team hatte sich so zugespitzt, daß die leitende Krankengymnastin gekündigt hatte, die Psychologin ebenfalls. Die Stationsärzte, die ich für besonders kompetent und engagiert hielt, wurden auf andere Stationen versetzt. Das Gespräch mit der Chefärztin fand trotz eines vereinbarten Termins in Hektik und teilweise zwischen den Türen statt. Sie meinte, ich hätte ja auch gemerkt, daß die unfähigen Ärzte versetzt worden seien, und darüber sei sie sehr froh.

Ich muß zum Verständnis nachtragen, daß wir Fallsupervision vereinbart hatten, da die institutionellen Konflikte als zu schwierig angesehen wurden. Vermutlich hätte der frühere Kontakt zur Chefärztin den Konflikt nicht verhindert. Aber ich wäre in der Lage gewesen, mein Bündnis nicht eindimensional zu gestalten, wäre vielleicht offener gewesen und hätte mit der Chefärztin meine Arbeitsbedingungen und -vorstellungen klarer aushandeln können. Wahrscheinlich hätte das den vorzeitigen Abbruch der Supervision zur Folge gehabt.

Im nachhinein muß ich eingestehen, daß ich mich hier vom Team verführen ließ, mich der negativen Haltung gegenüber ihrer Chefärztin anzuschließen. Damit habe ich meine Suche nach den institutionell Verantwortlichen aufgegeben. Nicht zuletzt aufgrund dieser Erfahrung schließe ich keinen Teamsupervisionskontrakt mehr ab, wenn die für das Team Verantwortlichen nicht konkret einbezogen werden. Das geschieht gewöhnlich in der Sondierungsphase und in periodischen Auswertungsgesprächen zusammen mit Team, Leitung und Supervisor. Seit ich in dieser Haltung sicherer bin, mache ich durchweg positive Erfahrungen, auch wenn sowohl Team als auch Leitung oftmals verwundert bis befremdet auf meinen Vorschlag reagieren. Im Ergebnis empfindet die gerade bei Teamsupervisionen oft nicht anwesende Leitung Erleichterung, weil sie durch die Transparenz ihr Mißtrauen abbauen kann, was sich denn da hinter ihrem Rücken abspiele. Für mich ist dabei wichtig, daß der Leitung dadurch auch szenisch signalisiert wird, daß sie die institutionelle Verantwortung für das Team hat und nicht an den Supervisor abgeben kann. Der Supervisor seinerseits wird in seinen Omnipotenzphantasien begrenzt, der heimliche und bessere Leiter sein zu wollen. Die Teammitglieder erfahren in diesen Gesprächen, in denen der institutionell Verantwortliche seine Vorstellungen von der Supervision definiert, oft erstmalig erstaunlich klare Stellungnahmen ihres Leiters. Häufig deutlicher als zuvor werden Grenzen und Freiräume für das Team abgesteckt. Durch die Anwesenheit des Supervisors erhalten sie eine größere Verbindlichkeit und Öffentlichkeit. Das Team hat eher die Möglichkeit, für sich zu untersuchen, wie es die Freiräume nutzen will und wie es sich mit den Begrenzungen auseinandersetzt.

Supervisionskollegen, die sich eher mit therapeutischen Settings identifizieren, fragen mich immer wieder, ob es nicht reichen würde, wenn ich das dynamische Geschehen für mich reflektierte, so wie sie es doch auch in ihren Therapien handhaben. Dort müßten sie ihren versteckten Bündnissen mit dem Partner, den Eltern oder dem Klienten auch auf die Spur kommen. Weiter argumentieren sie, daß mein konkreter Einbezug des Teamverantwortlichen doch einem Agieren gleichkäme. Meine Antwort darauf lautet: Da wir es in der Teamsupervision immer mit zwei sehr konkreten Auftraggebern zu tun haben – Team und Institution –, muß der Supervisor dies durch sein Vorgehen auch sichtbar machen. Er muß auch die Ambivalenz aushalten, die sich aus möglichen widersprüchlichen Erwartungen ergibt.

Eine weitere Frage, die in diesem Zusammenhang oft gestellt wird, ist die nach dem geschützten Raum für die Teamsupervision. Diesen stelle ich ja bedingt in Frage, weil ich davon ausgehe, daß alle Themen, die dort angesprochen werden, potentiell institutionsöffentlich werden können. Einen geschlossenen Schonraum stellt die Teamsupervision letztlich nie dar.

Damit stellt sich die Frage nach der Abgrenzung zur Selbsterfahrung

Auch wenn ich weiß, daß zahlreiche Handlungen, Einstellungen, Normen und Gefühle der Supervisanden erst vor dem Hintergrund der persönlichen Geschichte verständlich werden, untersuche ich zuerst und am nachdrücklichsten, inwieweit sich in den angesprochenen Themen Institutionelles spiegelt. Folgende Ebenen bieten sich zur Untersuchung an:
– Klientendynamik;
– Institutionsdynamik;
– Teamdynamik.
Für mich hat sich das Wissen um die Spiegelphänomene in der Su-

pervision bewährt, um die emotionalen Erkenntnisprozesse nicht als privat-isolierte Selbsterfahrung abzuspalten. Je besser es der Supervisor versteht, Verständnisbrücken zwischen den genannten Ebenen herzustellen, desto besser wird es gelingen, die persönlichen Erfahrungsprozesse auf den Arbeitsprozeß zurückzuführen. So können die Reflexionsprozesse über persönliche Erfahrungen in den Arbeitsprozeß reintegriert werden.

Trotzdem ist Vorsicht angesagt: Um den persönlichen Bezug institutionsöffentlich herstellen zu können, sollten die institutionellen Machtstrukturen geklärt, d. h. transparent sein. Ich meine damit, daß man sich der Neid- und Rivalitätsproblematik bewußt ist. Das gilt gleichermaßen für die sogenannte Fallarbeit in Teams. Die Besprechung von Klienten im Team ist meines Erachtens erst dann sinnvoll möglich, wenn die drängenden bewußten und unbewußten institutionellen Themen bearbeitet sind. Ansonsten geschieht es, daß in die Fallbearbeitung diese Themen einfließen. Dann kommt es statt zu einer Beleuchtung der Übertragungs-Gegenübertragungsdynamik zwischen Helfer und Ratsuchenden zu einer Bewertung und Abrechnung unerledigter Themen zwischen den Mitarbeitern.

Anmerkungen

1. Anhaltspunkte für die Analyse der institutionellen Konfliktdynamik können folgende Fragen sein:
– Zu welchem Zeitpunkt, anläßlich welches Ereignisses kam der Supervisionsgedanke auf? Was hätte Supervision hier positiv beeinflussen können?
– Auf wessen Initiative wurde Ausschau nach Supervision gehalten, wie kam die Entscheidung für Supervision zustande, wer hat sie mitgetragen, und wie wurde auf die Entscheidung reagiert? Dabei gilt es herauszufinden, ob der Berater auf Initiative eines »Verlierers« in die Institution gerufen wurde und dadurch zu einer »Koalition gegen« bewegt werden soll. Während diejenigen, die der Beratung besonders ablehnend gegenüberstehen, glauben, eine Machtposition innezuhaben.
– Hat das Team bzw. die Institution eine Supervisionsgeschichte? Interessant ist die Frage nach Beraterwechseln, da dies Hinweise auf unlösbare Konflikte geben könnte, an denen der neue Supervisor wieder scheitern

könnte oder unbewußt auch soll, um zu beweisen, daß der Konflikt sozusagen objektiv nicht lösbar ist.

– Mit welchen Vorstellungen über Supervision haben sich die einzelnen auf die Analysephase eingelassen?

– Wie ist es zu dieser Zusammensetzung der Teilnehmer gekommen, wer wurde eventuell, und warum, ausgeschlossen?

– Bei Teamsupervision: Wie ist die Leitungsebene in die Beratung eingebunden, und wie wird die Supervision finanziert?

– Welches ist die Arbeitsaufgabe der Institution, welches die des Teams, und wie ist das Team in die Gesamtinstitution eingebunden?

Dies sind natürlich keine systematisch abzufragenden Punkte; sie werden vielmehr im Laufe der vereinbarten Analysephase mehr oder weniger erarbeitet und helfen dem Supervisor und den Ratsuchenden, sich zu orientieren.

Thea Bauriedl

Verantwortung und Freiheit in Institutionen

In der zweiten Hälfte dieses Jahrhunderts trat in vielen Wissenschaften das Interesse an der Erforschung von Systemen in den Vordergrund. Auch in der Psychotherapie wurde immer deutlicher, daß die Behandlung von Individuen ohne Berücksichtigung des interaktionellen Kontextes, in dem sie leben, eine unnötige Beschränkung auf ein (Sub-)System darstellt, das in einem größeren System enthalten ist und von diesem beeinflußt wird. So begann man, zunächst in den USA, dann auch in Europa, zunehmend das familiäre Umfeld mitzubehandeln. Sehr unterschiedliche theoretische Konzepte von zwischenmenschlichen Systemen entwickelten sich, mit sehr unterschiedlichen Erkenntnis- und Handlungsinteressen.

In der ersten Begeisterung über das »systemische Denken« wurden vielfach die intrapsychischen und vor allem die unbewußten Prozesse über Bord geworfen (z. B. Watzlawick et al., 1969). Man verabschiedete sich von der Psychoanalyse, indem man sie für veraltet, individuumzentriert, linear etc. erklärte. Diese »Verabschiedung« wird seither immer wieder versucht, indem man die Psychoanalyse auf die ersten Schriften Freuds festlegt und dann in oft polemischer Weise feststellt, daß diese Schriften einhundert Jahre alt sind.

Natürlich haben auch die Psychoanalytiker zu dieser Entwicklung beigetragen, soweit sie in orthodoxer, oft sektenartig anmutender Weise Freuds stets tastende und suchende Schriften für die reine und abgeschlossene Erkenntnis erklärten und sich an den darin vertretenen Aussagen wie an Bibelzitaten festhielten. So entstand eine Kluft der gegenseitigen Entwertung zwischen den Forschern, die sich mit »Systemen« befaßten, und den Forschern, die sich, gekränkt durch die harsche Entwertung von seiten der »Systemiker«, auf die »reine« Lehre vom Unbewußten zurückzogen und dabei nicht beachteten, daß gerade diese Lehre von Anfang an systemtheoretische Elemente enthielt, die nur weiterentwickelt zu werden brauchten – und in manchen Theorieansätzen innerhalb der Psychoanalyse auch weiterentwickelt wurden (vgl. Kernberg, 1988; Bauriedl, 1980, 1994).

In der neueren Literatur zur Teamsupervision, Institutionsanalyse und Organisationsberatung geht es nun vorwiegend um die Frage der Einbettung des analysierten bzw. supervidierten Systems in das jeweils umfassendere System (vgl. Pühl, 1994). Es wird auch hier deutlich, daß manche interaktionellen Probleme von Teams nicht ohne Berücksichtigung oder auch Einbeziehung der ganzen Institution, vor allem der Leitungsebene, zu lösen sind (vgl. Weigand, 1994). Das System im System im System wird zum Thema.

Hier hat die Psychoanalyse die Chance, wichtige Dimensionen aus ihrer langen Tradition einzubringen und weiterzuentwickeln: In bezug auf die Erforschung des in diesem Zusammenhang »kleinsten« Systems, der intrapsychischen Dynamik des Individuums, hat sie ebenso die größte Erfahrung wie in der Erforschung des »größten« Systems, nämlich der gesellschaftlichen Kultur, in der alle diese in sich verschachtelten Systeme entstehen und sich verändern oder nicht verändern.

Der grundsätzlich kritische Ansatz der Psychoanalyse, der auf der Erforschung unbewußter, »selbstverständlich« gewordener Anteile der Psycho- und Soziodynamik beruht, wird für die wissenschaftliche Diskussion zur Institutionsanalyse bedeutsam, soweit die Psychoanalytiker ihre Objektbeziehungstheorie auf die Beziehungsstrukturen in Institutionen beziehen,* wie sie es schon getan haben in bezug auf Gruppen und Familien. Vor allem das in der Psychoanalyse entwickelte »szenische Verstehen« kann in der Institutionsanalyse zu einer hilfreichen Methode werden, wenn man die *Gegenseitigkeit* des unbewußten Zusammenspiels und die unbewußten Austauschprozesse der Dynamik in Individuen, Teams, Institutionen und Gesellschaft erforscht (Bauriedl, 1994).

---

* Im deutschen Sprachbereich oder in deutscher Übersetzung sind vor allem die Arbeiten von Psychoanalytikern wie Fürstenau (1992), Kernberg (1988), Kutter (1985), Wellendorf (1994) und Wolf (1994) zu nennen, die allerdings sehr unterschiedlichen Konzepten folgen.

Eine psychoanalytische Beziehungstheorie
und ihre Folgen

Die von mir in diesem Zusammenhang entworfene psychoanalytische Beziehungstheorie kann ich hier nur andeuten (vgl. Bauriedl, 1994). Es geht mir dabei unter anderem darum, jeweils die unbewußte *Bedeutung* von Verhaltensweisen und (Beziehungs-)Strukturen deutlich zu machen, durch die diese Verhaltensweisen und Strukturen, auch die explizit und implizit normierten Strukturen einer Institution oder unserer Gesellschaft, bestimmt werden. So beschäftige ich mich gewissermaßen mit dem »Myzel«, aus dem die sichtbaren »Pilze«, die Organisationsformen und die Verhaltensweisen der Individuen, herauswachsen. Mein Handlungsinteresse besteht nicht darin, die »Pilze« so zu plazieren oder zu züchten, daß sie optimal »funktionieren«, im Sinne eines übergeordneten Interesses an Profitmaximierung und ohne Rücksicht auf die zwischenmenschliche Kultur der Beziehungen. Entsprechend der kulturkritischen Tradition der Psychoanalyse versuche ich vielmehr, solche in unserer Gesellschaft als (selbst-)destruktive Elemente enthaltenen Interessen zu hinterfragen.

Dieses mein Erkenntnis- und Handlungsinteresse läuft manchen Interessen von Institutionen und vor allem von deren Leitern zuwider. Vor allem Unternehmen, die vom wirtschaftlichen »Erfolg« im Sinne der Vernichtung der Konkurrenz leben, aber auch Organisationen, die einer anderen »Siegerideologie« folgen, haben naturgemäß wenig Interesse an der Aufklärung menschenverachtender Mechanismen und Strukturen, die gerade ihr »Gerüst« bilden. Sie fürchten, sich auf dem Markt nicht mehr behaupten zu können, wenn die *Frage nach der Menschlichkeit* des Umgangs miteinander innerhalb ihrer Organisation und in der Beziehung zu dem diese Organisation umgebenden (gesellschaftlichen) System ernsthaft gestellt wird. Aus Gründen der beruflichen Ethik scheint mir aber diese Frage auch in der Institutionsanalyse heute die wichtigste aller Fragen zu sein, denn die Menschheit überlebt entweder *miteinander* oder gar nicht. Und eine Nichtberücksichtigung der gesellschaftlichen und politischen Rahmenbedingungen in der Institutionsanalyse wäre schon aus methodischen Gründen ein Kunstfehler.

So sind aus meiner Sicht Konzepte, die sich in der Organisationsberatung bzw. Institutionsanalyse oder auch in der Teamsupervision darauf beschränken, Möglichkeiten des Überlebens von »Siegern« zu finden, längst anachronistisch. Wollen wir in einem grundsätzlichen und umfassenden Sinn zur »Entmilitarisierung« unserer Gesellschaft im weitesten Sinn beitragen, dann können wir nur versuchen, Gewaltstrukturen in den Individuen, in den Institutionen und in unserer Gesellschaft deutlich zu machen, und dazu auffordern, alternative Strukturen zu finden, in denen Menschen sicherer und zufriedener miteinander leben können, ohne dabei andere Menschen ausbeuten und unterdrücken zu müssen. Natürlich basieren diese meine Überlegungen auf einer bestimmten gesellschaftskritischen Position, die nicht von allen Theoretikern und Praktikern auf diesem Gebiet geteilt wird.

In der Umbruchsituation unserer gesellschaftlichen Phantasien haben wir es aus meiner Sicht gegenwärtig mit einer *Krise des Freiheitsbegriffes* zu tun, die sich zum Beispiel auch in der Krise der F.D.P. in Deutschland zeigt. Es stellt sich die Frage, ob wir uns weiterhin, wie in der Zeit des sich (auch militärisch) ausbreitenden Kapitalismus, dann für frei halten müssen, wenn jeder in möglichst weitgehendem Maße das tun darf, was er tun will und was er sich »wirtschaftlich« leisten kann. »Alle Freiheit den starken und erfolgreichen Leistungsträgern; nur sie halten unsere Wirtschaft und damit auch die Arbeitsplätze aufrecht«, das war und ist zum Teil immer noch das Motto unserer Industriegesellschaft. Auch der Sozialismus, der die Ausbeutung der abhängig Arbeitenden auflösen wollte, konnte – wie man sieht – die Gewalttätigkeit zwischen den Menschen nicht beseitigen. Im Gegenteil, er produzierte Unfreiheit in einem Ausmaß, das über die Unfreiheit im Kapitalismus zum Teil weit hinausging. »Solange du vom Staat versorgt werden willst, mußt du tun und denken, was dir die Führer dieses Staates zu tun und zu denken vorgeben«, so reproduzierte das sozialistische System die bekannten Szenen familiärer Unterdrückung, die mit dem Satz beginnen: »Solange du die Füße unter meinen Tisch stellst...« Eine Alternative zu diesen Scheinfreiheiten, entweder dem anderen seinen eigenen Willen aufzuzwingen oder (zum eigenen Vorteil) zu gehorchen, kann aus meiner Sicht nur mit Hilfe der *Analyse der Strukturen zwischenmenschlicher Beziehungen* gefunden werden.

Gewalttätige Beziehungsstrukturen habe ich idealtypisch etwa wie folgt beschrieben: Das »Myzel« solcher Beziehungsstrukturen ist dadurch gekennzeichnet, daß zwischen den Individuen oder auch zwischen Gruppierungen aller Art *keine psychische Trennung* besteht. Für das Thema Institutionsanalyse interessiert hier vor allem, daß in diesen psychisch ungetrennten Beziehungsstrukturen die Verantwortungsgrenzen unklar sind. Die Individuen oder auch Gruppen übernehmen nicht die Verantwortung für sich selbst, für ihr eigenes Wohlergehen und für die Position oder Rolle, die sie innehaben, sondern sie vernachlässigen ihre eigene Position und greifen im genau gleichen Maß über auf die Verantwortlichkeiten ihrer Beziehungspartner. Sie nehmen diesen die Verantwortung für deren Tun »weg« und schieben ihnen statt dessen die Verantwortung (und Schuld) am eigenen Wohl und Wehe zu (Austausch von Verantwortung). Die Kommunikation zwischen den Individuen oder Gruppen hat in diesem Fall die Struktur der Doppelbindung, die wiederum auf dem intrapsychischen »Myzel« der gespaltenen Ambivalenzen beruht (Bauriedl, 1994, 1996).

Ein häufig auftretendes Beispiel für diese Beziehungsstruktur ist die doppelbindende Mitteilung von leitenden Personen, daß sie nicht »böse« Chefs, sondern »gleichberechtigte Teammitglieder« seien, die aber gleichzeitig latent um ihre Vormachtstellung kämpfen. Da solche Strukturen immer auf Gegenseitigkeit beruhen, geben auch die Mitarbeiter in einem solchen System doppelte Botschaften von sich. Sie kümmern sich nicht um ihre eigene Position, um ihre eigenen Gefühle und Bedürfnisse als Mitarbeiter, sondern sie »regieren mit«, indem sie gleichzeitig Vorgesetzte und Mitarbeiter zu sein versuchen. Sind sie aber in der Phantasie zugleich identifiziert mit ihren Vorgesetzten, dann können sie sich mit diesen nicht in effektiver Weise auseinandersetzen.

In einem solchen System ist keiner frei, jeder kämpft gegen den anderen. Wie in einer gestörten Partnerschaft sind Konflikte nicht in konstruktiver »Auseinander-Setzung« lösbar, sondern es entwickeln sich in ständiger Wiederholung manifeste und / oder latente Kämpfe darum, wer recht hat, wer oben und wer unten ist. Der Weg zu mehr interpsychischer Freiheit, den man in einer gelingenden Teamsupervision oder Institutionsanalyse finden kann, führt in kontinuierlichen Schritten hin zur psychischen Trennung zwischen den Individuen und Subsystemen der Institution. Psychische Trennung bedeutet, bildlich ausgedrückt, daß sich zwei Kreise an der Kontaktstelle berühren, während sich im Zustand des psychischen Ungetrenntseins die Kreise überschneiden und im Bereich der Überschneidung ständig Unklarheit darüber herrscht, wer wer ist, wer wofür zuständig ist und welche Interessen sich hier konflikthaft gegenüberstehen.

Freiheit ist also in beziehungsanalytischer Definition gleichbedeutend mit der Fähigkeit, die Verantwortung für das eigene Wohlergehen im Kontakt mit anderen Menschen oder Gruppierungen zu übernehmen.

Nur wer sich bewußt ist, daß *er* es ist, der sich entscheidet – und das heißt, daß er sich nicht nur als zwangsläufig auf den oder die anderen reagierend definiert –, kann sich frei fühlen. Das bedeutet nicht, daß deshalb jede Entscheidung möglich wäre und jeder Wunsch befriedigt werden könnte, wie es unsere bisherige Freiheitsvorstellung postulieren würde. Es bedeutet aber auch nicht, daß alle »Rahmenbedingungen« stumm hingenommen werden müßten. Es bedeutet, daß die Identifikation mit dem Aggressor, also der Mechanismus, mit dessen Hilfe wir – zumeist unbewußt – in Konfliktsituationen die Position unserer Konfliktpartner einnehmen, grundsätzlich in Frage gestellt wird.

Aus der Forschung zum (sexuellen) Mißbrauch ist der Vorgang bekannt, daß sich mißbrauchte Kinder in ihrer großen Abhängigkeit und relativen psychischen Schwäche verantwortlich fühlen für das, was mit ihnen gemacht wird. Sie sind zwangsläufig einverstanden mit den Gewaltstrukturen, in die sie hineingeboren werden und in denen sie leben. Und sie betrachten sich selbst »durch die Augen« ihrer Bezugspersonen. Durch deren Augen sehen sie sich selbst zum Beispiel als »niedlich, dumm, überempfindlich, selbst schuld« etc. Diese Identifikation mit dem Aggressor bleibt ihnen als (selbstschädigender) Schutzmechanismus oft ein Leben lang erhalten, wenn er nicht gründlich in Frage gestellt wird und andere Beziehungsstrukturen an seiner Stelle entwickelt werden können.

Das Grundprinzip des Mißbrauchs, der Ausbeutung und der Unterdrückung begegnet uns natürlich auch in Institutionen. Beispiele dafür anzuführen ist wahrscheinlich überflüssig. Wichtig ist die Beantwortung der Frage, weshalb diese Strukturen nicht oder oft nur schwer verändert werden können. Dazu muß die Dynamik der sich ständig wiederholenden Szenen in den verschiedenen Systemen und Subsystemen untersucht werden.

Beziehungsstrukturen in Institutionen

Das szenische Verstehen von Beziehungsstrukturen ist die Voraussetzung dafür, daß man gesellschaftliche, institutionelle, gruppendynamische und intrapsychische Szenen in ihrer Ähnlichkeit und in ihren Wiederholungen erkennen kann. Nach meiner Erfahrung wiederholen sich diese Szenen in allen diesen Systemen in oft erstaunlicher Weise. Durch den Mechanismus der Identifikation mit dem Aggressor bzw. der Identifikation mit der Funktion wiederholen sich die Szenen der Gewalt in Systemen, die miteinander in Verbindung stehen. So kann es sich zum Beispiel bei der Analyse der Gruppendynamik einer Abteilung in einer Strafvollzugsanstalt um die Szene handeln: »Wir haben Angst vor den ›Bösen‹, wir müssen sie ausgrenzen, in Schach halten, immer bereit sein, sie zu bedrohen und zu bestrafen.« Diese Szene findet sich in jedem einzelnen Supervisanden, in der Dynamik der supervidierten Gruppe, zwischen Gefangenen und Anstaltspersonal, zwischen verschiedenen Instanzen innerhalb der Anstalt, zwischen dem Supervisor und seinen Supervisanden und natürlich auch im Auftrag der Anstalt innerhalb der Gesellschaft.

Um die Identifikation mit der Funktion auch beim Supervisor zu erkennen, ist es nötig, jeweils auch dessen Einstellung zu den jeweiligen Institutionen und seine Einstellung zur gesellschaftlichen Rolle der Institution zu reflektieren. Hier macht es einen großen Unterschied, ob man eine Beratungsstelle im psychosozialen Bereich, eine Fraktion von Abgeordneten, die leitenden Personen eines Wirtschaftsunternehmens, die Mitarbeiter einer Polizeidienststelle, die Richter eines Amtsgerichts, ein Team in einer Klinik oder eine Gruppe von Lehrern in einer Schule supervidierend analysiert. Die expliziten und impliziten Ziele und Aufträge der Institution werden sich ebenso wie die im weitesten Sinn politische Position des Supervisors auch in der Supervisionsbeziehung ausdrücken. Auch sein intrapsychisches (Abwehr-)System wird beeinflußt durch die Szenen und Systeme, in denen er lebt und arbeitet (Gegenübertragung); und seine eigene persönliche und politische Haltung beeinflußt wiederum den Prozeß der Institutionsanalyse (Übertragung). Eine Neutralität der Erkenntnis- und Handlungsinteressen gibt es nicht.

Szenen wie die im Beispiel der Strafvollzugsanstalt beschriebene Szene einer paranoiden Objektbeziehung haben Formen *struktureller Gewalt* zur Folge. Wo die Grenzen zwischen den Personen und (Sub-)Systemen unklar sind, werden Ersatzgrenzen errichtet, die Entwertung, Bedrohung, Zwang und Unterdrückung mit sich bringen. Um die in der Ununterscheidbarkeit (bildlich gesprochen: wegen der sich überschneidenden Kreise) gegebene Gefahr der Verschmelzung zu bannen, werden Feindbilder entwickelt und wird Gewalt ausgeübt. Fatalerweise kommt man auf diese Weise allenfalls aus der passiven in die aktive Rolle derselben Szene. Die Gewalt an sich und der Zustand der psychischen Ungetrenntheit sind deshalb noch nicht aufgelöst.

An diesem Beispiel kann auch deutlich werden, wie im Zustand der Ungetrenntheit die Überlappung oder Verschiebung der Verantwortung zwischen den Personen und zwischen den Personengruppen stattfindet. Keiner ist auf *seinem* Platz, keiner übernimmt die Verantwortung für das, was er tut oder getan hat, alle sind unfrei, ihre Beziehungen so zu gestalten, daß sie sich darin wohl fühlen. Ihre Kommunikation ist unoffen, konfliktvermeidend und entsprechend gewalttätig. Oft laufen Informationen nur von unten nach oben – und sind entsprechend der allgemeinen Unoffenheit manipuliert und manipulierend. Man spricht nicht miteinander, man herrscht bzw. opponiert mehr oder weniger schweigend. Die Institution wird als überwältigend und als die eigene Kreativität behindernd erlebt.

Oft wird die Verantwortung für diesen Zustand den Leitern zugeschoben, die ihrerseits den Mitarbeitern gegenüber Feindbilder entwickeln. Es herrscht Resignation. Über Befindlichkeiten wird nicht miteinander gesprochen. Die objektiv gegebenen Abhängigkeiten werden als Repression mit Hilfe überflüssiger Normen und Rationalisierungen erlebt und auch so gestaltet. Auch im (stummen) Protest kann noch das implizite Einverständnis mit dem Status quo liegen: Man traut sich selbst und anderen oder auch der Institution als solcher nicht zu, hier etwas zu verändern. Die Rahmenbedingungen scheinen für alle Beteiligten so hart zu sein, daß – leider und Gott sei Dank – nichts zu verändern ist. Das äußere Gefängnis entspricht seiner innerpsychischen Repräsentanz.

Repressive Beziehungsstrukturen in Institutionen sind gekennzeichnet durch Austauschprozesse (Bauriedl, 1994, S. 158 ff.). Aus meiner Sicht sind die Abwehrmechanismen innerhalb der einzelnen Personen und auch in zwischenmenschlichen Beziehungen geprägt durch den interpsychischen Austausch von Wünschen, Ängsten und Verantwortlichkeiten. Sie dienen einerseits der Stabilität der Individuen und auch der familiären oder institutionellen Gemeinschaften, schränken aber andererseits die Lebendigkeit und Freiheit der Individuen in diesen Gemeinschaften ein.

Eines der größten Probleme bei der Arbeit in und mit Institutionen liegt darin, daß Konflikte hin und her geschoben und nicht in dem (Sub-)System ausgetragen werden, wo sie hingehören und in dem sie eventuell lösbar wären. Wegen der psychodynamisch und gruppendynamisch notwendigen Feindbilder und der überall wirksamen Identifikation mit dem Aggressor wird jeweils die kleinere oder die größere institutionelle Einheit als Ursache der systemimmanenten Konflikte gesehen. Man verschiebt die Konflikte nach außen, nach unten, nach oben und löst sie dadurch *nicht*. Oder man versucht in der eigenen Gruppe Konflikte zu lösen, die mit der Gesamtstruktur zu tun haben, die also auch nur in Auseinandersetzung mit allen Beteiligten, vor allem mit den Leitern, zu lösen sind.

Und schließlich sind manche Strukturen nur »politisch«, also in der größten Einheit oder unter Berücksichtigung der die Institution umgebenden und beeinflussenden gesellschaftlichen Strukturen zu verstehen. Hier stellt sich die Frage, wie die Institution als ganze in der gesellschaftlichen und politischen Landschaft agieren kann und will. Wagt sie eine emanzipatorische Haltung, oder gibt sie sich zufrieden mit den resignativen Phantasien in unserem gesellschaftlichen Bewußtsein, nach denen nur der »frei« ist und (persönlich) überlebt, wer ohne Rücksicht auf seine gesamtgesellschaftliche Verantwortlichkeit, auf zwischenmenschliche Beziehungen und ökologische Erfordernisse seinen Besitzstand mehrt? Eine emanzipatorische Haltung würde anstelle der Konkurrenz der Starken gegen die

Schwachen die Konkurrenz um die bestmögliche Qualität von Beziehungen zwischen den Menschen und zwischen Menschen und ihrer natürlichen Umwelt aufnehmen.

Freiheit und Verantwortung des Supervisors in Institutionen

Ob der Supervisor fähig ist, die Verantwortlichkeiten und Konflikte wieder an dem Ort zu sehen, wo sie hingehören, hängt direkt mit seiner Fähigkeit zusammen, *die Verantwortung für seine eigene Freiheit zu übernehmen.* Dies ist aus meiner Sicht die Definition *psychoanalytischer Abstinenz,* die gleichermaßen für die klassische Analyse wie auch für die analytische Haltung in Institutionen gilt. Jeder »Mißbrauch« (ungetrennte Beziehungsstruktur mit entsprechenden Verhaltensweisen und Normen) in den Zielen und Strukturen der Institution betrifft auch den Supervisor. Die Verführungs- und Vergewaltigungsszenen wiederholen sich schon im Auftrag und in der zumeist schwierigen Gestaltung des expliziten und impliziten Arbeitsvertrags. Eine sorgfältige Nachfrageanalyse (vgl. Wellendorf, 1994; Pühl in diesem Band) ist deshalb der erste wichtige Schritt dieser Arbeit, in dem es sich zeigt, ob der Supervisor eine abstinente Haltung einnehmen kann oder nicht. Die auf der Beziehungsebene definierte Abstinenz wird hier zum *aktiven Eingriff* in ein System (Bauriedl, 1980), der bereits bei den ersten Kontakten die Weichen stellt, ob die gemeinsame Arbeit fruchtbar werden kann oder nicht.

Fruchtbar werden kann sie in dem Maße, wie einerseits auf seiten der Institution und ihrer Mitglieder ein echter Leidensdruck im Sinne eines Veränderungswunsches vorhanden ist und andererseits der Supervisor fähig ist, sich in seiner Arbeit »frei« zu halten oder immer wieder »frei« zu machen. Im gleichen Maße kann er den Supervisanden ihre Freiheit und Verantwortlichkeit zurückgeben, die sie in den verschiedenen Austauschprozessen verloren haben. Die Verantwortung wird nicht (nur) dadurch zurückgegeben, daß man jedem einzelnen sagt, wofür er verantwortlich ist. Es handelt sich bei diesem Vorgang vor allem um ein Beziehungsgeschehen.

Nur auf der Beziehungsebene ist zu klären, ob der Supervisor die Verantwortung für sich und seine Arbeit übernommen hat, indem er dafür sorgt, daß er sich in dieser Arbeit wirklich wohl fühlt, oder ob er tut, was ihm aufgetragen wird (von den Oberen und / oder von den Unteren) und was »richtig« oder »nötig« zu sein scheint. Ein funktionalisierter Supervisor kann nur zur weiteren Funktionalisierung der Supervisanden beitragen; eine Auflösung der Funktionalisierung und damit ein Zugewinn an Menschlichkeit und Kreativität ist in dem Beziehungsraum, den er anbietet, nicht möglich.

Die Funktionalisierung der Supervisoren in Institutionen scheint mir manchmal so weit zu gehen, daß man es nicht mehr wagt, von Supervision oder gar von (Institutions-)Analyse zu sprechen, vor allem wenn man es mit Managern von Wirtschaftsunternehmen zu tun hat. Deren Angst vor ernsthafter Infragestellung vorwegnehmend, spricht man lieber von »Organisationsberatung« oder von »Coaching«. Wieweit damit auch ein Verzicht auf eine konsequent aufklärende Haltung verbunden ist, bleibt im Einzelfall zu untersuchen.

Neben der häufig geforderten Fachkompetenz auf dem Gebiet des supervidierten Arbeitsbereiches* braucht der Supervisor für diese Art psychoanalytischer Arbeit in Institutionen eine gründliche Ausbildung der eigenen Person, wodurch die Fähigkeit geschult wird, die in der eigenen Psyche ablaufenden Prozesse von den bei den Bezugspersonen und in den analysierten Systemen ablaufenden Prozessen zu unterscheiden. Er braucht Übung im Erkennen und Wiedererkennen von psychodynamischen und gruppendynamischen Szenen, an denen er selbst beteiligt ist, was nur durch eine differenzierte und mit den eigenen inneren Prozessen tolerante Selbstwahrnehmung möglich ist. Trotz der probeweisen Identifikation mit den inneren Szenen der Institution und der Supervisanden muß es ihm möglich sein, sich so weit von dem Geschehen zu distanzieren, daß er jeweils bewußt entscheiden kann, in welchem System er die sich ständig spiegelnden Szenen bearbeiten will, ob zum Beispiel in der Fallarbeit, in der Arbeit an der Kommunikationsstruktur des Teams, in der Arbeit an institutionellen Problemen oder

---

* Im Bereich der politischen Supervision wurde mir diese Vorbedingung immer wieder besonders deutlich.

eventuell auch in der persönlichen Auseinandersetzung mit einer bestimmten Person (Arbeit mit der Übertragungsszene im engeren Sinn). Auch diese Forderung zeigt, daß Erfahrungen und Wissen nicht nur in der psychoanalytischen Einzel- und Gruppentherapie nötig sind, sondern auch Erfahrungen in Institutionen. Aus meiner Sicht ist es zumeist sinnvoll, bei Konflikten in Institutionen anstelle der intrapsychischen Pathologie einzelner – so sehr man sie auch sehen mag – die dort erkannte Szene in der institutionellen Pathologie zu thematisieren und durch diese Art der Fokussierung implizit zur gemeinsamen Arbeit an der Verbesserung der Kommunikationsstrukturen anzuregen. So kann eine gruppendynamisch außenstehende Person wieder in den gemeinsamen Arbeitsprozeß integriert werden, ohne daß die Supervision in eine Gruppen- oder gar Einzeltherapie abgleitet.

Die Institutionsanalyse ist eine schwierige und verantwortungsvolle Arbeit, die sehr viel persönliches Können und auch Abstinenz in bezug auf die immer wieder angebotenen Größenphantasien erfordert. Der psychoanalytisch arbeitende Supervisor muß verzichten auf die Gefangenschaft in der Großartigkeit des »Ersatzvaters« oder der »Ersatzmutter«, er muß verzichten auf alle Formen des aktiven und passiven Mißbrauchs. Damit ihm dies möglich wird, muß er solche Situationen eindeutig in sich spüren können und die Verantwortung dafür übernehmen, daß er sich an seinem Platz und in seiner Arbeit frei und zufrieden fühlt. Dafür kann man sehr viel tun. Wenn man sich dieses Ziel und den Weg dorthin vergegenwärtigt, dann sieht man auch wieder, wie schön diese Arbeit sein kann.

Karl König / Hermann Staats

Übertragung und Gegenübertragung in Institutionen

Übertragung und Gegenübertragung sind Begriffe der Psychoanalyse; sie sind, wenn man das mit ihnen verbundene Konzept der »Abwehr« dazunimmt, das, womit ein Psychoanalytiker arbeitet (Freud, 1917). Beide Begriffe sind an der therapeutischen Beziehung zwischen zwei Menschen entwickelt worden und wurden später auf die Beziehungen in Gruppen, von Partnern und zu Institutionen übertragen.

Da Übertragung und Gegenübertragung wesentliche Faktoren eines therapeutischen Prozesses sind, spielen sie bei der Supervision psychoanalytischer Behandlungen eine große Rolle. Was aber leistet das Konzept von Übertragung und Gegenübertragung in der Supervision von Teams, in der es nicht um psychoanalytische Arbeit der Teammitglieder geht?

Rational begründete Veränderungen in Institutionen stoßen auf vielfältige Widerstände. Mentzos (1976, S. 119) führt neben der Verteidigung individueller Interessen und Privilegien, »gewohnheitsmäßiger Trägheit«, Kommunikationsschwierigkeiten, Vorurteilen und Mißverständnissen auch »unbewußte neurotische Abwehrkonstellationen« an, die durch eine Veränderung der Institution in Frage gestellt werden. »Gerade die Irrationalität dieser Widerstandsgruppe macht ihre Analyse und Beeinflussung sehr schwierig.«

Um bei der Supervision diese unterschiedlichen Ebenen berücksichtigen zu können, hat Rappe-Giesecke (1994) ein Supervisionskonzept entworfen, in dem unterschiedliche »Programme« für verschiedene Arbeitsaufgaben bereitgestellt werden: »Fallarbeit«, »Selbstthematisierung« und »Institutionsanalyse«. Wenn wir in diesem Beitrag Übertragung und Gegenübertragung in Institutionen beschreiben, geschieht dies vor einem Hintergrund mehrerer Programme. Es heißt nicht, daß wir Institutionen allein mit Hilfe von Übertragung und Gegenübertragung verstehen wollen.

Wir stellen zunächst unsere Auffassung von Übertragung und Gegenübertragung vor und beschreiben ihre Bedeutung für Institutionen. Dabei gehen wir auf »Regression« und »Kollusion« als mit Übertragung verbundene Konzepte ein, die für ein Verständnis von Verhalten in und gegenüber Institutionen hilfreich sind. Ideologien als Rechtfertigung übertragungsbedingter Verzerrungen und Überlegungen zum Umgang mit der Gegenübertragung des Supervisors sind weitere Themen.

Was bietet das Konzept von Übertragung und Gegenübertragung für das Verständnis von Supervision?

Jeder Mensch überträgt frühere Beziehungserfahrungen auf neue Beziehungen, und zwar jene früheren Beziehungserfahrungen, die zu passen scheinen. Die Erwartungen an neue Beziehungen, die dabei aufgrund früherer Erfahrungen vorhanden sind, können dazu beitragen, daß genau diese Erfahrungen wiederum eintreten; es kann sich so etwas wie ein festes »Schema« entwickeln, nach dem eine Person ihre Lebenserfahrungen strukturiert und das auch empirisch nachweisbar ist (z. B. Luborsky, 1988). Nehmen wir an, eine solche Person, Herr A., hat wiederholt erlebt, daß seine Wünsche nach liebevollem Kontakt von anderen eher ärgerlich zurückgewiesen wurden. Er hat sich daraufhin meist enttäuscht zurückgezogen.

In Beziehungen wird Herr A. dazu neigen, kleinere Unstimmigkeiten oder ein sich Abgrenzen von seiten seines Partners B. vor diesem Hintergrund als eine ärgerliche Zurückweisung zu interpretieren. Für Herrn B. ist eine solche Interpretation möglicherweise befremdlich. Er fühlt sich mißverstanden, da er die ihm unterstellten Gefühle nicht oder nur in schwacher Form erlebt. Läßt es Herrn B. nicht gleichgültig, daß er von Herrn A. als zurückweisend und ärgerlich angesehen wird, bezeichnen wir seine Gefühle und Reaktionen auf die Zuschreibung von Herrn A. als Gegenübertragung.

Das Beispiel der Übertragung als ein interpersonelles Schema kann sich aber auch in eine andere Richtung weiterentwickeln: zu einer Sonderform der Übertragung, der »projektiven Indentifizierung«. Es ist möglich, daß Herr A. seinen Beziehungspartner B. durch eine mehr oder weniger subtile Einflußnahme tatsächlich dazu bringt, sich so zu verhalten, wie er es erwartet. Er macht Herrn B. so dem Objekt ähnlicher, das er überträgt. Es handelt sich um eine projektive Identifizierung vom Übertragungstyp (König, 1993). Das Gegenüber wird dem übertragenen Objekt gleichgemacht.

Was ist nun das Motiv, diesen Vorgang der projektiven Identifizierung vom Übertragungstyp einzusetzen? Der Umgang mit jemandem, der sich ähnlich verhält, wie man es schon kennt, erzeugt ein Gefühl von Familiarität (Bischoff, 1985; König, 1982, 1991), von Bekannt- und Vertrautsein, das ein starkes Motiv ist, warum Menschen versuchen, frühe Beziehungen zu reinszenieren. Im Umgang mit Personen, die sich in einer Weise verhalten, die einem vertraut ist, besonders in einer Weise, die man von den Beziehungspersonen aus der Ursprungsfamilie her kennt, fühlt man sich sicherer als im Umgang mit jemandem, der sich anders verhält, als man es bisher kennengelernt hat.

Es gibt noch ein anderes Motiv, warum frühere Beziehungsformen reinszeniert werden. Bewußte innere Konflikte oder die bestehenden oder drohenden Auswirkungen unbewußter Konflikte sind meist schwerer auszuhalten als Konflikte zwischen einem selbst und einer Außenperson. Deshalb werden Aspekte eines inneren Objekts oder eines Selbstanteils, die an einem inneren Konflikt beteiligt sind, oft nach außen verlagert und in einer Außenperson hervorgerufen. Man kann dann von einer projektiven Identifizierung zum Zwecke der inneren Konfliktentlastung sprechen.

Ein Mensch, der seine eigene innere Strenge nicht aushält, die mit dem Vater oder der Mutter etwas zu tun hat, z.B. Herr A., kann versuchen, andere Teammitglieder oder den Supervisor zu einem solch strengen Vater zu machen, mit dem er sich dann besser auseinandersetzen kann als mit dem inneren Objekt »Vater« oder mit seinem Gewissen. Trifft dies Herrn B., so ist das für ihn oft sehr unangenehm, besonders dann, wenn er selbst Eltern hatte, die er als streng erlebte. Er möchte keinesfalls so sein wie diese und versucht vielleicht, der Aktualisierung des Strengen durch besonders mildes und freundliches Verhalten zu entgehen.

Schließlich gibt es noch die projektive Identifizierung vom kommunikativen Typ. Jemand versucht, den anderen ihm ähnlich zu machen, weil er meint, nur so von ihm verstanden zu werden und ihn zu verstehen. Hier ist projektive Identifizierung ein Anteil der Übertragung und eine Ursache von Gegenübertragung.

Projektive Identifizierungen spielen im Umgang von Menschen miteinander eine große Rolle. So kann jemand, der uns zu einem nur bösen Menschen machen will, in uns Haß auf ihn erzeugen, den wir mit unseren alltäglichen Einstellungen und Gefühlsreaktionen nicht in Einklang bringen können; besonders nicht, solange wir nicht verstehen, wie dieser Haß erzeugt wird. Ebenso kann uns ein Mensch in ein unbegrenzt spendefreudiges Objekt zu verwandeln suchen, indem er uns fasziniert oder uns mehr Bedürftigkeit wahrnehmen läßt, als tatsächlich vorhanden ist. Kommt ein solcher Mensch als Klient oder Patient, setzen sich vielleicht einige Teammitglieder besonders für ihn ein, während andere die Rolle der Bösen zugeschrieben bekommen und vom gleichen Klienten oder Patienten provoziert werden, damit sie sich wirklich böse verhalten. Projektive Identifizierungen können so zu Schwierigkeiten bei der Zusammenarbeit innerhalb eines Teams führen.

Übertragung ist aber nicht nur ein Beziehungsschema einer Person, das bei einem passenden Auslöser aktiviert wird, sondern auch das gemeinsame Werk von zwei (oder mehr) Menschen, die ihre alten Erfahrungen in eine gemeinsame neue Beziehung einbringen. Wie sich die Bereitschaft, bestimmte Muster auf jemanden zu übertragen, entwickelt, hängt nicht zuletzt von der Person ab, auf die übertragen wird (z.B. Thomä und Kächele, 1985), und von der Situation, in der dies geschieht. So schildert Macalpine (1950), wie institutionalisierte Regelungen in der Psychoanalyse zu spezifischen Übertragungen führten, die dann als »natürliche« Verhaltensweisen der Patienten beschrieben wurden. Ähnliches läßt sich in anderen Institutionen, zumindest im sozialen Bereich, beobachten: Verhaltensweisen der Klientel werden weniger als Reaktion auf die Bedingungen der Institution begriffen, sondern als spezifisch für diese Klientel aufgefaßt.

Ein »modernistisches« (Cooper, 1987) oder »interpersonelles« (Kernberg, 1994) Verständnis von Übertragung betont die Bedeutung der Interaktion und des situativen Kontextes, um der Gefahr einer unangemessenen Schematisierung entgegenzuwirken. Für die

Supervision hat diese Auffassung zwei Folgen: Einmal leistet der Supervisior durch das, wie er ist, und die Art und Weise, wie er sich verhält, schon einen eigenen Beitrag zum Geschehen in der Supervisionssitzung. Ob beispielsweise eher Autoritätsprobleme oder aber Abgrenzungsschwierigkeiten Thema einer Sitzung werden, hängt bei gleicher Bedeutung der Probleme und gleicher Übertragungserwartung (König, 1991; Sandler, 1976, 1982) der Teilnehmer auch von der Person des Supervisors ab. Er sollte sich daher um ein Verstehen seines Beitrags bemühen.

Zum anderen führt ein interpersonelles Übertragungsverständnis dazu, besondere Aufmerksamkeit auf die Auslöser für übertragungsbedingte Arbeits- und Beziehungsstörungen zu richten und nicht so sehr auf das sich in diesen Störungen zeigende Muster. Diese Akzentverschiebung macht es leichter, Ergebnisse der Supervision für sich zu nutzen und diese Erfahrungen bei der Arbeit anzuwenden. Auf eine bestimmte Situation in spezifischer Weise zu reagieren ist weniger kränkend, als »so zu sein«.

Übertragung hat als gemeinsames Werk zweier Personen beziehungsstiftende und beziehungsdiagnostische Funktionen. Vor allem letztere interessieren uns im Zusammenhang mit Institutionen. Es macht einen Unterschied für die Zusammenarbeit im Team und mit dem Supervisor, ob man eine Beziehung ganz überwiegend nach dem Muster der Beziehung zur Mutter erlebt, die ein krankes Kind versorgt; ob Beziehungserfahrungen aus der Zeit der Abgrenzung von den Eltern während der Adoleszenz vorherrschen oder aus vielen im Leben erfahrenen Möglichkeiten für die Bewältigung einer Situation ausgewählt werden kann.

Als Gegenübertragung verstehen wir nicht nur die Reaktion eines Analytikers auf die Übertragung seines Patienten (engere Definition), sondern alle Gefühlsreaktionen des Analytikers auf seinen Patienten (König, 1993). Galt es in der Frühzeit der Psychoanalyse, die Gegenübertragung möglichst zu überwinden (Freud, 1912b, S. 384), weil sie die objektive Sichtweise des Psychoanalytikers störte, so entwickelte sich später die Gegenübertragung zu einem wichtigen Hilfsmittel von Diagnostik und Therapie.

Wenn ein Supervisor die Erzählung und den Prozeß in der Gruppe auf sich wirken läßt, so benutzt er – neben der Beobachtung des Geschehens im Team – auch seine Gegenübertragung zur Diagnose. Die von ihm im Zusammenhang mit dem Teamgeschehen erlebten Gefühle haben etwas mit der Rolle zu tun, die ihm durch die Supervisionsgruppe oder das Team zugewiesen wird. In ihr finden sich Hoffnungen, Erwartungen und Befürchtungen im Zusammenhang mit der Arbeit. Oft weist die Rollenzuweisung an den Supervisor darauf hin, welche Konflikte im Moment von besonderer Bedeutung sind.

Ein Supervisor kann dann einen Teil seiner Gefühle dem Team mitteilen. Viele veröffentlichte Kasuistiken (zum Beispiel in Becker, 1994; Pühl, 1991, 1994a) schildern, wie im Anschluß daran ein besseres Verständnis der Situation im Team und damit der Beziehung zur Arbeit erzielt werden konnte. Ein überlegtes Offenlegen der Gegenübertragung des Supervisors weist ebenso wie ein Benennen von im Team handlungsleitenden Normen auf die sozialen Auswirkungen unbewußter Prozesse hin, ohne daß diese selbst explizit zum Thema werden. Auf Ähnlichkeiten zwischen Teamsupervision, psychoanalytisch interpretierter Gruppendynamik und einer besonderen Form von Gruppentherapie, der psychoanalytisch-interaktionellen (Heigl-Evers und Heigl, 1973), haben Raguse (1988) und Rappe-Giesecke (1994) hingewiesen.

Übertragung und Gegenübertragung wirken sich aufeinander aus. Herr B. reagiert auf die Übertragung des Herrn A., wird beispielsweise – im Sinn einer Gegenübertragung – strenger, als er es sonst ist. Diese Reaktion wirkt auf die Übertragung von Herrn A. zurück: Da die vertraute Situation real hergestellt ist, können Übertragung und projektive Identifizierung zurückgehen. Zwischen einem Menschen, der projektiv identifiziert, und einem anderen, der projektiv identifiziert wird, kommt ein Regelkreis zustande (König, 1982). Voraussetzung für die differenzierte Wahrnehmung von Übertragungs- und Gegenübertragungsprozessen ist die Neutralität des Supervisors. Neutralität bedeutet hier, daß er bei unterschiedlichen möglichen Lösungen eines Problems innerhalb des Teams nicht Partei ergreift und statt dessen den Konflikt zwischen Individuum und Organisation beschreibt, klassifiziert und deutet. Er handelt nicht als der vom sicheren Hafen der Supervision aus gemütlich ratende »Sonntagspapi« (König, 1991, S. 264) oder als die bessere Alternative zur Leitung, sondern benutzt die Rollenzuweisungen des Teams an ihn für die Diagnose des Problems.

Wo ist das Konzept von Übertragung und Gegenübertragung sinnvoll im Bezug zu Institutionen?

Beziehung zu einer Institution hängt wesentlich von ganz konkreten Aspekten ab: der Zeit, die man dort verbringt, dem Geld, das man da verdient, den Kollegen und vielem mehr. Wenn wir hier von Übertragung auf eine Institution sprechen, dann richten wir unsere Aufmerksamkeit darauf, wie diese konkreten Aspekte vom einzelnen Mitarbeiter erlebt werden und wie er sich auf diese Bedingungen einstellt.

Es gibt charakteristische, regelmäßig beobachtbare Reaktionen auf Institutionen. So kann die Arbeit in einer Institution einseitig unter dem Aspekt von Schutz und Versorgung gesehen werden: Als Mitarbeiter erhält man dort Essen und Gehalt, soziale Kontakte mit den Kollegen, Geborgenheit in einem machtvollen, einen selbst einschließenden Organismus. Hier können Erfahrungen aus der Beziehung zu den Eltern oder Wünsche, wie sich diese idealerweise hätten verhalten sollen, Vorstellungen, Verhalten und Ansprüche des einzelnen gegenüber der Institution bestimmen. Unter dem Eindruck, versorgt zu werden, können Mitarbeiter es vernachlässigen, sich aktiv um ihr »Fortkommen« zu kümmern: Sie schließen zum Beispiel ihre Weiterbildung nicht ab oder kümmern sich nicht um die Zulassung in ihren Berufsverbänden.

Für die Supervision erweist sich beim Verständnis einer solchen Situation das Konzept der Kollusion (Dicks, 1967; Willi, 1975) als hilfreich. Kollusion beschreibt das Zusammenspiel der Übertragungen zweier Partner bei einem gemeinsamen Thema, zum Beispiel dem oben angeführten »Versorgen und versorgt werden«. Kollusion bedeutet hier erst einmal eine Aufteilung der Aufgaben mit gegenseitigem Nutzen: Ein Partner versorgt, einer läßt sich versorgen; über eine Identifizierung mit dem Partner hat jeder an Versorgung und am Versorgtwerden teil. Die Aufteilung vermindert Konflikte, solange jeder den anderen läßt und weiß, worauf er sich verlassen kann.

Mit der Zeit gerät ein solches Zusammenspiel dann aus dem Gleichgewicht, wenn die Aufteilung starrer oder umfassender wird. Findet ein »versorgender« Partner X keinen Bereich mehr, in dem er sich auch einmal versorgt fühlt, wird er sich ausgenutzt fühlen. Eine umfassende Versorgung wird vom dazugehörigen Partner Y als Unfreiheit und Überdruß erlebt. Greifen jetzt beide zu einem »mehr desselben« (Watzlawick, 1983, S. 27), um die Beziehung nach ihrem vertrauten Muster zu stabilisieren, entsteht eine pathologische Kollusion: Partner X versorgt noch mehr, um seinen Wunsch nach einem – auch einmal – Versorgtwerden endlich zu sichern; für Y verstärkt sich damit aber ein Überdruß, der jeden Impuls, X einmal liebevoll zu versorgen, erstickt.

König und Kreische (1991) haben dieses Modell um den Bezug zu Dritten, auch zu Institutionen erweitert: Übernimmt eine Institution die Versorgung eines Paares (oder, für unser Thema, eines Teams), können sich die Partner (Mitarbeiter) miteinander beständig als »Kinder« fühlen; arbeitet ein Paar oder eine Gruppe von Menschen in einer Klinik oder einem Kinderheim, können beide sich immer nur als versorgende »Eltern« sehen. Der notwendig dazugehörende Gegenpart wird von etwas Drittem übernommen, der Institution oder der Klientel.

Als Supervisor ist man in der Gefahr, bei Auseinandersetzungen innerhalb des Teams, vor allem aber zwischen Team und Institution, die Rolle eines Partners innerhalb einer Kollusion zugeteilt zu bekommen. Angesichts einer überfordernden Institution, der sich die Mitarbeiter »kindlich« ausgeliefert fühlen, ist die Rollenzuweisung an den Supervisor oft die eines Verbündeten des Teams (vgl. dazu den Beitrag von Pühl). Ohne eine Reflexion dieser Rollenzuweisung kann ein Bündnis nach dem Muster einer »Kind-Kind-Kollusion« entstehen: Gemeinsam mit den Supervidierten werden Beschränkungen der eigenen Arbeit verleugnet, wird die Institution für einen erlebten Mangel an Erfolg verantwortlich gemacht. Die Überforderung bleibt dann bestehen. Aus einer nicht reflektierten Rollenzuweisung heraus kann der Supervisor eines überforderten Teams dieses auch dazu auffordern, sich gegen Überforderung zur Wehr zu setzen. Dies ist leichter (vom Supervisor) gesagt, als (vom Team) getan, so daß er die Supervisanden selbst damit überfordern kann.

Schaub und Schwall (1992) stellen ein Supervisionskonzept vor, das diesen Gefahren vorbeugen soll, indem auf unterschiedlichen institutionellen Ebenen (z. B. den Stationen einer Klinik, der Oberarztkonferenz, der Klinikleitung) beraten wird. Der Supervisor erlebt Übertragungen und Rollenzuweisungen in verschiedenen Settings. Das verhilft ihm zu einem besseren Einblick in die Institutionsdynamik und erschwert durch die zwischenzeitlich immer wieder erfolgende andere Sichtweise das Eingehen einer kollusiven Verstrickung. Eine solche Supervision ist mit hohem zeitlichen Aufwand für viele Beteiligte verbunden. Sie ist vor allem dann geeignet, wenn sich ein von außen kommender Supervisor rasch einen Überblick über die Arbeit einer Organisation verschaffen und dann einen Beitrag zur Veränderung des Organisationskonzepts leisten soll.

Arbeit für eine Institution wird von manchen Menschen aber auch weitgehend unabhängig von den Bedingungen der Tätigkeit wie ein Substanzverlust erlebt. Hier kann es von den Erfordernissen in einer Supervision ablenken, wenn der Therapeut von vornherein annimmt, die Institution würde ihre Mitarbeiter überfordern (König, 1993, S. 151). Institutionen, vor allem wenn sie groß und schwer überschaubar sind, können von vornherein als übermächtig und feindlich wahrgenommen werden. Die Beispiele sollen zeigen, daß die Institution hier als ein »Globalobjekt« gesehen wird; die differenzierte Wahrnehmung unterschiedlicher Personen mit unterschiedlichen Eigenschaften innerhalb der Institution geht verloren oder bleibt allenfalls auf das engere Team beschränkt. Unbewußte Übertragungen auf Institutionen sind als solche von einem Psychoanalytiker relativ leicht zu erkennen und anzusprechen (Kutter, 1994). Beim Verständnis solcher Prozesse hilft das Konzept der Regression (siehe auch Kernberg, in diesem Buch) und seine Anwendung auf Gruppen und Institutionen.

Mit Regression (Freud, 1900a, S. 554) wird ein Zurückgehen auf vergangene Verhaltens- und Erlebensweisen bezeichnet. Regression kann – mehr oder weniger gesteuert – zugelassen werden, zum Beispiel um zu genießen oder um kreativ zu sein. Regression kann einem Menschen aber auch widerfahren, beispielsweise als Reaktion auf ein sehr bewegendes Ereignis oder auf eine Krankheit: Als Patient fühlt man sich wieder ein wenig wie ein Kind, kann Aufgaben und Verantwortung für eine Weile abgeben, sich versorgen lassen und das, wenn es gutgeht, auch genießen.

Gruppen können eine besonders schnelle und tiefe Regression auslösen: Individuelle Urteilsfähigkeit und das Wissen um eigene

Verantwortlichkeit geht (z.B. bei großen Sportveranstaltungen oder unstrukturierten Versammlungen) dann verloren, die Gruppe wird zu einem globalen Objekt, man selbst zu einem Teil dieses Objekts. Es entsteht eine Situation, die an die eines kleinen Kindes innerhalb der Familie erinnert und auch Erlebens- und Verhaltensweisen aus dieser Zeit hervorruft. Werden Untergruppen einer Institution (»die Ärzte« oder »die Verwaltung«) oder die Institution insgesamt als ein wenig differenziertes, meist feindliches Globalobjekt geschildert, ist dies fast immer Zeichen einer regressiven Übertragung. Kernberg schildert in diesem Buch, wie schwerwiegende regressive Störungen in Organisationen ausgelöst werden (z.B. über die besondere Arbeitsbelastung durch einen außergewöhnlich schwierigen Patienten), und beschreibt, wie die Arbeitsfähigkeit von Team und Verwaltung dadurch beeinträchtigt wird.

In therapeutischen Teams kann angestrebt werden, über solche Arbeitsstörungen ein verbessertes Verstehen des Patienten zu erlangen (die Störung wird als »Spiegelung« eines inneren Konflikts des Patienten aufgefaßt) und damit letztlich die Arbeitsfähigkeit des Teams wieder zu sichern. Aber auch schon ein Aufzeigen von Unterschieden innerhalb eines Globalobjekts oder das Erwerben von differenzierendem Wissen wirkt antiregressiv und schafft verbesserte Bedingungen für die Arbeit und die weitere Supervision.

Wird innerhalb einer Gruppe eine Fallsupervision durchgeführt, ist es für beginnende Supervisanden immer wieder überraschend, wie sich die Psychodynamik eines Patienten im Geschehen innerhalb der Gruppe widerspiegelt. Heigl-Evers und Hering (1970) haben an therapeutischen Gruppen beobachtet, wie die Erzählung eines Gruppenmitglieds innerhalb der Gruppe gewissermaßen »nachgespielt« wird. Diese Spiegelung kommt durch – teils unbewußte – Identifizierungen und Übertragungen der Gruppenmitglieder mit und auf die Personen, von denen erzählt wird, zustande (König und Lindner, 1992, S. 112ff.).

In der Fallsupervison und Balintgruppenarbeit wird von diesen »Spiegelungen« (Kutter, 1994) Gebrauch gemacht. Rappe-Giesecke (1994) beschreibt innerhalb ihres Supervisionskonzepts ausführlich den Umgang mit Spiegelphänomenen für ihre Programme Fallarbeit, Selbstthematisierung und Institutionsanalyse und stellt die Aufgaben und Interventionsmöglichkeiten des Supervisors vor.

Wenn solche Phänomene nicht nur beim wöchentlichen oder vierzehntäglichen Zusammentreffen in einer Supervisions- oder Balintgruppe auftreten, sondern innerhalb eines Teams tagtäglich, so stellen sie eine beträchtliche Belastung dar. Es scheint manchmal so, als finde sich die Psychodynamik der Klientel schließlich dauerhaft in den Konflikten des Teams wieder und würde sich über Jahre hin sogar auf die Institution übertragen, dort sozusagen »zur Organisation gerinnen«.

In einer Arbeit mit dem Untertitel »Zur Problematik der alternden Institution« (Poppe, 1991) beschreibt der Autor Mitarbeiter einer Institution, die sich um alte und demente Patienten kümmern und dabei eine Art des Umgangs miteinander entwickelten, als seien sie selbst alt und dement. Rudnitzki und Voll berichten im gleichen Jahr über »Erfahrungen im Spannungsfeld zwischen aktuellem Auftrag und der Aphasie der Institution von gestern« und scheinen dabei Aphasie als Krankheit der Patienten auf den institutionellen Kontext zu übertragen. Patienten oder Klientel wirken mit ihren Eigenheiten und Konflikten nicht nur kurzfristig auf ein Team, sondern auch auf die Institution ein. Der Supervisor wird das spüren: als »Aphasie« oder »Demenz« der Institutionen oder darin, daß er sich wie ein Suchtmittel benutzt und vielleicht auch als »weggeworfene Flasche« fühlt.

Aber auch der umgekehrte Weg ist möglich: Organisatorische Vorgaben können zu etwas führen, was sich zunächst als »Übertragung« auf den Supervisor oder die Institution vorstellt (z. B. bei Buchinger, 1988). Eine solche Übertragung auf den Supervisor kann sich als Spiegelung von Konflikten mit Klienten (in der Fallsupervision) oder von Konflikten innerhalb des Teams ergeben. Sie kann aber auch Ausdruck unbefriedigter Wünsche des Teams und deren Abwehr sein, z. B. in Form dessen, was Pühl (1994a) »Leiterspiel« genannt hat: Gruppen, in denen Gleichheit betont und eine formalisierte hierarchische Struktur vermieden wird, bemühen sich häufig, den Supervisor in die Rolle eines Leiters des Teams zu bringen (der – unbewußte – Wunsch nach einem Führer, »der die Dinge regelt«) – und lassen ihn dann in dieser Rolle scheitern (als Ausdruck der Abwehr dieses Wunsches).

Eine Übertragung auf Institutionen hängt auch vom individuellen Charakter eines Mitarbeiters ab. Mitarbeiter mit depressiver Persönlichkeitsstruktur werden eher zur Selbstausbeutung neigen oder auch die Versorgung durch eine Institution in Anspruch nehmen als andere. Für den Gesichtspunkt der Supervision ist dies vor allem aus dem Grund wichtig, weil innerhalb eines Teams die Verschiedenheit der Menschen oft zu gering gewichtet wird. In der Supervision kann es hilfreich sein, diese Verschiedenheit zu betonen, weil sie Toleranz fördert und – siehe oben – antiregressiv wirkt.

In diesem Absatz haben wir uns ganz überwiegend mit den Übertragungen der Mitarbeiter auf die Institution beschäftigt und die Gegenübertragung wenig berücksichtigt. Aus der Sicht eines Supervisors gehen wir auf die Gegenübertragung weiter unten ein. Hier wollen wir noch versuchen, Gegenübertragung und Institution aufeinander zu beziehen. Ist so etwas vorstellbar wie die Gegenübertragung einer Institution?

Zumindest auf Übertragungen von Teilgruppen auf die Institution kann diese mit einer entsprechenden Gegenübertragung reagieren. Kreische (1985) schildert eine Situation, in der eine Gruppe »progressiver« Psychiater gegen die Regelungen der Klinik wie gegen einen alten Vater rebelliert und dabei aus einer gemeinsamen Übertragung auf die Klinik über die berechtigte Kritik hinausschießt. Um so deutlicher und »engstirniger« vertraten die übrigen Mitarbeiter die ihnen vertrauten Regeln, so daß es zu einer Polarisierung auf extreme Positionen kam, unter der die Arbeit aller litt. Beide Seiten konnten Argumente für ihr Verhalten anführen, die dann zunehmend den Charakter beschwörerischer Formeln annahmen: Die übertragungsbedingte Übertreibung wurde sekundär ideologisch gerechtfertigt.

Ideologien als Rechtfertigung übertragungsbedingter Verzerrungen

Ein bewußtseinsnaher Zugang zu Teamkonflikten, den wir in der Supervision nutzen, ist die Beschäftigung mit Normen, die wir mit ihren die Arbeit fördernden und hemmenden Funktionen ansprechen. In therapeutischen Gruppen sind solche Normen oft relativ rasch modifizierbar (Staats, 1992), unter anderem, weil die erwarteten Sanktionen nicht oder in nicht erwarteter Form eintreten. Bei der Supervision von Teams lassen sich dagegen gleichsam »chronifizierte« Vorstellungen und Normen finden, die durch mehr oder weniger bewußte Ideologien gefestigt werden. Solche Vorstellungen wurden von vielen Autoren beschrieben (z. B. Schmidbauer, 1977; Scobel, 1991).

Mit der Einführung des Begriffs »Ideologie« für die Teamsupervision und seiner Abgrenzung von Normen wollen wir darauf hinweisen, daß schwer verhandelbare Vorstellungen häufig einen besonderen Hintergrund haben: Sie dienen der Verschleierung von Realität, z. B. der Arbeitssituation, sind von Strenge und einem Gefühl moralischer Überlegenheit geprägt und erheben Anspruch auf Allgemeingültigkeit (Staats, Leichsenring, König, 1995). Normen ohne einen solchen Hintergrund haben dagegen eher in einem bestimmten, begrenzten Bereich Gültigkeit und können außerhalb davon durch andere Normen ersetzt werden. Wenn eine solche prinzipielle Begrenztheit von Normen fehlt, liegt der Verdacht nahe, daß sie eine Ideologie stabilisieren und umgekehrt von ihr stabilisiert werden.

Die Auswirkungen einer solchen Ideologie sind von Böll (»Dr. Murkes gesammeltes Schweigen und andere Satiren«, 1958) plastisch beschrieben worden: »Es muß etwas geschehen« ist das stets von allen Mitarbeitern einer Firma – was eigentlich produziert wird, bleibt ganz unwesentlich – auf den Lippen geführte Bekenntnis. Es führt innerhalb der Firma zu ideologisch geforderter hektischer Betriebsamkeit, ohne daß tatsächlich produktiv etwas geschieht. Der Begriff der Ideologie erweist sich in der Supervision als fruchtbar, weil er nach der Motivation solcher Überzeugungen fragt und damit den »unabdingbare(n) Schein ihres An-sich-Seins ebenso wie ihr(en) Anspruch auf Wahrheit« in Frage stellt (Horkheimer und Adorno, 1956, S. 162). Auf diesem Hintergrund wird mit der Frage nach den Motiven von Normen untersucht, was diese rechtfertigen sollen, denn »Ideologie ist Rechtfertigung« (ibid., S. 168).

Der rechtfertigende Charakter von Ideologie ist von Bedeutung für den Bezug zur Institution, in der eine Supervision stattfindet. Erdheim (1984, S. 323 f.) sieht in der Bildung von Ideologien eine Leistung des Ich, die der Unbewußtmachung gesellschaftlicher Verhältnisse dient. Ursprünglich äußere Zwänge und Anforderungen werden verinnerlicht, so daß Konflikt und Protest nicht mehr nötig, aber auch nicht mehr möglich sind. Analog dienen Ideologien eines Teams oft einem Verdecken realer Verhältnisse innerhalb der Institution, gegen die dann Widerstand nicht mehr möglich ist. Parin und Parin-Matthèy (1978) haben dies als »Korrumpierung des Ich« bezeichnet.

So wird es bei der Analyse von Normen und dem Aufzeigen der dahinter deutlich werdenden Ideologien zuerst einmal um die institutionellen Bedingungen gehen, auf die sich diese Ideengebäude stützen. In Stationen einer Universitätsklinik, wo die Ärzte im Interesse ihrer Weiterbildung häufig wechseln, kann Verantwortung unklar verteilt werden, damit Diskrepanzen zwischen Fachkenntnissen und Status nicht zu offenen Konflikten führen. Lange auf einer Spezialstation arbeitende Schwestern und Pfleger wissen oft mehr als frisch auf diese Station versetzte Ärzte. Unklare Verantwortlichkeiten ermöglichen, daß jeder sein Gesicht wahrt und die Arbeit trotzdem erledigt werden kann. Manchmal wird dies dann ideologisch untermauert, beispielsweise durch ein Selbstverständnis des Teams als einer therapeutischen Gemeinschaft im Sinne von Maxwell Jones (1976). Es handelt sich dann – zumindest auch – um einen Bewältigungsversuch unzureichender Arbeitsbedingungen, denn für eine Arbeit als therapeutische Gemeinschaft in diesem Sinne sind die Bedingungen durch die Wechsel des Personals nicht geeignet.

Wird diese Ideologie vom Supervisor beschreibend benannt, z. B. in der Form »Alle sind hier gleichermaßen für alles verantwortlich«, kann sie mit ihren Auswirkungen überprüft werden. Oft entsteht eine anfängliche Entspannung. Dann allerdings werden Konflikte innerhalb des Teams, die bisher verdeckt werden konnten, deutlicher. Es ist nicht mehr so leicht, sich in seiner kleinen Untergruppe als der geheime Herrscher, als wichtigste Person oder als die, welche die »eigentliche« Arbeit leistet, zu fühlen. Die Ideologie dient so als ein Schutz, sie ist eine psychosoziale Kompromißbildung (Heigl-Evers und Heigl, 1979), die Rollenkonflikte und Konflikte aufgrund von Übertragungen verringern soll.

Wir möchten noch ein zweites Beispiel anführen: Sind Aufgaben in einem Team nicht genau festgelegt, ist es schwer, eine Übersicht darüber zu behalten, wieviel Zeit ein Teammitglied damit verbringt.

Enthusiastische Mitarbeiter in therapeutischen Teams, die sich schwer gegenüber Patienten abgrenzen können, überlasten sich dann leicht. Statt einer Norm, z. B. der »Ich helfe, wenn es nützt und wenn ich kann«, die immer wieder eine Abgrenzung verlangt, entsteht eine Ideologie. Sie drückt sich in der Überzeugung aus, »immer helfen zu müssen«, oft verbunden mit der Vorstellung »grenzenlos belastbar« zu sein. Eigene Ideale werden in einem regressiven Prozeß auf die Institution übertragen, an der man dann wiederum teilhat und so deren »Größe« teilt. Entlastende Angebote werden vor diesem Hintergrund als trennender Angriff auf die eigenen – übertragenen – Ideale erlebt und abgelehnt. Die Kenntnis solcher Übertragungsformen ist für das Verständnis »unhierarchischer« oder »idealer« Teamkonzepte hilfreich. Die oft mit ihnen einhergehende (Selbst-)Ausbeutung stellt sich dann als ein regressiver Lösungsversuch dar.

Die Gegenübertragung des Supervisors

Haben wir bisher überwiegend von Übertragungen auf die Institutionen gesprochen, so wollen wir uns jetzt dem Begriff der »Gegenübertragung« zuwenden. Wiederum vereinfachend, stellen wir Gegenübertragung unter dem Blickwinkel des Supervisors vor. Möchte der Supervisor seine Gegenübertragungsgefühle nutzbar machen, sollten zwei Bedingungen erfüllt sein. Der Rahmen, der die Supervision schützt, sollte so stabil sein, daß Veränderungen von Gefühlen und neu auftauchende Phantasien auf die Arbeitssituation bezogen werden können (z. B. Haeberle, 1995). Ist der Rahmen zu instabil, werden die dadurch verursachten Störungen Gegenübertragungsreaktionen übertönen.

Zum anderen sollte der Supervisor seine eigenen Reaktionen und Phantasien kennen, um unterscheiden zu können, was mit ihm und was mit der Arbeitssituation zu tun hat. Seine eigenen Reaktionen kennen, heißt für den Supervisor mehr als für den in einer Zweierbeziehung therapeutisch tätigen Therapeuten. So sollte der Supervisor nicht nur wissen, wie er auf ein Team üblicherweise zugeht (z. B. eher passiv abwartend, eher zupackend, eher neugierig, eher vorsichtig), sondern er sollte sich auch über seine Normen und Werte in bezug auf Organisationen im klaren sein. Hat er eine Zuneigung zu therapeutischen Gemeinschaften, oder schlägt sein Herz eher für eine klare hierarchische Durchgliederung? Steht er profitorientierten Organisationen kritisch gegenüber, wie beurteilt er das soziale Engagement der Kirchen, was hält er von selbstorganisierten Institutionen?

Auch die Klientel kann eher unterschiedliche Affekte auslösen: Wie stehe ich als Supervisor zu psychotherapeutischer Arbeit mit lebenslang Strafgefangenen? Was löst die Vorstellung bei mir aus, mit Sexualstraftätern zu arbeiten? Mit rechtsradikalen Jugendlichen? Mit Unternehmen, deren Ziele ich nicht teile?

Erst vor dem Hintergrund einer gewissen Klarheit über die zugrundeliegenden habituellen Einstellungen können Gegenübertragungsgefühle für die Arbeit nutzbar gemacht werden. Erfahrungen des Supervisors im Arbeitsbereich, in dem er supervidiert, sind dabei etwas Zweischneidiges: Einerseits ermöglicht ihm seine Kenntnis des Feldes, schneller auf individuelle Beziehungsprobleme bei der Arbeit hinweisen zu können; andererseits ist er möglicherweise bereits mit eigenen Normen identifiziert, die einer kreativen Neugier entgegenstehen und seine Sicht beschränken.

Wie aber kann die Analyse der Gegenübertragung in der Supervision praktisch vor sich gehen? Pühl (1994a) betont die Notwendigkeit von Unterstützung durch eine Gruppe von Kollegen, in der über die eigene Tätigkeit als Supervisor reflektiert wird. Rappe-Giesecke (1994) beschreibt, wie ein Supervisor die Tatsache, daß er selbst in einer Kontrollsupervision ist, mit den Supervisanden verhandeln kann.

Für Therapeuten und ihre Behandlungen ist es vorteilhaft, wenn sie sich eine bestimmte Zeit zum Nachdenken über ihre Therapien einrichten. Dies gilt auch für Supervisionen. Kommt der Supervisor »ins Haus«, kann er die Zeit in der Bahn oder zu Fuß für die Gegenübertragungsanalyse nutzen. Geht dies nicht, ist es hilfreich, sich z. B. morgens vor Beginn der eigentlichen Arbeit eine feste Zeit einzurichten, in der man seine Erwartungen, Reaktionen und Gefühle in bezug auf die Supervision prüft.

So erfordert es beispielsweise eine aufmerksame Analyse der Gegenübertragung, wenn der Supervisor die Arbeit des supervidierten

Teams in einigen Aspekten als schädlich für einen Patienten ansieht, sich aber nicht in der Lage fühlt, daran durch die Supervision kurz- oder mittelfristig etwas zu ändern. So kann es seinem Verständnis der Behandlung von Suchtpatienten widersprechen, wenn im Gruppenraum einer Station für Abhängige von den Therapeuten ein Bild von Lilienthal in einem Fluggleiter aufgehängt wird mit der Unterschrift: »Träume sind dazu da, verwirklicht zu werden.« Lilienthal stürzte mit seinem Fluggleiter tödlich ab. Ärger des Supervisors kann hier das Verstehen der Beziehungsdynamik zwischen Therapeuten und Patienten (und dem Supervisor) behindern.

Zusammenfassung

Wir halten die Beachtung unbewußter Beziehungsaspekte mit dem Konzept von Übertragung und Gegenübertragung für die Supervision für wichtig, auch wenn ganz überwiegend an ihren Auswirkungen, den psychosozialen Kompromißbildungen, Normen und Ideologien eines Teams gearbeitet wird. Die Übertragung auf die Institution, in der man arbeitet, hat wesentliche Auswirkungen auf die Motivation, die Arbeit und die Arbeitszufriedenheit.

Das Verhältnis von Mitarbeiter und Institution ist komplex, so daß für die praktische Arbeit Vereinfachungen im Sinne eines Fokus vorgeschlagen werden. In der Anwendung eines interpersonellen Übertragungsverständnisses auf Supervision halten wir es für wichtig, Übertragungsauslöser bei der Arbeit besonders zu beachten und zu fragen, warum dieser Mensch *in dieser Situation* diese Schwierigkeiten erlebt.

Bernd Oberhoff

Szenisches Verstehen in der institutionellen Supervison

Das Verstehen der unbewußten Bedeutung von Inszenierungen im Berufsfeld erfordert vom Supervisor, daß er, gleichsam wie ein Detektiv, Ereignisse auf den verschiedensten Schauplätzen, im Hier-und-Jetzt der Supervision wie in familiärer und institutioneller Gegenwart und Vergangenheit, aufspürt und miteinander verbindet, bis sich das ihnen gemeinsame unbewußte Thema erschließt. Solch ein Verstehensprozeß wird am Beispiel einer Teamsupervision dargestellt und reflektiert.

Familiäres und institutionelles Realitätsprinzip

Es war Freud, der die These formulierte, daß Familie und Kultur in einem antagonistischen Verhältnis zueinander stehen. Unter Kultur verstand er jene progressive Bewegung, die immer neue Vergesellschaftungsformen (Institutionen) schafft, die ihrerseits immer größere Menschenmengen zusammenbringen, vom Stamm zur Nation, zu Kulturkreisen und schließlich zur Menschheit. Die kulturelle Entwicklung meint letztendlich Weltgeschichte mit dem einen Subjekt »Menschheit«. Die Institutionen sind die Keimzellen und Motoren dieser Vergesellschaftung, die das Neue suchen und schaffen.

In der Familie dagegen sind jene Kräfte versammelt, die sich der kulturellen Bewegung widersetzen: »Die Familie aber will das Individuum nicht freigeben. Je inniger der Zusammenhalt der Familienmitglieder ist, desto mehr sind sie oft geneigt, sich von anderen abzuschließen, desto schwieriger wird ihnen der Eintritt in den größeren Lebenskreis. Die phylogenetisch ältere, in der Kindheit allein bestehende Weise des Zusammenlebens wehrt sich, von der später erworbenen kulturellen abgelöst zu werden« (Freud 1930a, S. 463).

Familie tendiert dahin, sich (inzestuös) abzuschließen, innere Abhängigkeiten zu verstärken und in der »Geborgenheit des Gewohnten« (Erdheim, 1994) zu verbleiben. Dem Prozeß der Vergesellschaftung setzt die Familie die Vergemeinschaftung entgegen.

Wenn Institutionen ihren innovativen gesellschaftlichen Auftrag wirkungsvoll erfüllen wollen, können sie das nur mit Mitarbeitern, die sich aus ihren familiären Bindungen gelöst haben und bereit und in der Lage sind, in gewissem Umfang auf ihre infantilen Wünsche und Erwartungen zu verzichten. Doch in der Praxis der institutionellen Supervision erleben wir meist Gegenteiliges. Die Beziehungserfahrungen aus der Familie werden auf die Institution übertragen und sollen dort weiterleben. Die Wünsche, z. B. väterlich und mütterlich versorgt zu sein, werden wie in der Familie an die Institution herangetragen. Dies geschieht verstärkt, wenn die diesbezüglichen Erfahrungen in der Ursprungsfamilie defizitär waren. Die Institution wird dann unbewußt als Familie gewünscht und erfahren.

Umgekehrt können es auch die Institutionen sein, die der Illusion Vorschub leisten, daß in ihnen die Wiederherstellung eines ersehnten familiären Zusammenseins möglich ist (z. B. der Chef als gütiger Vater). Solche Institutionen perpetuieren die Bindung an die Familie und unterstützen die regressive Tendenz, die infantile, vertraute Welt zu retten. Dabei ist es doch die Aufgabe von Institutionen, die familiären Erfahrungen ihrer Mitarbeiter zu relativieren und den institutionellen Auftrag in den Mittelpunkt zu stellen. Die Institutionen müssen die Mitarbeiter mit dem Anspruch konfrontieren, das familiäre Realitätsprinzip aufzugeben und sich in einem hierarchisch gegliederten System beruflicher Positionen einen neuen Platz zu suchen und eine berufliche Identität zu entwickeln.

Die Auflösung der im familiären System gebildeten Gefühlsbindungen ist nicht leicht und erfordert Trauerarbeit. Diesem Prozeß der Auseinandersetzung mit schmerzlichen Gefühlen steht ein natürlicher Widerstand entgegen. Dem inneren psychischen Druck, die Reifungsschritte zu vollziehen, die nötig sind, um eine berufliche Person zu werden, stehen diejenigen Kräfte gegenüber, welche die »Geborgenheit des Gewohnten« nicht aufgeben wollen. So ist es nicht verwunderlich, daß es in Institutionen viele Spannungen und Konflikte gibt, die Ausdruck dieses latenten Kampfes zwischen familiärem und institutionellem Realitätsprinzip sind. Das Verstehen solcher Inszenierungen macht es oft nötig, sie im Individuum lebens-geschichtlich zurückzuverfolgen. So erschließt sich die Sinngestalt einer aktuellen Szene oft erst durch ihre Verbindung mit einer oder einer Vielzahl von historisch früheren Szenen. Hier eröffnet sich das Feld für szenisches Verstehen.

Szenisches Verstehen

Supervision arbeitet in der Regel mit dem verbal vorgetragenen Material des Supervisanden. Das sind Ereignisse, Szenen, Gedanken, Handlungen, Absichten etc., deren Sinnzusammenhang und Realitätsangemessenheit der Supervisor zusammen mit dem Supervisanden zu ergründen sucht.

Mit dem Bemühen um logisches Verstehen (Verstehen des Gesprochenen) und um psychologisches Verstehen (Verstehen des Sprechers) ist in der Regel schon viel erreicht und manche schwierige Situation aufgeklärt. Es gibt jedoch Szenen, deren Bedeutung mit Hilfe dieser beiden Verstehensebenen nicht zu erfassen ist. Es sind dies Szenen mit einem verborgenen, unbewußten Bedeutungsanteil, der nur mit Hilfe einer dritten Verstehensebene, dem »szenischen Verstehen« (Lorenzer, 1970) zu entziffern ist.

Das Verstehen auf dieser dritten Ebene ist ungleich schwieriger und komplizierter als auf den ersten beiden Ebenen. Denn im Ich des Supervisanden gibt es einen unbewußten Widerstand gegen das Bewußtwerden des vollen Sinns solch einer Szene. Der Widerstand beginnt meist schon im Vorfeld damit, daß der Supervisand Szenen mit unbewußtem Bedeutungsanteil gar nicht in die Supervision einbringt. Geschieht es dennoch, daß solch eine problematische Episode anklingt, so wird der Supervisand eine Art der Darstellung wählen, die verdunkelt, daß eine auf Verdrängung beruhende und daher emotional unvollständige Situation geschildert wird. Die wahre Bedeutung solch einer Szene ist deshalb so schwer auffindbar, weil der volle Sinn in einer oder einer Vielzahl vergangener Beziehungserfahrungen zu suchen ist, die nicht bewältigt werden konnten und deshalb mit Hilfe von Abwehrmechanismen aus Sprache und Bewußtsein ausgeschlossen wurde.

Der Supervisor muß sich folglich in seinem Bemühen um szenisches Verstehen auf einen häufigen Wechsel der Darstellungsbühne einstellen. Er muß – nach Lorenzer – wie ein Detektiv unentwegt »Tatfiguren« an den verschiedensten Orten in Gegenwart und Vergangenheit aufsuchen und vergleichen. Nur indem die Szenen auf den drei Ebenen – supervisorische Interaktion, aktuelle Interaktion im Berufsfeld und in der Vergangenheit – aufgespürt und miteinander verbunden werden, interpretieren sich diese Szenen gegenseitig und enthüllen ihre verborgene Bedeutung (Lorenzer, 1985, S. 10).

Im folgenden Praxisbeispiel geht es um die Supervision mit einem Erzieherteam einer Tagesheimgruppe (Rolf, Monika und Dieter, alle drei im mittleren Alter von etwa 35 Jahren) in einer größeren Einrichtung der Jugendhilfe. Ich hatte dieses Team in der Vergangenheit über lange Zeit supervisorisch begleitet. Nach einer zweijährigen Pause wurde ich überraschend gebeten, noch einmal fünf Doppelsitzungen Supervision durchzuführen, da sich zwei der drei Teammitglieder heillos zerstritten hatten und sich nur noch mit »Herr« und »Frau« anredeten.

Wie sich in der ersten Sitzung herausstellte, resultierten die gegenseitig zugefügten Kränkungen im wesentlichen aus einer heftigen Enttäuschung darüber, daß der andere nicht so war, wie es dem Wunschbild entsprach. Beide hatten über einige Jahre in einer engen symbiotisch anmutenden Beziehung zusammengearbeitet, die nun zerbrochen war. Wesentlicher Inhalt der Supervisionsarbeit in den ersten drei Sitzungen war es, die beiden dabei zu unterstützen, die Enttäuschung zu verarbeiten, die es bedeutete, daß der andere eine eigenständige, unabhängige Person war, mit eigenen Interessen und Meinungen, die nicht immer mit den eigenen in Einklang zu bringen waren.

Dieser Prozeß der Aufarbeitung der langen Liste gegenseitig zugefügter Kränkungen verlief recht erfolgreich, so daß in der 4. und 5. Sitzung, deren Verlauf ich im folgenden ausführlicher darstellen möchte, eine entspannte, geradezu liebevolle Atmosphäre herrschte. Ich möchte noch hinzufügen, daß ich in der Vergangenheit sehr gern mit diesem Team gearbeitet habe. Es hatte sich eine gute Beziehung entwickelt, die von gegenseitiger Sympathie getragen war.

4. Sitzung

Zu Beginn der Sitzung wurde das Bedürfnis geäußert, zunächst eine Tasse Kaffee zu trinken. Mir war nicht ganz wohl dabei, was sich äußerlich so ausdrückte, daß ich nicht mittrank. Im Verlauf der nun folgenden Unterhaltung wurde berichtet, daß der Heimleiter entlassen worden sei. Diese Information weckte meine Aufmerksamkeit und Neugier, da ich den Heimleiter gut kannte und ihn über eine längere Zeit beraten hatte. Er war eine liebenswerte Person, aber mit wenig innerer Struktur. Durch seine Unfähigkeit, Dienstliches von Privatem zu trennen, hatte er bei den Mitarbeitern viel Verwirrung und Unsicherheit ausgelöst. Mich beschäftigte diese Entlassung, zumal in letzter Zeit auch zwei andere Leitungspersonen (Bereichsleiter und Erziehungsleiter) kurzfristig gekündigt worden waren. Diese Ereignisse paßten in mein Bild von dieser Institution, in der lange Zeit vieles schleifen gelassen wird und dann plötzlich harte Abbrüche geschehen.

Da nun meine Neugier einmal geweckt war, erkundigte ich mich nach weiteren Geschehnissen in der Institution. Mir wurde bewußt, daß die folgenden Gesprächspassagen nicht nur etwas mit meinem Auftrag zur Teamsupervision zu tun hatten, sondern auch meine persönliche Neugier befriedigten. Das bereitete mir zunehmend Unbehagen, und ich entschloß mich, diese »Unterhaltung« zu beenden, und fragte nach, wie es ihnen im Team geht (»Soviel zur großen Politik, und wie geht es Ihnen im Team?«)

Nach einem kurzen Schweigen betonte jeder der drei Supervisanden, daß es sehr viel besser gehe und keine Streitereien mehr aufgetaucht seien und sie seit der letzten Sitzung auch Meinungsunterschiede nicht unbedingt wegdiskutieren müßten, sondern sie akzeptieren könnten und es trotzdem gelinge, konstruktiv an anderen Themen weiterzuarbeiten.

Die Art und Weise der Mitteilungen hatte für mein Gefühl in zunehmendem Maße etwas Affektleeres, so daß mich Langeweile beschlich. Es war im Team eine Tendenz spürbar, in dem anfänglichen Plauderton zu verbleiben, was ich innerlich als mangelnde Lust interpretierte, an Teamproblemen zu arbeiten. Ich wurde unzufrieden. Meine Gedanken schweiften ab. Ich überlegte, wie ich die Zeit heute überstehen sollte: drei Stunden plaudern! Wie schrecklich!

Sollte ich die Sitzung vorzeitig beenden, weil die Probleme gelöst sind und es heute offenbar nichts zu bearbeiten gibt? Aber dann müßte ich konsequenterweise auch auf ein Teil meines Honorars verzichten, was ich nun auch wieder nicht wollte, zumal ich eine Anfahrtszeit von anderthalb Stunden hinter mir hatte. Oder sollte ich einfach die Frage stellen, was sie heute in der Supervision bearbeiten wollen, und wenn sie nichts benennen können, das zum Anlaß nehmen, die Sitzung zu schließen?

Es war mittlerweile 10.30 Uhr. Ich machte den Vorschlag, die übliche Kaffeepause einzulegen und um 11 Uhr dann bei dem gerade begonnenen Thema fortzufahren. Ich trank meinen Kaffee und aß das angebotene Brötchen. Ich spürte gleichzeitig einen Drang, mich von der Gruppe zu entfernen, um über diesen ersten Teil allein nachzudenken. Ich ließ mir einen Schlüssel für die Türen nach draußen geben und machte einen kleinen Spaziergang.

Nach der Pause erzählte Rolf beiläufig, daß die Haustür nicht mehr zuzuschließen sei. Die Lehrerin, die das festgestellt habe (in dem Gebäude ist auch ein Teil der Schule untergebracht), habe offenbar nichts unternommen, um den Schaden beheben zu lassen, was ihn ärgerte und in seinem Gefühl bestärkte, daß die Lehrer wenig engagiert seien und sich um nichts kümmerten. Monika beklagte sich, daß im Toilettenraum immer noch ein Fernseher stehe, der von den Lehrern schon längst hätte abgeholt werden müssen. Auf meine Rückfrage (»Warum in der Toilette«?) wurde mir erklärt, daß das der einzige Raum sei, zu dem beide Parteien (Lehrer und Gruppenerzieher) Zugang hätten. Ansonsten seien für die Erzieher die Unterrichtsräume und für die Lehrer die Gruppenräume verschlossen. Wenn also gegenseitig Material ausgeliehen wird, so geschieht die Rückgabe dadurch, daß die Gegenstände in den Toilettenraum gestellt werden.

Für Dieter waren diese »Kinkerlitzchen« nicht wichtig, und er fand es albern, darüber jetzt in der Supervision weiterzureden. Ich merkte jedoch, wie mich diese Szene zu interessieren begann. Warum verwendet man eine Toilette als Übergabeort für ausgeliehene Gegenstände, die dann häufig (wie in diesem Fall der Fernseher) längere Zeit herumstehen und dazu beitragen, daß ärgerliche Gefühle zu derjenigen Partei entstehen, welche die Sachen dort nicht abgeholt hat? Ich versuchte einen sprachlichen Ausdruck für dieses seltsame Arrangement zu finden und formulierte fragend, ob vielleicht gemeint ist, daß einem die Angelegenheiten der anderen »scheißegal« seien?

Dadurch, daß ich begonnen hatte, diesem Phänomen Bedeutung zuzumessen, waren wir nun bei dem Thema des Verhältnisses der Gruppenerzieher zu den Lehrern gelandet. Mir wurde berichtet, daß es vor zwei Jahren einen heftigen Konflikt gegeben hatte, bei welchem die Gruppenerzieher sich scharf dagegen zur Wehr gesetzt hatten, als »Hilfslehrer« eingesetzt zu werden, was der Wunsch der Lehrer gewesen war. Die Zurückweisung dieses Anliegens geschah damals vor allem durch Rolf. Monika fand Rolfs Form der Abgrenzung zu schroff und versuchte, ausgleichend zu vermitteln; Rolf fühlte sich dadurch von Monika in dieser Situation im Stich gelassen.

Während ich noch einige Gedanken zu dieser rigiden Grenze äußerte, wurde plötzlich die Tür aufgestoßen, und der Hausmeister polterte herein. Ohne überhaupt zu beachten, daß hier ein Gespräch stattfand, begann er laut auf den Gruppenleiter (Rolf) einzureden. Ich fühlte mich in meinen Ausführungen unterbrochen und gestört und war ärgerlich. Gleichzeitig wurde mir bewußt, daß ich als Supervisor eine Verantwortung als Grenzwächter dieser Gruppensitzung habe und diese poltrige Grenzüberschreitung durch den Hausmeister nicht einfach tatenlos hinnehmen durfte. Ich gab ihm unwirsch zu verstehen, daß er störe und wir mitten in einer Besprechung seien. »Ja, soll ich denn die Handwerker wieder wegschicken, die die Haustür reparieren wollen?« fauchte er mich an und schlug beim Hinausgehen die Tür laut hinter sich zu (sein Ärger war damit noch nicht ganz verraucht; er peinigte uns noch einige Zeit mit dem Lärm seines Rasenmähers vor unserem Fenster).

Rolf zu mir: »Das hat ihm noch keiner gesagt. Der Heimleiter hat nie etwas dagegen unternommen, wenn der Hausmeister in eine Sitzung hineinplatzte.« Dieses Erlebnis gab noch einigen Anlaß, darüber zu reflektieren, wo in dieser Institution auf den verschiedensten Ebenen Grenzverletzungen vorkommen, wo Grenzen ganz fehlen und wo sie sehr rigide gesetzt werden.

Es klopfte leise an der Tür. Draußen stand ein Kind. Der Gruppenleiter ging zur Tür und sagte dem Kind, daß er jetzt nicht zu sprechen sei, erst ab 12 Uhr wieder.

Es wurde spannend, aber die Sitzung ging dem Ende zu. Ich hatte bemerkt, daß Dieter, das dritte Teammitglied, unruhig und unzufrieden wirkte. Die Zeit war bereits abgelaufen, aber ich verspürte einen Druck, ihm noch Raum zu geben und ihn seine Unzufriedenheit artikulieren zu lassen. Er fand nicht gut, daß über Themen gesprochen worden war, die nicht unmittelbar die Teamarbeit betrafen. Ich sprach ihn darauf an, daß ich den Eindruck hätte, daß er heute nicht richtig zum Zuge gekommen sei. Rolf hätte heute sehr viel gesprochen, ob ihm das vielleicht zuviel gewesen sei? Dieter wollte das weder bejahen noch verneinen. Bei mir kam Druck auf, die Zeitgrenze einzuhalten, und ich beendete dann unter Hinweis auf die abgelaufene Zeit die Sitzung mit einem kleinen tröstenden Zusatz, daß wir uns ja in fünf Tagen zur 5. Sitzung wiedersehen. Mein Druck, die Sitzung zu beenden, wurde außerdem durch ein wiederholtes lautes Klopfen an der Etagentür verstärkt. Nachdem ich mich von dem Team verabschiedet hatte, sah ich beim Hinausgehen, daß es der Schulleiter war, der eingelassen werden wollte.

Reflexive Betrachtung der 4. Supervisionssitzung

Die Eröffnungsszene hat eine mütterlich versorgende Qualität und versucht eine Gemeinsamkeit herzustellen, in der ich eher die Rolle eines Familienangehörigen angetragen bekomme als die des Supervisors. Ich nehme das unausgesprochene Rollenangebot an, jedoch mit sichtlicher Ambivalenz. Je länger die Kaffeerunde dauert, desto unbehaglicher wird mir, bis ich schließlich eine Grenze setze (»Soviel zur großen Politik, und wie geht es Ihnen im Team?«). Ich beende mit diesem Satz die persönliche, familiäre Beziehung und läute die Arbeitsbeziehung ein, die durch Rollendifferenzierung (Supervisor und Supervisanden) und Leistungsanforderung gekennzeichnet ist.

Nach anfänglichem Schweigen erzählen mir die Teammitglieder »brav« über Lernfortschritte, die eingetreten sind. Bei mir entwickelt sich zunehmend Langeweile, und ich bekomme Phantasien mit nicht zu übersehenden aggressiven Inhalten, nämlich die Sitzung abzubrechen und das Team zu verlassen. Nehme ich diese Phantasien als Gegenübertragung, so stellt sich eine Szene her, in der ich zerstörend bin, indem ich den Wunsch des Teams nach Nähe und Geborgenheit frustriere und sie in die kalte Welt institutioneller Hierarchie und Leistungsanforderung hinaustreibe. Vor dem Hintergrund des frühkindlichen Separationskonfliktes erscheine ich als »böser Vater«, der die Supervisanden von der Mutter fortreißen will und der nicht sieht, daß sie dort noch verbleiben wollen (müssen?). Sie strafen mich dafür, indem sie affektlos erzählen und mir gleichzeitig unter die Nase reiben, was sie doch schon alles geleistet (gelernt) haben (»Weil du so böse warst, rächen wir uns, indem wir dich langweilen!«). Neben dieser Objektdimension (»böser Vater«) übermitteln sie mir auch die Subjektdimension: In meiner Phantasie will ich mich zurückziehen; ich wäre dann allein, würde auf einen Teil meines Honorars verzichten müssen und hätte diese lange Reise vergeblich gemacht.

Es wäre in der Tat ein Beziehungsabbruch gewesen, wenn ich meine abschweifende Phantasie in die Tat umgesetzt hätte, genau solch ein Beziehungsabbruch, wie er dem Heimleiter, dem Erziehungsleiter und dem Bereichsleiter widerfahren ist in Form ihrer fristlosen Kündigungen, wie es den meisten Kindern in diesem Heim geschehen ist, die aus »broken homes« kommen, und wie es wahrscheinlich auch den Erziehern geschehen ist. Das, was ich von ihrer Sozialisation weiß, deutet darauf hin.

Habe ich das Team überfordert durch meine abrupte Grenzsetzung? Bin ich zu früh in die Rolle des präödipalen Vaters gesprungen (vgl. Oberhoff, 1994)? Oder sind die Teammitglieder im Gegenteil enttäuscht von mir, daß ich nicht von Anfang an darauf bestanden habe, daß es um Supervision geht und nicht um Kaffeetrinken? Habe ich mich verführen lassen?

Ich glaube, daß es gut war, wie sich die Dinge ereignet haben. Es konnte sich eine Szene entfalten, die den Kern dessen trifft, was dieses Team innerlich bewegt: die Schaffung eines abgegrenzten Selbst und die Erlangung der Fähigkeit, die Grenzen dieses Raumes gegen Übergriffe zu schützen. Dieses Thema taucht im weiteren Verlauf der Sitzung in mannigfaltiger Gestalt wieder auf. Alle weiteren Ereignisse sind gleichsam »Variationen über ein Thema«. Ich glaube nicht, daß sich dieses Thema gezeigt und entfaltet hätte, wenn ich gleich zu Beginn die definitive Formulierung dessen verlangt hätte, was das Team heute zu bearbeiten gedenkt.

Die Erwähnung des Fernsehers, der immer noch unabgeholt in der Toilette steht, und mein Gefühl dazu, diesem Ereignis eine Bedeutung beizumessen, es also zu einem »analytischen Objekt« (Green, 1975) zu machen, war eine intersubjektive Leistung, die auf der Grundlage einer gefestigten Beziehungsmatrix (Oberhoff, 1995) zwischen der Gruppe und dem Supervisor möglich war. Zunächst einmal geht es auch hier um den Versuch, eine Grenze zu finden, in diesem Fall zwischen dem Erzieherteam und den Lehrern. Der eigentliche Wunsch ist der nach einer »freundlichen Grenze«, wo ausgeliehene Gegenstände auch persönlich wieder überreicht werden und Austausch und gegenseitiges Interesse herüber- und hinüberfließen. Aber die Grenze soll auch deutlich markiert sein, daß die Arbeit der Erzieher eben eine andere, aber gleich geachtet ist und hier keine Verwischung erfolgt, indem man meint, Erzieher als Hilfslehrer einsetzen zu können.

Im Bild von der Toilette als Übergaberaum von Materialien drückt sich zum einen der schon benannte aggressiv-gleichgültige Teil der Lehrer / Erzieher-Interaktion aus. Die Toilette ist aber auch ein Ort des gesicherten Rückzuges. Man geht dorthin allein, nicht zusammen mit anderen, und man kann die Tür hinter sich verschließen und so den Ort seiner Intimität zu einem gesicherten Raum machen. Die Umfunktionierung dieses Raumes zu einem Sammelplatz für Materialien ist dysfunktional und signalisiert ein Problem. Man müßte die Grenze zu den Lehrern schon anders setzen, um dem Ziel nach persönlichem Austausch einerseits und nach einem gesicherten Raum für das individuelle und berufliche Selbst andererseits näherzukommen. Dieses Thema hat offensichtlich auch mich in der Pause unbewußt geleitet, zunächst einen persönlichen Kontakt bei einer Tasse Kaffee und einem Vollkornbrötchen zu pflegen, dann aber eine Zeitlang für mich allein zu sein (Spaziergang), um meine Eindrücke zu ordnen.

Man kann es als ein Geschenk des Himmels betrachten, daß auch der Hausmeister uns zu einer Lektion in Sachen Grenzziehung verhalf. Bei dieser Variation des Grundthemas kamen zwei neue Erfahrungen hinzu: 1. um die eigene Grenze zu schützen, benötigt man mitunter seine aggressiven Kräfte, und 2. macht es ein gutes Gefühl (ein Gefühl von Wirkmächtigkeit), wenn es gelingt, aus eigener Kraft Grenzverletzungen zu stoppen. Diese Erfahrung hilft, Ohnmachtsgefühle (wie sie für die Wiederannäherungskrise charakteristisch sind) zu überwinden. Der etwas später anklopfende kleine Junge war dann ein erfolgreiches Übungsfeld für den Gruppenleiter, den Schutz unserer Sitzung nach außen angemessen vorzunehmen.

Es folgt die Schlußszene, die dadurch gekennzeichnet ist, daß bei mir eine Unsicherheit entsteht. Zum einen möchte ich dem scheinbar zu kurz gekommenen Teammitglied Dieter noch Raum geben, um sich zu artikulieren. Andrerseits ist es mir wichtig, auf die Zeitgrenze zu achten und pünktlich zu schließen. Hier spüre ich von seiten der Gruppe eine nicht ausgesprochene Erwartung, keine »harte« Grenze zu setzen, sondern eher mütterlich gewährend zu sein. Diese geheime Rollenerwartung bringt mich in Konflikt und führt zu einem Kompromiß, einer Art »halbrunder« Grenze, was mich unbefriedigt sein läßt. Der Schulleiter vor der Tür mag als symbolischer Hinweis zu verstehen sein, daß noch ein ungelöster Konflikt mit den Lehrern »vor der Tür steht« und auf Einlaß drängt.

5. Sitzung

Rolf möchte noch eine Zigarette rauchen und einen Kaffee trinken. Monika möchte ebenfalls einen Kaffee trinken. Dieter ist es egal. Rolf zögert etwas und möchte sich erst bei mir vergewissern, ob ich einverstanden bin. Er äußert, daß er noch eine Bemerkung von mir aus einer früheren Sitzung im Ohr habe, wo ich zum Ausdruck gebracht hatte, daß ich etwas dagegen habe, wenn die Supervision zu einer Kaffeerunde verkommt.

Ich forsche zusammen mit dem Team nach der Bedeutung dieses Kaffeerituals. Es wird deutlich, daß das Kaffeetrinken zum einen einen Übergang schafft von familiärer Situation zu Hause und der dienstlichen Tätigkeit in der Tagesheimgruppe. Zum anderen taucht etwas später von Rolf beiläufig der Spruch auf, »den Supervisor aus der Rolle kippen«. Letzteres stimmt mit meinem Gefühl überein, daß der Beginn der supervisorischen Arbeit hinausgezögert werden soll, weil sie ambivalent erlebt wird. Ich frage die Teammitglieder, wie sie selbst ihre Tätigkeit hier erleben, eher als eine familiäre oder eine professionelle. Darüber entspinnt sich ein ausführliches Gespräch, in dessen Verlauf wieder das Verhältnis zu den Lehrern auftaucht, und ich erfahre, daß am heutigen Abend nach langer Pause wieder eine gemeinsame Sitzung mit den Lehrern stattfinden soll, zur Klärung der Zusammenarbeit. Rolf und Dieter wollen ausschließlich über zukünftige Rollenaufteilungen reden (worin ich eine Vermeidung sehe), Monika möchte noch über ungute Gefühle aus der Vergangenheit sprechen.

Es ist mittlerweile 10.30 Uhr. Ich läute pünktlich die Pause ein und lasse genau festlegen, wann wir wieder mit der Supervisionsarbeit beginnen. Das Gespräch kommt nach der Pause zurück auf die Lehrer. Die Teammitglieder erzählen von den Anfängen der Zusammenarbeit, als Schule und Tagesheimgruppe noch nicht deutlich voneinander getrennt waren. Alle machten alles, Lehrer waren Erzieher, und Erzieher waren auch als Lehrer tätig. Man pflegte ein »kuscheliges« Verhältnis, in dem Privates und Dienstliches ineinander übergingen, bis hin zu sexuellen Beziehungen zwischen zwei Mitarbeitern. Die Kinder waren sehr aggressiv in dieser Zeit und demolierten das Mobiliar. Das war für Rolf sehr schlimm, während die Lehrer über diese Aggressionen großzügig hinwegsahen.

Der große Knall kam, als schriftlich festgelegt werden sollte, daß die Erzieher der Schule als Schulsozialpädagogen zugeordnet werden sollten. Hier setzte sich Rolf heftig und aggressiv zur Wehr. Er empfand das als einen Übergriff und eine Vereinnahmung. Rolf: »Man wollte mir meinen Raum nehmen!« Es traten bei ihm wieder heftige Gefühle auf gegen Monika, daß sie damals nicht zu ihm gestanden und mit ihm gegen die Lehrer gekämpft habe. Da er sich kaum beruhigen konnte, sagte ich zu ihm, daß mich seine sich wiederholende Heftigkeit beschäftige. Ich wisse wenig über seine Lebensgeschichte, frage mich aber, ob hier nicht eine frühere Erfahrung dafür den Hintergrund abgebe. Er erzählte daraufhin eine Geschichte von einem sadistischen Dechanten, der die Kinder (auch ihn) im Religionsunterricht am Hals strangulierte, wenn sie sonntags nicht in die Kirche gegangen waren. Seine Eltern hätten nichts gegen das Treiben dieses Dechanten unternommen, im Gegenteil, sie hätten dies noch unterstützt, da sie selbst ähnlich rigide auf Ordnung und Kirchgang bedacht waren.

Er erzählte dies sehr ausführlich, aber gleichzeitig affektlos. Er überließ es mir, die dazugehörigen Gefühle von Angst, Wut, Traurigkeit und Sehnsucht nach verständnisvollen und ihn unterstützenden Eltern zu artikulieren. Er äußerte die Befürchtung, ich könnte wieder zu ihm sagen, daß ich ihm nicht mehr zuhören könne (was ich ihm hin und wieder gesagt hatte, wenn er ausschweifend und affektlos redete). Ich sagte ihm, daß ich glaube, nun verstanden zu haben, daß es ihm wichtig sei, daß ich seine Gefühle verstehe, ohne daß er sie selbst benennt.

Er kam wieder auf die Lehrer zu sprechen und sagte: »Die sind jetzt dran, ein Angebot zu machen, nicht wir!« Ob er damit auch seine Eltern meine, versuchte ich noch einmal den Zusammenhang herzustellen, von dem er sich immer wieder entfernte. So wie damals die Eltern ihn gegenüber diesem sadistischen Religionslehrer im Stich gelassen haben, so fühlt er sich heute im Konflikt mit den Lehrern von seiner Teamkollegin im Stich gelassen. Ihm wurde ansatzweise bewußt, daß seine Heftigkeit gegen die Lehrer, die ihm sein berufliches Selbst als Sozialpädagoge und seinen eigenverantwortlichen Raum wegnehmen wollen, sich auch aus seinen früheren Gefühlen zu seinen Eltern bzw. zum Religionslehrer speist, die ihm seinen Raum nicht zugestehen wollten und ihn zu Anpassung und Gehorsam gezwungen haben.

Es war eine sehr dichte Passage zwischen Rolf und mir. Und mir wurde klar, daß in den Teilen, wo ich wegen seines affektlosen Redens ärgerlich auf ihn war, sich die schlimmen Erfahrungen mit Eltern und Dechant reinszenierten, aber ich spürte auch seinen Wunsch, daß ich jemand sein möge, der von seinem Schutzpanzer nicht irritiert ist und die dahinter befindlichen verletzlichen Gefühle mitbekommt und verständnisvoll damit umgeht. Ich habe ihm diese Überlegungen mitgeteilt und hatte den Eindruck, daß er sich »erkannt« und verstanden fühlte.

Die Sitzung war zu Ende. Alle Beteiligten hatten ein gutes Gefühl bezüglich des bevorstehenden Gesprächs mit den Lehrern. Der Abschied von mir war herzlich. Gleichzeitig war auch eine Abschiedstraurigkeit zu spüren, die durch die Hoffnung in Grenzen gehalten wurde, die Supervision in nächster Zeit fortsetzen zu können.

Reflexive Betrachtung der 5. Sitzung

Die Wiederholung des Kaffeerituals zu Beginn der Sitzung gibt mir die Möglichkeit, die gemeinsame Aufmerksamkeit auf das Verstehen dieses »Handlungsdialogs« (Klüwer, 1983) zu richten, und diesmal nicht (ambivalent) mitzuagieren wie in der 4. Sitzung. Da sich für mich der frühkindliche Separationskonflikt wie ein roter Faden durch alle Ereignisse hindurchzieht, ordne ich auch das Kaffeeritual in diesen Zusammenhang ein. Es gibt einerseits Wünsche, im Bereich der mütterlich-oralen Welt zu verbleiben und die als kalt empfundene väterlich institutionelle Welt mit Hierarchie, Zeitgrenzen und Leistungsanforderungen zu vermeiden. Andererseits sind auch deutliche Wünsche nach einem eigenen psychischen Raum und nach abgegrenzter persönlicher und beruflicher Identität spürbar. Man möchte Schritte der Individuation tun, aber gleichzeitig nicht von der Mutter weggehen (und man kann auch erst weggehen, wenn man satt geworden ist!). Diese Ambivalenz macht meines Erachtens die unbewußte Dynamik dieses Kaffeerituals aus. Entsprechend unsicher ist die berufliche Identität. Die stärker professionalisierte Gruppe der Lehrer wird dann schnell zur Bedrohung, und es entstehen Ängste, der eigenen Rolle und Identität beraubt zu werden.

Das Aufrollen der Geschichte der Zusammenarbeit mit den Lehrern führt noch einmal eindrucksvoll vor Augen, wie symbiotisch und »grenzenlos« diese Beziehung gelebt wurde, so daß der »große Knall« bereits vorprogrammiert war. Die narzißtische Enttäuschungswut führte zu gegenseitiger Aussperrung (kein Zugang zu den jeweils anderen Räumen) und zum Abbruch der offiziellen Kommunikation. Wie sehr die Lehrer – vor allem für Rolf – zum Übertragungsobjekt für alle diejenigen Personen wurden, die ihn in seinem Leben narzißtisch enttäuscht und die Entwicklung seines psychischen Eigenraums nicht unterstützt und gefördert hatten, macht noch einmal die Geschichte mit dem sadistischen Religionslehrer deutlich. Dies ist sicherlich nur eine Deckerinnerung, hinter der wahrscheinlich ähnliche frühere Erfahrungen mit den Eltern verborgen liegen. Trotzdem wird durch das erzählende Erinnern dieser Situation ein Stück Übertragungsdruck in Richtung der Lehrer abgebaut, was wichtig ist für das folgende abendliche Gespräch, wo es darum gehen soll, die abgebrochene Kommunikation wieder aufzunehmen und für die Rollen akzeptable Grenzen zu finden.

Hier schließt sich auch der Kreis zum Ausgangspunkt meines Auftrages zur Teamberatung. Der Konflikt zwischen Rolf und Monika läßt sich vor diesem Hintergrund in einem umfassenderen, szenischen Sinn verstehen: Für Rolf war Monika zu einer unemphatischen Elternperson geworden, die seine Not angesichts des versuchten Übergriffs von seiten der Lehrer nicht sieht und ihn im Stich läßt. Und für Monika war Rolf durch sein aggressives Verhalten gegen die Lehrer der Zerstörer ihrer Wünsche nach symbiotischer »Kuscheligkeit« geworden. Die Toilette als einzig verbliebener gemeinsamer Ort für Austauschprozesse mit den Lehrern sowie die gegenseitige Aussperrung aus den eigenen Räumen signalisieren Störungen im interpersonellen Konflikt wie auch in der Rollenabgrenzung.

Die Ausgangssituation und die Chancen für die Teammitglieder, die anstehende Klärung der Zusammenarbeit mit den Lehrern nicht szenisch zu agieren (wie bisher), sondern realitätsangemessen zu verhandeln, erscheinen mir am Ende dieser Teamsupervision verbessert.

Szenisches Verstehen als Kulturarbeit

Ich habe bislang von Inszenierungen gleichsam als von pathologischen Übertragungsprozessen gesprochen, welche die Wahrnehmung der gegenwärtigen Realität verzerren und klischeehaftes Verhalten hervorbringen. Ich habe damit einer bestehenden Tendenz Vorschub geleistet, das Analysieren von unbewußtem Material der Psychotherapie zu überlassen, da das Unbewußte der Ort des neurotisch Verdrängten und psychisch Kranken ist, das nur in der Therapie zu heilen ist.

Ich denke, daß Inszenierungen oder überhaupt Übertragungen geeignete Phänome sind, um diese kurzschlüssige Dichotomie von gesund und krank fragwürdig erscheinen zu lassen. So sind Übertragungen nicht nur als Zeichen neurotischen Elends zu betrachten. Sie sind zum einen ubiquitär: Jeder Mensch gestaltet seine Beziehungen aus den lebensgeschichtlich erworbenen Beziehungsschemata heraus, die niemals gänzlich frei von Gefühlsfixierungen sind. Darüber hinaus beinhalten Übertragungen auch positive Elemente (vgl. den Beitrag von König und Staats). Körner weist z. B. darauf hin, daß Übertragungen unsere sozialen Bindungen vertiefen, »denn sie verknüpfen die Gefühle des Erwachsenen mit den ungleich intensiveren Gefühlen der Liebe, der Furcht und der Wut des ehemaligen Kindes in uns« (Körner, 1984, S. 62). In diesem Sinne haben Übertragungen etwas Lebendiges, das einer emotionalen Verflachung unserer Beziehungen entgegenwirkt.

Außerdem muß man sich fragen, ob eine Übertragung wirklich nur eine Wiederholung darstellt oder ob sie nicht auch eine Neuschöpfung sein kann, d. h. eine besonders sensible unbewußte Reaktion auf einen aktuellen Anlaß. Im Praxisbeispiel habe ich das Thema der Grenzverletzung beim Supervisanden Rolf in Beziehung gesetzt zu einer Erfahrung aus seiner Vergangenheit. Zur Zeit der Supervision waren jedoch in der Institution einige beunruhigende Vorgänge zu beobachten: Der Heimleiter wurde fristlos gekündigt, wobei der Anlaß der Kündigung nicht derartig dramatisch war, um solch einen harten Abbruch zu rechtfertigen. Außerdem waren in der Zeit davor zwei andere Leitungspersonen kurzfristig gekündigt worden. Wenn wir das Supervisionsthema »Beziehungsabbruch zwischen Erziehern und Lehrern« vor diesem Hintergrund betrachten, so vermag man darin auch eine sensible Reaktion auf aktuelle bedrohliche Entwicklungen in der Institution zu sehen. Das Thema Grenzverletzung stellt im Hinblick auf die Institution keine verzerrte Wahrnehmung der Realität dar, sondern ist eine »selektive Aufmerksamkeit und Empfänglichkeit« (Mertens, 1993, Bd. 2, S. 182) für eine real bestehende Gefahr.

Es kommt eben darauf an, welches Konzept des Unbewußten man sich zu eigen gemacht hat. Ist das Unbewußte ausschließlich der Ort des Verdrängten oder auch der Ort der sensiblen Wahrnehmung und der Kreativität? Ist das Unbewußte nur der Ort des Nicht-Mehr Bewußten oder auch der Ort des Noch-Nicht Bewußten (Bloch, 1959), woraus das Utopische entspringt? Eißler sieht einen Zusammenhang zwischen dem unbewußt Verdrängten und schöpferischen Prozessen: »Bei der genialen Leistung neigt sich das Ich dem triebhaften Verdrängten zu, läßt es walten, aber nicht herrschen. Das Verdrängte und das Ich werden gleichgestellte Partner ... Im Moment der Geburt eines großen Werkes ist der Konflikt zwischen beiden aufgehoben ... Der unschöpferische Mensch besitzt zwar dieselben unbewußten Konflikte, die zum Bewußtsein drängen, wie der schöpferische, aber er entzieht sich diesem Drängen durch die Bildung starker Abwehren. Der Verkehr zwischen den Systemen (unbewußt–bewußt; B.O.) ist beim schöpferischen Menschen ein viel offenerer« (Eißler, zit. nach Erdheim, 1992, S. 204).

Eißler plädiert also für eine partielle Durchlässigkeit vom Unbewußten zum Bewußtsein, weil das Unbewußte auch ein Reservoir an Kräften darstellt, von dem schöpferische Impulse ausgehen. Die Annäherung an das Unbewußte sollte allerdings ein allmählicher und gut vorbereiteter Prozeß sein, wobei die Inanspruchnahme eines »unterwelterfahrenen« Begleiters ratsam ist, wie uns die griechische Mythologie lehrt; sonst kehrt man – wie Orpheus – mit leeren Händen wieder zurück. Nur ein starkes Ich kann den Kontakt zum Unbewußten wagen. Und gleichzeitig gewinnt das Ich an Stärke, indem es sich mit Inhalten des Unbewußten auseinandersetzt und sie ins Bewußtsein integriert. Für Freud ist das Kulturarbeit. Er sagt über die Psychoanalyse: »Ihre Absicht ist es ja, das Ich zu stärken, es vom Über-Ich unabhängiger zu machen, sein Wahrnehmungsfeld zu erweitern und seine Organisation auszubauen, so daß es sich neue Stücke des Es aneignen kann. Wo Es war, soll Ich werden. Es ist Kulturarbeit etwa wie bei der Trockenlegung der Zuydersee« (Freud, 1933, S. 516).

Szenisches Verstehen als ein Analysieren von Inszenierungen mit unbewußtem Bedeutungsanteil ist solch eine mutige und identitätsstärkende Kulturarbeit, bei der das Ich sich dem Unbewußten zuwendet und es walten, aber nicht herrschen läßt.

Astrid Schreyögg

Organisationskultur und Supervision

Durch das Organisationskulturkonzept eröffneten sich seit Beginn der 80er Jahre völlig neue Möglichkeiten für das Verstehen organisatorischer Zusammenhänge (Gagliardi, 1990; Dülfer, 1991 u. a.). Das Milieu sozialer Dienstleistungssysteme nahm allerdings bislang kaum oder gar nicht an der einschlägigen Debatte teil. Daher spielt das Phänomen »Organisationskultur« auch in der Supervision als typische Beratungsform dieses Bereiches noch keine nennenswerte Rolle. Zentrale These meines Beitrages ist, daß »Systemverstehen«, wie es der Organisationskulturansatz ermöglicht, auch für Human Service Organizations und vor allem für die Supervision ihrer Mitglieder bedeutsam ist. Dabei wird zuerst das Phänomen »Organisationskultur« in wesentlichen Punkten erläutert. Danach verhandle ich anhand etlicher Beispiele die Bedeutung des Konzeptes für die Supervision von Mitgliedern sozialer Dienstleistungssysteme.

Der Begriff »Organisationskultur«

Zu Beginn der 80er Jahre erschien das Phänomen »Organisationskultur« begrifflich als »Company Culture« (Peters / Waterman, 1982) oder »Corporate Culture« (Deal / Kennedy, 1982 u. a.). Im Gegensatz zur Begriffsverwendung in Europa, wo bis dato meist eine strikte Trennung zwischen Phänomenen von »Kultur« und »Wirtschaft« vorgenommen wurde, weist der Begriff »Culture« im angloamerikanischen Raum eine nuanciert andere Bedeutung auf. In Nähe zur Kulturanthropologie wird er dort als Gegenbegriff zu »Nature« verwendet. Danach bezeichnet »Culture« ein von Menschen erschaffenes Phänomen, das über gewisse Zeiträume von mehreren Individuen als kollektives Sinnsystem entfaltet wird (Kluckhohn / Strodtbeck, 1961).

Ideengeschichtlicher Ausgangspunkt war die Konkurrenz zwischen amerikanischen und japanischen Unternehmen. Unternehmensberater fahndeten zunächst auf der Makro-Ebene nach Phänomenen, die japanische vor amerikanischen Unternehmen auszeichneten (Ouchi, 1981; Pascale / Athos, 1981). Sie meinten, in gemeinschaftlichen, zunächst vorrangig in national verankerten Mustern prosperierender Betriebe Japans das Geheimnis eines generellen ökonomischen Erfolges entdeckt zu haben. Erst Peters / Waterman (1982) fokussierten die Mikro-Ebene, indem sie die Muster einzelner, »exzellenter« Unternehmen selbst betrachteten.

Im europäischen Rahmen wirkte der Begriff »Culture« in Verbindung mit »Business« zunächst befremdlich. Erst durch eine wegweisende Publikation von Schein (1984) wurde eine breite, nun auch wissenschaftlich fundierte Diskussion eröffnet. Seit Mitte der 80er Jahre wuchsen dann die Beiträge zumeist unter dem Begriff »Unternehmenskultur« in den USA und in Europa sprunghaft an.

Charakteristika einer Organisationskultur

Im Anschluß an Schein werden Organisationskulturen wie »Miniaturgesellschaften« als kollektive Sinnsysteme begriffen, die über fortlaufende Kommunikationen in einem organisierten System gebildet werden. Sie repräsentieren die nichtformalen Aspekte einer Organisation (Steinmann / Schreyögg, 1993). Dem Bewußtsein von Organisationsmitgliedern bleiben kulturelle Muster im allgemeinen unzugänglich. Sie liegen ihrem Denken wie selbstverständlich zugrunde und bilden die Basis für ihr tagtägliches spontanes Handeln. Organisationskulturen dienen als kollektive Orientierungsmuster, um Probleme zu begreifen, zu formulieren und zu bewältigen. Sie bilden ein gemeinsam geteiltes Weltverständnis (Berger / Luckmann, 1966).

Eine Organisationskultur hat immer eine Geschichte. Sie resultiert aus kollektiven Lernprozessen. Dabei werden Selektions- und Interpretationsmuster zu Handlungsprogrammen verdichtet. Sie bilden sich auf der Basis von als gemeinsam definierten Aufgaben. Organisationskulturelle Muster werden in einem fortlaufenden Sozialisationsprozeß jedem Organisationsmitglied innerhalb der Organisation vermittelt. Sie sind nicht bewußt gelernt, sondern ihre Übernahme resultiert aus kommunikativen Akten, die sich im beruflichen Alltag wie selbstverständlich vollziehen (Steinmann / Schreyögg, 1993).

Der Aufbau von Organisationskulturen

Schein (1984, 1985) beschreibt unter Bezug auf Kluckhohn / Strodtbeck (1961) den Aufbau von Organisationskulturen anhand drei unterschiedlicher, mehr oder weniger gut operationalisierbarer Aspekte:

1. Den substantiellen Kern jeder Organisationskultur bilden die sogenannten Basisannahmen. Sie repräsentieren das »organisatorische Weltbild«. Es besteht aus nur schwer erschließbaren, grundlegenden Orientierungsmustern. Sie lassen sich inhaltlich unterscheiden:
– in Annahmen über die organisatorische Umwelt;
– in generelle Wahrheitsvorstellungen der Organisationsmitglieder;
– in Annahmen über die Natur des Menschen,
– über menschliches Handeln und
– über zwischenmenschliche Interaktionen.
Die Basisannahmen stehen nicht unverbunden nebeneinander, sondern sie konfigurieren sich in der jeweiligen Organisation zu einer Gestalt, die in sich mehr oder weniger stimmig ist.

2. Das organisatorische Weltbild schlägt sich in Wertvorstellungen und Verhaltensstandards nieder. Diese ebenfalls latenten und auch nur schwer erschließbaren Muster gerinnen zu impliziten Regelsystemen für die Mitarbeiter, für ihre Interaktionen untereinander und für den Umgang mit Klienten, Suprasystemen usw.

3. Die Basisannahmen und Standards finden ihren sichtbaren Ausdruck auf einer dritten Ebene, in Symbolen und Zeichen. Sie manifestieren sich nämlich in Feiern, Ritualen, Begrüßungszeremonien, in sprachlichen Wendungen, in der Bekleidung der Organisationsmitglieder, in der Raumgestaltung sowie in spezifischen Ge-

schichten und Legenden, die um den Ursprung des Systems, um Krisensituationen usw. kreisen (vgl. insbesondere Gagliardi, 1990).

Wie wir noch sehen werden, sind diese drei Ebenen nicht unabhängig voneinander zu erfassen, sondern nur im Rahmen eines Deutungsprozesses.

Die Dimension »stark / schwach«

Die Kulturdebatte war anfangs von der Idee geprägt, daß es besonders günstig sei, wenn Organisationen starke Kulturen entwickeln (Peters / Waterman, 1982). Das wird aber heute zunehmend in Frage gestellt. Zur Beurteilung, ob eine Kultur stark oder schwach ist, lassen sich unterschiedliche Kriterien heranziehen. Sathe (1983) etwa differenziert Kulturen nach ihrer *Prägnanz*, nach ihrem *Verbreitungsgrad* und ihrer *Verankerungstiefe*.

1. *Prägnanz* bezeichnet das Ausmaß, wie klar die Orientierungsmuster und Werthaltungen einer Kultur sind, und wie konsistent versus inkonsistent sich ihre Standards und Symbolsysteme entwickelt haben. Hier stehen Fragen im Vordergrund, ob viel oder wenig Konfusion darüber besteht, welchen Orientierungsmustern aktuell gefolgt werden soll.

2. Mit dem *Verbreitungsgrad* meint Sathe das Ausmaß, in dem die Mitarbeiterschaft die Kultur teilt. Mit der Bildung von mehreren Subkulturen etwa wäre ein geringer Verbreitungsgrad bezeichnet. Somit stellt Homogenität kultureller Muster die Voraussetzung für einen hohen Verbreitungsgrad dar.

3. *Verankerungstiefe* bezeichnet bei Sathe das Ausmaß, wie tief die Muster von den Organisationsmitgliedern internalisiert wurden. Wenn sie tief verankert sind, existieren sie im jeweiligen Sozialsystem über einen längeren Zeitraum.

Nach diesen Kategorien könnte man eine Organisationskultur als stark bezeichnen, wenn sie über hohe Prägnanz verfügt, hohe Homogenität aufweist und bei den Organisationsmitgliedern tief verankert ist. Schwache Kulturen wären solche, die nur geringe Prägnanz aufweisen, eine geringe Homogenität mit einem geringen Verbreitungsgrad erkennen lassen und nur oberflächlich verankert sind.

Als positive Effekte starker Kulturen sind nun zu nennen, daß sie klare Handlungsorientierungen geben, daß sie ein effizientes Kommunikationsnetz darstellen, daß sie rasche Informationsverarbeitung und Entscheidungsfindung begünstigen, daß sie einen geringen Aufwand an Kontrollen notwendig machen, daß die Motivation und Loyalität der Mitarbeiter hoch sind und daß die Organisation insgesamt über hohe Stabilität und Zuverlässigkeit verfügt.

Auf der anderen Seite weisen starke Organisationskulturen eine Tendenz zur Abschließung gegenüber der Umwelt auf. In ihnen wird die Entwicklung neuer Orientierungsmuster häufig blokkiert. Sie sind auf traditionelle Erfolgskonzepte fixiert. Komplexitätsreduktion mündet dann oft in ungemessene Vereinfachung (Schreyögg, 1989a). Dabei entwickelt sich oft »Resistance to Chance« (Coch/French, 1948) als genereller Mangel an Flexibilität bzw. organisatorischer Lernfähigkeit (Shrivastava, 1985). So ist bei Systemen mit starken Kulturen immer fraglich, ob sie sich als ausreichend flexibel erweisen, wenn durch veränderte Umweltbedingungen neue Handlungsmuster entwickelt werden müßten, um den Bestand des Systems zu wahren (vgl. Brody, 1993; Reinhardt, 1993).

Organisatorische Subkulturen

Mit der Vorstellung, daß starke Organisationskulturen besonders erfolgreich sind, ging fast automatisch die Idee einher, daß sie in sich stimmige, kulturelle Ganzheiten bilden. Im Gegensatz dazu betonten nachfolgende Autoren, daß organisierte Systeme meist mehr oder weniger vielfältige Subkulturen entfalten (Gregory, 1983 u. a.). Sie färben sich ein entsprechend den Funktionen der Mitarbeiter im System, den Interaktionen, die ein Funktionssegment zur Umwelt unterhält, der Spezifität der jeweiligen Umwelt usw. (Sackmann, 1992). Sie stehen sich häufig sogar als konfligierende Parteien gegenüber.

Eine jeweilige Teilkultur begreift dann die umgebenden Subkulturen ein und derselben Organisation als Systemumwelt. Dabei bildet das kollektive Sinnsystem einer Subkultur wieder eine Grenze zur Systemumwelt – und das sind in diesem Fall organisationsinterne Umweltsegmente. Manche Autoren bezeichnen Organisationen deshalb als »Netzwerk« von interagierenden, miteinander verzahnten Subkulturen (Mastenbroek, 1993) oder als Ensemble von »Teilkulturen«, die sich locker um eine als zentral definierte Kernkultur gruppieren (Schreyögg, 1993). Die Wahrscheinlichkeit für die Bildung von Subkulturen steigt mit der Größe einer Organisation und ihrem damit zumeist verbundenen Grad an Aufgabenspezialisierung. Außerdem scheint von Bedeutung, wie unterschiedlich die jeweiligen Umweltsegmente und deren Erwartungen sind, mit denen Organisationsmitglieder für ihre Aufgabenerfüllung in Interaktion treten müssen.

Organisationskulturprägende Faktoren

Als kulturprägende Faktoren gelten die Zielsetzungen einer Organisation und die organisatorische Umwelt. Über diese grundlegenden Parameter hinaus wirken aber auch die Persönlichkeiten der jeweiligen Menschen prägend, die als »personale Systeme« der Organisation angehören.

Die *organisatorischen Ziele* gehen immer mit einer bestimmten Art der Aufgabenerfüllung und mit der Berufsgruppenzugehörigkeit von Professionellen einher. All dies wirkt kulturprägend. In Human Service Organizations, deren Ziele immer um zwischenmenschliche Interaktionen kreisen, ist hierbei noch die spezifische Klientel, an der die organisatorischen Ziele realisiert werden sollen, als hochgradig kulturprägend zu betrachten. Dabei schlagen die Einflüsse von Klienten im allgemeinen um so deutlicher durch, je homogener die Klientel ist und je umfassender sie vom Subsystem der Mitarbeiter betreut wird.

Kulturprägende Einflüsse der *Umwelt* lassen sich auf einem gestaffelten Figur-Hintergrund beschreiben. Sie reichen von nationenübergreifenden Erscheinungen bis zu Interaktionen mit benachbarten Systemen. Wie schon frühe Autoren anhand der Unterschiede zwischen amerikanischen und japanischen Unternehmen zeigten (z. B. Deal/Kennedy, 1982), resultiert die Art eines organisatorischen Kultursystems zunächst aus allgemeinen nationalen

Kulturmustern, die wiederum immer eine gewisse Relation zu kontinentalen und natürlich auch weltweiten Entwicklungen aufweisen. Hier spielt die jeweilige ökonomische Situation eines Landes, sein generelles zivilisatorisches Entwicklungsniveau, die Gesetzeslage usw. eine Rolle.

Organisationskulturelle Entwicklung resultiert im allgemeinen auch aus den Mustern eines nationalen Kultursegments, in dem ein organisatorisches System angesiedelt ist. Für die Entwicklung bürokratischer Kulturmuster spielt z. B. der Institutionalisierungsgrad des jeweils relevanten Umweltsegments eine zentrale Rolle (Hasenfeld, 1992). Wir können aber auch beim gleichen Einrichtungstyp in ein und demselben Land, das vergleichbaren gesetzlichen Regelungen unterliegt, unterschiedliche Kulturmuster beobachten, je nachdem, welche weltanschauliche Orientierung vom Trägersystem vertreten wird.

Über die bislang aufgezeigten, grundlegenden Kulturfaktoren hinaus sind die realen Organisationsmitglieder für eine Kultur maßgeblich. Als »*personale Systeme*« bestimmen sie ja alle kommunikativen Akte und damit die Sinnkonstitution einer Organisation. Wie Peters/Waterman (1982) betonen, wirken vor allem diejenigen Personen prägend, die über den größten, formalen Einfluß in einem System verfügen. Das sind die Führungspersönlichkeiten. In diesem Zusammenhang postulieren Kets de Vries und Miller (1985; s. auch Kets de Vries, 1991) auf einem psychoanalytischen Hintergrund, daß auf der Basis der persönlichen Pathologie einer jeweiligen Leitungsfigur »paranoide«, »depressive« usw. Muster in der Gesamtorganisation etabliert werden. Deshalb läßt sich immer wieder beobachten, daß mit einem Führungswechsel meistens auch ein mehr oder weniger turbulenter, kultureller Wandel verbunden ist (Rau, 1994).

Neben den formalen Leitern wirken allerdings auch die informellen prägend bzw. sie sind oft maßgeblich für die Etablierung von »Gegen«- oder »Schattenkulturen«. Diese bilden sich regelmäßig in ausdrücklichem Widerspruch zur offiziellen Organisationskultur und werden nicht selten Ausgangspunkt für kulturelle Krisen. Im Prinzip ist davon auszugehen, daß jedes Organisationsmitglied je nach seiner formalen wie informellen Position im System mehr oder weniger kulturprägend wirkt.

Die Analyse von Organisationskulturen

Die Analyse von Kulturen erfolgt bislang entweder im Rahmen intuitiver Typologien oder als »klinische Analyse«.

Intuitive Typologien

Die Bildung organisatorischer Typologien entstammt einer Tradition, die bis auf Max Weber und seine Bürokratieforschung zurückreicht (Weber, 1921). Dabei werden die für Beobachter zugänglichen Muster in einen gedanklichen Zusammenhang gebracht und daraus eine möglichst facettenreiche, aber in sich stimmige Gestalt gebildet. Diese wird dann gegenüber vergleichbaren Phänomenen begrifflich präzisiert. Bekannte Typologien von Organisationskulturen im Profit-Bereich entstammen Deal und Kennedy (1982) u.a. (siehe auch Schreyögg, 1987, 1989b)

Für das Milieu von Human Service Organizations bietet Brody (1993, S. 23 f.) eine Typologie an. Er differenziert »bürokratische«, »unternehmerische«, »leistungsorientierte« und dezidiert »sozialorientierte« Kulturen.

1. »Bürokratische Kulturen« sind konservativ und hierarchisch. Die Mitarbeiter folgen vorgegebenen Regeln, sie vermeiden Risiken und halten Leitlinien für wichtiger als neue Ideen. Die Leiter legen Wert auf Anpassung, die Mitarbeiter suchen Stabilität, und für die Klienten wird das »Heilsame« in der Vorhersagbarkeit gesehen. Im Extrem orientieren sich alle Organisationsmitglieder nur noch an Regeln und Vorschriften, was Starrheit erzeugen kann, die jede Innovation verhindert und die Organisation dadurch nur niedrige oder im Extremfall keinerlei Effizienz mehr erbringt. Dieser Kulturtyp ist durch bürokratisierte Psychiatrien repräsentiert, wie sie etwa von Schwediauer (1984) am Beispiel des Wiener »Steinhof« beschrieben wurden (allgemeiner siehe auch Goffman, 1972; Schwendter, 1991).

2. In »unternehmerischen Kulturen« dominieren Kreativität und Risikofreude. Die Teammitglieder lassen sich vom Experimentieren und vielfältiger Innovationsbereitschaft leiten. Ihr Handeln weist Züge von »Brokern« oder Geschäfremachern auf. Wenn sich die

Kultur zu einseitig auf solche Werte fokussiert, führt die Experimentierfreude zur Konfusion, zur Anarchie oder zu prinzipienlosem Opportunismus. Dieser Typ begegnet uns nicht selten in Unternehmensberatungs-Gesellschaften. Jeder neue Trend wird sofort zu Seminaren verarbeitet und eine Zeitlang »benutzt«, bis sich ein neuer Trend abzeichnet. Programme solcher Systeme spiegeln eine »wilde Mixtur« aus Angeboten zur Transaktionsanalyse, zum NLP, zur TZI, zum »New Age« und anderem wider.

3. Für »leistungsorientierte Kulturen« spielen laufend herausfordernde Aktivitäten eine Rolle. Die Teams entwickeln vielfältige Ziele, die sie enthusiastisch zu realisieren suchen. »Helden« sind diejenigen Mitarbeiter, die noch unter den widrigsten Umständen hohe Leistungen erbringen. Wenn sich die kulturellen Muster extremisieren, wird der Staff verleitet, unrealistische und unerreichbare Ziele zu verfolgen, was dann zu Frustration, Desillusionierung, zu dysfunktionalen Erscheinungen und sogar zum Zerfall des Systems führen kann. Dieser Kulturtyp findet sich z. B. unter Universitätskliniken. Angetrieben von wissenschaftlichem Ehrgeiz sucht die Mitarbeiterschaft oft das bisher Undenkbare zu realisieren. So sollte an der Universitätsklinik in Erlangen die »geglückte« Schwangerschaft einer Gehirntoten »erzwungen« werden oder an einer Klinik in Hamburg die Genesung von Krebskranken mit überhöhten Strahlendosierungen (vgl. *Die Zeit* vom 23. Juli 1993).

4. Im Bereich von Psychotherapie und Beratung finden wir am häufigsten »sozialorientierte Kulturen«. Sie lassen sich vorrangig durch intensive Gefühlsphänomene charakterisieren. Die Teammitglieder sind laufend mit »Sorgen« und »Unterstützen« für die Klienten, aber auch untereinander beschäftigt. Wenn das exzessive Involviertsein der Teams zu dominant wird, führt das zur Verleugnung rational relevanter Phänomene mit dem Ergebnis, daß notwendige Entscheidungen verträdelt, Effizienzkontrollen vermieden werden und eine generelle Orientierungslosigkeit im Hinblick auf die organisatorischen Ziele einreißt. Solche Kulturen finden wir etwa in psychosozialen Beratungsstellen, die von kommunalen oder kirchlichen Trägern unterhalten werden. Die weitgehend von zeitlichem und ökonomischem Druck befreiten Mitarbeiter »erlauben« sich oft, ihre therapeutischen oder beraterischen Intentionen »rundum« zu realisieren.

Die »Kreatoren« von Typologien räumen allerdings ein, daß die Typen selten in ihrer reinen Form auftreten, sondern in der Realität meistens Mischformen anzutreffen sind.

»Klinische« Analysen

Der analytische Zugang von Schein (1984, 1985) ist als »klinische« Analyse immer an den Dialog mit den Systemmitgliedern geknüpft. Das System soll im Zuge gemeinsamer Kulturanalysen einen Veränderungsprozeß durchlaufen. Die Analyse mit dem Berater wird von Schein als zentrales Medium organisatorischen Wandels begriffen. Analysierende sind hier nicht distanziert untersuchende »Kulturanthropologen«, sondern »Change Agents«, die eine Organisation in selbstgestaltender Weise fördern. Das konkrete Vorgehen von Schein umfaßt vier sich ergänzende Zugänge, bei denen der Autor von relativ leicht ermittelbaren Aspekten bis zu den nur über Interpretation erschließbaren Basisannahmen einer Kultur vorstößt:

1. Als »Analyse der Kultursozialisation bei neuen Organisationsmitgliedern« faßt Schein Interviews mit den »Sozialization Agents«, wie Vorgesetzten oder »Altgedienten«, die immer einige der wichtigen Kulturbereiche identifizieren können.

2. Eine »Analyse des Umganges mit kritischen Ereignissen in der Organisationsgeschichte« erfolgt durch sorgfältige Rekonstruktionen der Organisationsbiographie. Sie geschieht durch das Studium von Dokumenten, aber auch durch Interviews von Organisationsmitgliedern, die sich schon länger in Schlüsselpositionen befinden. Auf diese Weise wird es möglich, die kulturprägenden Stadien, die im allgemeinen durch Krisen eingeleitet werden, zu ermitteln. Hierbei sind die jeweiligen Krisen mit ihren auslösenden Ereignissen zu identifizieren und zu untersuchen, was genau, mit welchen Effekten zur Krisenbewältigung unternommen wurde.

3. Zur Analyse der »Glaubensgrundsätze«, der Werte und der Basisannahmen von Kulturprotagonisten wendet sich Schein an Personen, die als Gründer des Systems oder als frühere Führungspersonen eine besonders prägende Position innerhalb des Systems innehatten. Sie werden gebeten, für jedes Organisationsmitglied,

das je im System anwesend war, eine gesonderte Chronik anzufertigen.

4. Das Kernstück der Analyse besteht nun in der Ausdeutung des bislang erhobenen Materials mit den Insidern. Dabei werden alle Beobachtungen und Interviewdaten wie ein Puzzle zusammengetragen und ausgedeutet. Auf diese Weise sollen die Basisannahmen einer Kultur extrahiert werden. Es versteht sich von selbst, daß zu diesem Zweck vorrangig diejenigen Organisationsmitglieder geeignet sind, die für die Kultur repräsentativ sind und denen am Aufdecken kultureller Muster besonders gelegen ist.

Die Bedeutung des Organisationskulturkonzepts für die Supervision

Wie läßt sich nun das Organisationskulturkonzept für die Supervision nutzbar machen? Bei »Supervision« handelt es sich um eine typische Beratungsform für soziale Dienstleistungen. Dementsprechend fokussierten Supervisionskonzepte auch über lange Strecken nur die Interaktion zwischen Professionellen und Klienten. Seit Beginn der 80er Jahre fordert aber eine Vielzahl von Autoren den konzeptionellen Einbezug des Kontextes. Das ist auch berechtigt, denn die Mehrzahl aller Human Services findet heute in Organisationen statt, und gerade durch sie wird Praxis hochgradig mitbestimmt (Hasenfeld, 1992). Dabei stellte sich nun allerdings die Frage, welche der bislang vorliegenden organisationstheoretischen Zugänge für die Supervision besonders geeignet sind; denn bei der Beratung von sozialen Dienstleistern kann sich ja die Auseinandersetzung mit Organisationen nicht in der Analyse formaler organisatorischer Muster und ihrer jeweiligen Umweltsegmente erschöpfen, wie traditonelle Organisationstheorien (Lawrence/ Lorsch, 1969) nahelegen. Gerade in Human Service Organizations ist ja immer auch die persönliche Involviertheit von Mitgliedern und Klienten durch die Organisation mit ihrer jeweiligen Umwelt relevant.

Zur Analyse solcher Phänomene bietet sich der Organisationskulturansatz in besonderer Weise an. Er eröffnet in der Supervision differenzierte Möglichkeiten des Verstehens von organisatorischem Geschehen und in manchen Fällen sogar die Veränderung von Organisationen. Bei Supervisoren, die mit dem Kulturansatz vertraut sind, bildet er eine selbstverständliche Basis jeder Arbeit. Welche speziellen Effekte aber durch Anwendung des Ansatzes zu erzeugen sind, bestimmt sich vorrangig nach dem Setting, also danach, ob es sich um Einzel-, Gruppen- oder Teamsupervision handelt.

Die Bedeutung des Konzeptes für die Einzelsupervision

In der Einzelsupervision dienen Organisationskulturanalysen besonders der generellen Bewältigung beruflicher Krisen, der Unterstützung bei Neueintritt in ein System oder der Rollenberatung.

Bei der Bewältigung *beruflicher Krisen* ergeben sich durch den Kulturansatz oft völlig neue Perspektiven. Die Mehrzahl von Professionellen aus der Sozialarbeit, Psychologie, Medizin usw. ist durch ihre tagtägliche Arbeit gewöhnt, Probleme, dementsprechend auch berufliche Probleme, in der individuellen Sozialisation von Menschen zu verorten. So treten sie meistens mit einer impliziten Schuldzuweisung an sich selbst oder ihre Sozialisationsagenten in die Supervision ein. Durch organisationskulturelle Analysen ihres Arbeitsplatzes erleben sie oft eine unerwartete Entlastung.

So fragte ein Psychologe um Supervision an, weil er sich an seinem Arbeitsplatz ausgesprochen unglücklich fühlte und, von eigenen Insuffizienzgefühlen geplagt, kaum mehr schlafen konnte. Er war in einer stationären Drogeneinrichtung tätig, von deren Mitgliedern er sich zunehmend »gemobbt« fühlte. Eine ausführliche Rekonstruktion ergab folgendes: Er und die meisten Organisationsmitglieder samt Leiter hatten ihre Therapieausbildungen in einem Therapieausbildungsinstitut mit speziellen kulturellen Mustern absolviert. Hier galt es als notwendig, Armani-Kleidung zu tragen, mit einem repräsentativen Auto zu fahren, mindestens alle zwei Jahre einen längeren Trip in die USA zu machen – also rundum ein »toller Kerl« zu sein. Die phallisch-narzißtischen Attitüden der Gründerpersönlichkeit des Ausbildungssystems überschwemmten auch die therapeutische Einrichtung.

Dem Psychologen war aufgrund seiner persönlichen Geschichte das ausgeprägte Sinnsystem dieses Instituts und damit auch seines Arbeitsplatzes zunächst äußerst attraktiv erschienen. Im Zuge der Beziehungsentwicklung zu seiner eher authentischen Partnerin, die in betont sachliche Milieus eingebettet war, stemmte er sich aber jetzt unbewußt zunehmend gegen die speziellen maskulinen Normen der Systeme. Im Gegensatz zu dem »stromlinienförmigen« Erscheinungsbild der anderen trug er nun betont unscheinbare Kleidung, fuhr einen Kleinwagen, verbrachte seinen Urlaub im Bayerischen Wald usw. Diese äußerlichen Merkmale korrespondierten mit einem leicht vertrottelt wirkenden Interaktionsstil, so daß er in der informellen Hierarchie der Einrichtung immer weiter »absackte«.

Als der Psychologe diese Zusammenhänge erkannte, mußte er zunächst lange und herzlich über seine Form »kulturellen Widerstands« lachen. Gleichzeitig wurde ihm aber klar, daß er das »aufgemotzte« Milieu nicht mehr länger ertragen wollte. Er suchte sich nun dynamisch einen neuen Arbeitsplatz, konnte sich im alten Milieu aber doch immerhin so situationsangemessen verhalten, daß ihm noch ein ausgesprochen konstruktiver Abschied in der Einrichtung bereitet wurde.

Organisationskulturelle Analysen sind auch beim *Neueintritt in Organisationen* äußerst hilfreich. Der Berufsanfang in einem neuen System stellt ja regelmäßig eine Phase der Desorientierung dar (Nelson et al., 1991), die durch Kulturanalysen in der Supervision beträchtlich gemildert werden kann.

In solcher Situation suchte mich ein evangelischer Gemeindepfarrer auf. Er war vorher in Funktionsstellen tätig und übernahm nun zum erstenmal eine Pfarrstelle, die als Einzelpfarrstelle deutlich durch seinen dort langjährig tätigen Vorgänger geprägt war. Schon in den ersten Tagen befremdeten ihn allerlei Begebenheiten, die er sich nicht erklären konnte. So wurden ihm z. B. bei allen Besuchen, die er bei Gemeindemitgliedern machte, starke Alkoholika, zumindest aber Bier angeboten.

In diesem Fall regte ich eine relativ systematische Kulturanalyse an. Ich bat also den Pfarrer, möglichst alle Phänomene, die ihm in der Pfarrei auffielen, zu notieren, sodann möglichst viel über die Geschichte der Gemeinde und vor allem über den letzten Pfarrer vor ihm in Erfahrung zu bringen. In einem nächsten Schritt bat ich ihn, versuchsweise die Normen und Standards der Presbyter zu ermitteln, die ich in diesem Fall als »Kulturhüter« designierte, sodann die Normen und Standards der anderen Ehrenamtlichen und zuletzt noch die der hauptamtlich Angestellten.

Nachdem nun eine Vielzahl von Daten und Eindrücken gesammelt war, begannen wir mit der Kulturanalyse. Hierbei stellte sich folgendes heraus: Die Pfarrstelle in einer früheren Bergarbeitersiedlung bestand erst seit den 50er Jahren. Sie wurde zunächst lange Jahre von einem Pfarrer mit pietistischer Ausrichtung versehen, der die Gemeinde wie ein »karger Fürst« regierte. Nach dessen überraschendem Ableben wurde in den 70er Jahren ein junger Pfarrer berufen, der nun »alles anders als der alte« machen wollte. Als typischer Vertreter der 68er Generation und als typischer Vertreter einer lutherischen Orientierung »mischte er sich so richtig unters Volk«. Jetzt wurden ausgedehnte »Sauforgien« üblich, bei denen der Pfarrer immer bis zuletzt blieb. Dabei gewann besonders ein »Männerkreis« starken Einfluß, in dem klassische »Alkoholikerspiele« (Berne, 1960) üblich waren. Im Zuge seiner Integration in den Männerkreis gerieten dem Pfarrer alle Hauptamtlichen aus dem Ruder, d. h., sie kamen und gingen, wann sie wollten, oder sie entwickelten sektenartige Vorstellungen und Arbeitspraktiken. Im Zuge dieser Entwicklung zerbrach die Ehe des Pfarrers. Zur »Befriedung« dieser Situation wechselte er nun in eine andere Position – und daraufhin wurde der neue, nun amtierende Pfarrer berufen.

Im Anschluß an diese gemeinsame Analyse versuchten wir zunächst zu überlegen, was die für die Gemeinde relevanten Ehrenamtlichen, aber auch die Hauptamtlichen von dem neuen Pfarrer erwarten würden. »Na jedenfalls, daß ich mitsaufe«, meinte er. »Das aber werde ich nicht tun«, rief er jetzt fast triumphierend aus. Aufgrund seiner Familiengeschichte war er gerade gegenüber Alkoholismus-Phänomenen äußerst empfindlich. Als nun wesentliche Rollenerwartungen an ihn vorausschauend ermittelt waren, meinte er: »Das wird eine harte Zeit, aber irgendwie bekomme ich richtig Lust, die Kultur der Gemeinde anders zu prägen.«

Aufgrund der Analyse war er jetzt auf unterschiedlichste Ansinnen an ihn und auf unterschiedliche »Sonderbarkeiten« in der Gemeinde vorbereitet. Im weiteren Verlauf der gemeinsamen Arbeit entwickelten wir nun Schritt für Schritt anhand jedes relevanten Ereignisses in der Gemeinde, wie er kulturkorrigierend handeln könnte, ohne extremen Widerstand gegen sich zu mobilisieren. Seine anfängliche Verzagtheit über die »Zustände« in der Gemeinde wich nun einer regelrechten Lust am Prägen neuer kultureller Muster. Im Zuge dieser Entwicklung reduzierte sich typischerweise der Einfluß der bisherigen Kulturprotagonisten zugunsten neu gewonnener ehren- und sogar hauptamtlicher Mitarbeiter. Als schwierigste Aufgabe hatten wir schon im Vorfeld die »Entziehungskur« des Männerkreises prognostiziert; denn genau dieses Segment stellte ja eine starke Kernkultur in der Gemeinde dar. Dieses Problem ging der Pfarrer in der Weise an, daß er mehrere »kulturalternative« Gruppierungen aufbaute und somit den Einfluß des Männerkreises langsam »austrocknete«. Im Verlauf von zwei Jahren wuchs der Pfarrer immer selbstbewußter in seine neue »Kulturarbeit« hinein.

Rekonstruktionen von Organisationskulturen eignen sich auch ganz ausgezeichnet für die *Rollenberatung* (Auer-Hunzinger/Sievers, 1991), wenn nämlich Professionelle ihre Position noch reflektierter ausbauen wollen als bisher.

Im Verlauf des Supervisionsprozesses mit einer Sozialarbeiterin, die in einem größeren Behindertenwerk als stellvertretende Leiterin fungierte, ging es in den ersten Stunden vorrangig um die Mitarbeiterführung. Als sie mit ihren unmittelbaren Aufgaben gut zurechtkam, wollte sie ihre Rolle in dem System genauer erkunden. Die Untersuchung der formalen Position erbrachte, daß sie zwar innerhalb des Systems als Stellvertreterin designiert war, gegenüber Außeninstanzen jedoch als Gesamtleiterin ausgewiesen wurde. Sie hatte diese Besonderheit bislang nicht zur Sprache gebracht, weil sie ihr für die konkreten Aufgabenstellungen nicht von Belang schien.

Bei der Analyse ihrer Interaktionen fiel auf, daß sie mit einem Teil der unterstellten Mitarbeiter ausgesprochen flüssige und herzliche Kooperationsformen entwickelt hatte, bei einem anderen Teil dagegen »kommt immer wieder so ein Klops rein«, meinte sie. Ihrem Vorgesetzten gegenüber, dem innerhalb des Werkes designierten Leiter, übernahm sie die Rolle einer »versteckten Förderin«. Die Rollenkonfusionen auf der formalen und auf der informellen Ebene sowie die etwas distanzierten Interaktionsformen gegenüber dem einen Organisationssegment bedurften weiterer Analysen. Ich schlug nun vor, die Kultur des Systems zu untersuchen, und bat sie zunächst, über die Geschichte des Werkes zu berichten. Bei dieser Gelegenheit stellte sich heraus, daß es zwei verschiedenen Trägern zugeordnet war, einem aus der Selbsthilfebewegung und einem gewerkschaftsnahen.

»Das ist nämlich so ...«, holte sie weit aus und berichtete, daß ein Teil der Einrichtungen des Werkes ursprünglich von der Selbsthilfeorganisation aufgebaut, nach einigen Jahren aber nicht mehr getragen werden konnte und dann in das gewerkschaftsnahe System integriert worden war. Dadurch hatte sich eine informelle Funktionsteilung ergeben: Die Mitglieder aus der Selbsthilfebewegung mit einer sozialorientierten Kultur brachten das fachliche Know-how für die Betreuung der Behinderten ein, die »Gewerkschaftsleute« ihre organisatorischen Talente.

Die Supervisandin ging ebenfalls aus der Selbsthilfebewegung hervor und war von dieser auch engagiert worden, um, wie ihr nun deutlich wurde, die fachlichen Standards zu garantieren. »Klar«, meinte sie nun, »mein nomineller Vorgesetzter muß Vorgesetzter bleiben, weil die immer besser an die ›Kohle‹ kommen, und auch ein Teil der anderen Mitarbeiter gehört ja einer ganz anderen Kultur an als ich. Darum kommt mir das manchmal so eigenartig vor, wie die reden, so steif und plakativ wie im Parlament.« In der Folgezeit beschäftigte sie sich ausführlich mit den jeweiligen Mustern der Subkulturen.

Nach einigen weiteren Supervisionssitzungen meinte sie vergnügt: »Weißte, ich kann jetzt mit beiden Systemteilen prima. Bei den Gewerkschaftsleuten muß ich nur andere Seiten von mir in den Vordergrund bringen, Ärmel hoch und so. Das macht mir richtig Spaß.« Sie erlebte nun auch die »merkwürdige« Führungskonstruktion als sinnvoll, denn die Oberleitung des Systems im Sinne von Finanzplanung und der Beschaffung von Geldern interessierte sie weniger als ihre vielfältigen fachlichen Führungsaufgaben. Sie reduzierte allerdings weitgehend ihre Förderungshaltung gegenüber dem Gesamtleiter. »Das ist ja sonst wie früher zu Hause, es ist mir eigentlich auch zu anstrengend«, gestand sie sich nun selbst zu.

Die Bedeutung des Konzeptes für die Gruppensupervision

Bei der Gruppensupervision handelt es sich um ein Setting, bei dem Menschen aus unterschiedlichen Systemen und meistens noch aus unterschiedlichen Berufsfeldern zur Supervision zusammentreffen. Hier lassen sich selten so ausführliche und prozessual angelegte Kulturanalysen realisieren wie in der Einzelsupervision. »Kulturarbeit« ergibt hier aber andere günstige Effekte.

In der Gruppensupervision nehmen an der Ausdeutung von Organisationskulturen immer mehrere Personen teil, so daß sich für den Protagonisten oft sehr viel breitere Perspektiven als in der Einzelsupervision eröffnen. Darüber hinaus erhalten die in diesem Setting vorgenommenen Analysen oft eine höhere Prägnanz und Validität. Denn hier analysieren ja alle Mitglieder auf dem Hintergrund ihrer eigenen Kulturerfahrungen aus Systemen und versuchen dann das jeweils vorgestellte aus der Differenz zu den bisher erlebten in den Blick zu bekommen. Und gerade Differenzerfahrungen bilden eine zentrale Voraussetzung für das Verstehen von Systemen (Willke, 1987).

Wie oben angemerkt, sind organisationskulturelle Perspektiven für viele Professionelle aus Human Service Organizations noch relativ fremd. Wenn sie aber im Verlauf von Gruppensupervision erleben, daß bei unterschiedlichen Fragestellungen in unterschiedlichen Organisationstypen jeweils sehr unterschiedliche Formen kultureller Muster ausgedeutet werden, entwickeln sie zunehmend vergleichbare Horizonte für Analysen von Organisationskulturen. Solche Effekte ergeben sich besonders in Gruppen, die sehr heterogen sind im Hinblick auf ihren Grundberuf, ihr professionelles Feld und womöglich noch im Hinblick auf ihre nationale Herkunft (vgl. Schreyögg, 1994b)

Die Bedeutung des Konzeptes für die Teamsupervision

In der Teamsupervision ergeben sich besonders oft Fragestellungen, die kollektive Phänomene berühren, und diese stehen sehr häufig zu kulturellen Mustern in Beziehung.

Ein Team der stationären Drogentherapie, das mich beauftragt hatte, seine größenmäßige Verdoppelung für den Zeitraum von drei Jahren zu begleiten, fand ich zu Beginn einer unserer ganztägigen, monatlich stattfindenden Sitzungen in heller Aufregung vor – alles drehte sich um die Sexualregeln des Hauses. Schon seit den Gründungsstadien bestand in dieser Einrichtung die Regel, daß Patienten keine Sexualität untereinander praktizieren dürfen. Als Begründung wurde vom Leiter, dem »Kulturprotagonisten« des Systems, jeweils das Problem der »Suchtverlagerung« angeführt. Wenn Patienten diese Regel übertraten, wurde das als rückfallähnliches Ereignis gewertet und hatte jeweils empfindliche Sanktionen zur Folge.

Vor der besagten Sitzung war nun ein gravierender Störfall eingetreten. Eine Patientin klagte über Bauchmerzen, wollte sich aber nicht von der Ärztin untersuchen lassen, bagatellisierte alle ihre Beschwerden, bis sie wegen einer Bauchhöhlenschwangerschaft buchstäblich im letzten Moment in eine Klinik gebracht werden mußte. Dort wurde auch sofort eine lebensrettende Operation vorgenommen. Alle Mitarbeiter waren nun sehr betroffen. Die Ärztin hatte ihnen schwere Vorwürfe gemacht, daß sie nicht benachrichtigt worden war. Darauf reagierten die Mitarbeiter eher trotzig verbissen.

In der Teamsupervisionssitzung entbrannte eine heftige Diskussion, bei der die Mitarbeiter anfangs Tendenzen zeigten, alle Schuld auf die Patientin zu verlagern. Und der Leiter erläuterte fast rituell die therapeutische Bedeutung der Sexualregel. Als Supervisorin warf ich jetzt ein: »Ob ihr wollt oder nicht, jetzt steht ein kulturelles Heiligtum, nämlich eure Sexualregel, in Frage.« Nun herrschte eisiges Schweigen. Dann durchbrach ein informell bedeutsamer Mitarbeiter das Schweigen. »Vielleicht sollten wir die Sache wirklich neu überlegen.« Nun wagten sich auch andere Teammitglieder aus ihrer »Deckung«. »Die machen doch sowieso, was sie wollen, hinten im Garten und so. Die Nachtdienste erzählen doch auch immer alles mögliche«, meinten sie nun. »Ich komme mir sowieso schon blöd vor, immer auf diese Sexgeschichten aufpassen zu müssen«, brach es nun aus dem ranghohen Mitglied hervor, das schon vorher das Schweigen gebrochen hatte. »Das ist doch absurd, unsere Leute sind durch ihre Vergangenheit viel zu gerissen, als daß wir die Sexualregel auf Dauer durchsetzen könnten«, setzte er nach.

Der Leiter als »Kulturhüter« und »Konzeptstifter« des Hauses, der sich auf dem Hintergrund eines sehr komplexen therapeutischen

Ansatzes jeweils sehr engagiert und zum Teil sogar diktatorisch für die Einhaltung der Abstinenzregel eingesetzt hatte, sprach in diesem Stadium der Diskussion kein Wort mehr, sondern sah nur noch versteinert vor sich hin. In ihm schien ein heftiger Kampf zu toben, den er aktuell wohl nicht artikulieren wollte. Nun ebbte auch die Diskussion im Team ab, bis bald gelähmte Stille einkehrte. Im inneren Rollentausch mit einigen Teammitgliedern und vor allem mit dem Leiter spürte ich eine depressive Leere. Mir schien es so, als wenn durch Infragestellung dieser einen wichtigen Grundregel nun auch alle anderen Grundsätze des Hauses auf sie sinnlos wirkten. Dann wieder in eine exzentrische Position zurückgekehrt, merkte ich an: »Gerade in dieser Regel scheinen sich für euch sehr zentrale kulturelle Muster der Einrichtung zu bündeln.«

Nun kam wieder Begegnung ins Team. Fast alle Mitarbeiter berichteten jetzt ausführlich, wie die männlichen und weiblichen Patienten hochsexualisiert in der Einrichtung ankommen, wie umfassend gerade ihre sexuellen Deformationen im Sinne von Prostitution und allgemeiner Leibfeindlichkeit seien. Jetzt schaltete sich auch wieder der Leiter ins Gespräch ein und meinte: »Im Prinzip müßten wir unseren Behandlungsfokus viel mehr auf diese Themen lenken.« – »Natürlich«, meinten andere, »wenn wir nur Verbotsregeln für die Sexualität haben, rücken die doch mit ihren sexuellen Themen gar nicht raus, das steuert sich doch dann alles auf eine verdeckte Ebene, ins Verbotene ein.« In den wieder verflüssigten Dialogen zogen sie unterschiedliche Varianten neuer Regeln in Erwägung. Der »Kulturhüter des Hauses« wandte nur noch ein: »Ich will aber nicht, daß die hier ewig apathisch-knutschend herumliegen.« Er nahm jetzt seinen strukturierenden Leiterstil zurück.

Als Supervisorin fragte ich: »Was soll denn mit der Verhütung werden?« – »Ja, stimmt«, meinten etliche Teammitglieder, »wir müssen uns auch in diesem Punkt mehr Gedanken machen. Wir müssen überhaupt diesen ganzen Bereich differenzierter in den Blick bekommen, mit den Patienten über ihre sexuellen Erfahrungen und Gefühle, über Verhütung reden usw. Gerade im Zeitalter von Aids geht es wirklich nicht so weiter.«

Zum Abschluß der Sitzung waren sich alle Teammitglieder einig, daß sie mit neuen Regelsystemen experimentieren wollten. Sie stellten aber einige Prämissen auf, wie z.B. keine wahllose Sexualität unter den Klienten, keine offensichtliche Suchtverlagerung durch Sexualität usw. Sexualität sollte aber in einem institutionalisierten Rahmen unter der Bedingung möglich sein, daß sie im Behandlungsprozeß thematisiert wird. Als Ziel formulierten die Teammitglieder einen verantwortlichen Umgang mit der eigenen Sexualität und der von anderen. In den folgenden Wochen handhabe das Team die Sexualregel flexibler, wodurch eine Vielzahl an neuen Möglichkeiten in der therapeutischen Arbeit entstand. Patientinnen und Patienten wandten sich nun mit ihren sexuellen Themen immer vertrauensvoller an ihre Bezugstherapeuten. Dadurch ergab sich im Patientensystem auch eine deutliche Abnahme kompensatorischer Sexualisierungen.

Zum Abschluß der Sitzung warf ich die Frage auf, inwieweit die soeben geführte Debatte um die Sexualregel mit der generellen Entwicklung des Hauses korrespondiert. »Klar, so viele Patienten wie jetzt können wir überhaupt nicht mehr so strikt kontrollieren. Wir haben ja auch viel mehr Komplexität zu bewältigen als bisher. So müssen wir sicher noch manche andere ›Gewißheit‹ korrigieren.« Den Teammitgliedern wurde anhand dieses Beispiels deutlich, daß durch die Vergrößerung des Hauses nicht nur strukturelle Korrekturen eingeleitet werden mußten, sondern daß mit ihnen automatisch auch kulturelle Wandlungsprozesse einhergingen. Sie merkten auch, daß sich diese Wandlungsprozesse in der Dysfunktionalität der alten Sexualregel nur optisch verdichtet hatten (Schreyögg, 1994a).

Heinz-Ulrich Thiel
unter Mitarbeit von Harald Thoms

Die Bedeutung der Institutionsgeschichte für den Supervisionsprozeß

Einleitung

Im folgenden wird die Relevanz der je besonderen Geschichte einer konkreten Einrichtung für den Prozeß der Supervision dargestellt. Dazu wird im ersten Abschnitt an einem Fallbeispiel die Unterscheidung institutioneller Entwicklungsphasen vorgenommen und deren Bedeutsamkeit für die Bearbeitung eines aktuellen Konflikts illustriert. Danach werden – unter Berücsichtigung der besonderen Rolle der Supervisoren – mögliche Funktionen und Widerstände einer Thematisierung der Institutionsgeschichte im Beratungsprozeß betrachtet.

Neben der Aufarbeitung der Historie einer Einrichtung müssen weitere geschichtliche Perspektiven berücksichtigt und integriert werden: die berufliche Biographie bzw. der individuelle Lebenszyklus einzelner Mitarbeiter, die unterscheidbaren Phasen von Teams bzw. Gruppen sowie ausgewählte Aspekte der gesellschaftlichen Entwicklung. Angesichts des in Zukunft wahrscheinlich verstärkten Wandels von Institutionsstrukturen und Organisationsabläufen soll in einem letzten Abschnitt das Verhältnis von geschichtlicher Kontinuität und Diskontinuität bzw. Zäsur einer Einrichtung angeschnitten werden.

Theorie und Praxis der Supervision sind in den letzten Jahren ein Stück weit aus dem Schatten der zumeist individuumzentrierten Psychotherapietheorien als alleinigem Bezugsrahmen herausgetreten. Im Spannungsfeld zwischen »Person« und »Organisation«, zwischen »Therapie« und »Organisationsentwicklung« versucht eine institutionsbezogene Supervision eine gewisse Eigenständigkeit zu etablieren. Bei dieser skizzierten Entwicklung der Supervision auf ein stärker organisationsbezogenes Denken und Handeln hin fällt auf, daß in der einschlägigen Literatur zur Praxisberatung die Dimension der Geschichte einer Institution tendenziell vernachlässigt wird.

Erfahrungsgemäß spielt jedoch bei längerfristigen Supervisionsprozessen – wie auch in der Organisationsberatung – zu irgendeinem Zeitpunkt die spezifische Geschichte der konkreten Institution auf jeden Fall eine Rolle. Mitarbeiter und Leiter berufen sich beispielsweise auf frühere Dienstbesprechungen bzw. Konferenzen, ziehen in ihrer Argumentation weiter zurückliegende Beschlüsse und Entscheidungen heran, erinnern an einstige Handhabungen gegenwärtiger Konfliktsituationen und Problemlösungsversuche, schwärmen eventuell von früheren Zeiten und Personen oder interpretieren Ereignisse vor dem Hintergrund einer weiter zurückliegenden Inanspruchnahme externer Beratungen.

Über die Geschichte einer Institution werden ebenfalls bestimmte Anforderungen und Erwartungen transportiert, sedimentierte Erfahrungen und Standards der professionellen Arbeit mit der Klientel weitergegeben, die Balance zwischen Arbeitseffektivität und -zufriedenheit ausgehandelt, Strategien und Taktiken der Bearbeitung von Problemen gespeichert, die Kriterien für die Bilanzierung von Erfolgen und Mißerfolgen entwickelt wie auch Formen der Ausgrenzung, Etikettierung und Stigmatisierung einzelner Personen oder Abteilungen »gepflegt«. Mit anderen Worten: Bei jedem Problemanlaß sind Aspekte der Institutionsgeschichte potentiell gegenwärtig. Sie stellt einen relevanten Bestandteil der Identität einer Sozialorganisation und ihrer Mitarbeiterschaft dar und gehört zur je spezifischen Kultur einer Organisation.

In Analogie zur individuellen Biographie (vgl. Alheit, 1990) kann davon ausgegangen werden, daß jede Einrichtung ihre besondere, unverwechselbare Geschichte hat. Diese Individualisierungsthese hat zur Folge, daß letztlich nur »idiographische« Modelle einer spezifischen Institutionsgeschichte gezeichnet bzw. konstruiert werden können, um sich der Geschichte der eigenen Einrichtung als verstehbarem, geordnetem Zusammenhang zu vergewissern.

So gibt es nach unseren Erfahrungen beispielsweise Institutionen mit einer langen Geschichte der Konfliktvermeidung oder einer Tradition des Mißtrauens über viele Jahre oder Jahrzehnte. Stigmatisierungen einzelner Personen oder Abteilungen können eine recht lange Tradition haben, bis sie – bei Überschreiten eines bestimmten Schwellenwertes – öffentlich und auffällig werden. »Die Geschichte von Institutionen ist oft identisch mit der Geschichte der Kränkungen, die sich Mitglieder von Institutionen (und im weitesten Sinne gehören dazu auch die Klienten einer Institution) einander zufügen« (Kersting/Krapohl, 1990, S. 158). Allerdings ist vor einer nur defizitorientierten Perspektive auf die Geschichte von Institutionen zu warnen. Unter netzwerktheoretischem Gesichtspunkt sind in der Institutionsgeschichte auch Ressourcen und Potentiale »gespeichert«, die für den Supervisionsprozeß ebenso relevant sind.

Die gegenwärtige Konfliktlage einer Einrichtung im Lichte der Institutionsgeschichte

Unsere zentralen Erfahrungen, die uns zu der These von der Bedeutsamkeit der Institutionsbiographie für berufliche Bildungs- und Beratungsprozesse geführt haben, liegen in der Beobachtung von Phasenverläufen und markanten Stationen sowohl bei etablierten, teilweise bereits mehrere Jahrzehnte bestehenden Organisationen als auch bei Neugründungen und Initiativen. Nicht nur bei der Entwicklung von Gruppen (vgl. Langmaack/Braune-Krickau, 1985), sondern auch bei der Genese von Institutionen muß heuristisch und idealtypisch ein Verlauf in mehr oder weniger deutlich unterscheidbaren Phasen angenommen werden (vgl. Schreyögg, 1992, S. 179f. S. 506f.; Wimmer, 1993, S. 266ff.).

Pionier- und Aufbaustadien – häufig verbunden mit einem mehr oder weniger stetigen oder rasanten Wachstum an Aufgaben und Angeboten – wechseln mit Differenzierungs- und Integrationsphasen ab (vgl. Schick/Wittwer, 1992; s.a. Abb. S. 119). Es gibt aber nicht nur das Phänomen der Expansion, sondern – wie gegenwärtig vielerorts auf dem psychosozialen Dienstleistungssektor zu beobachten – Stagnations- oder gar Rezessionsphasen, die mit einem erheblichen »Abspecken« an Projekten und/oder dem Abbau von Mitarbeitern und einem Rückgang des Prestiges einer Einrichtung in der Öffentlichkeit einhergehen können. In Analogie zur Individualbiographie kann davon ausgegangen werden, daß gerade

»Phasenübergänge zu sozialen Risikolagen« (Alheit, 1990, S. 291 f.) führen können.

Im folgenden soll an einem Fallbeispiel illustriert werden, wie bereits zu Beginn der Supervision die Aufarbeitung der geschichtlichen Stadien dieser Institution die Ursachen der gegenwärtigen Konfliktlage und die Notwendigkeit einer gezielten Weiterentwicklung beleuchtete.

Die alarmierende Verbreitung der gefährlichen Aids-Krankheit in der Bevölkerung hat Mitte der 80er Jahre viele Initiativen auf den Plan gerufen und ein bis dahin unbekanntes Arbeitsfeld mit spezifischen medizinischen, psychologischen und politischen Aspekten aufgetan. Die zu Beginn häufig aus ehrenamtlichen Mitgliedern bestehenden Initiativen arbeiteten eher nach »basisdemokratischen« Prinzipien oder mit »alternativen« Zielvorstellungen wie Netzwerkarbeit und standen – zumindest am Anfang ihrer Arbeit – dem Expertenhabitus und überkommenen professionellen Standards skeptisch bis ablehnend gegenüber. Diese am Beginn ehrenamtlich arbeitenden Initiativen wurden häufig unterstützt oder gegründet von Schwulengruppen, die sich in ihren Sexualpraktiken von der öffentlichen Meinung bedroht und von der Krankheit besonders betroffen fühlten. Das Problem wurde durch Medien und Ministerien in besonderer Weise in das Rampenlicht der Öffentlichkeit gerückt.

Durch die quantitative Zunahme von Ehrenamtlichen und das Anwachsen der Aufgaben (z. B. Aufklärung in Schulen und anonyme Beratung von Betroffenen) wurde nach kurzer Zeit der Aufbauphase ein Zustand erreicht, der mit bisherigen Denk- und Handlungsmustern nicht mehr zu bewältigen war. Der Anstieg der von der Krankheit Betroffenen, die Zunahme von Mitgliederzahlen, wachsende Kontakte zu lokalen und regionalen Institutionen unterschiedlichster Art (z. B. Schulen, Krankenhäuser), die Zusammenarbeit mit den Medien, die allmähliche Verbesserung der räumlich-technischen Ausstattung solcher Beratungszentren, die Notwendigkeit eines finanziellen Haushalts mit all seinen verwaltungstechnischen Folgeerscheinungen – all das erfordert für eine Initiative oder einen Verein weitere Schritte auf dem Wege der Verrechtlichung, Professionalisierung und Institutionalisierung.

Zu diesem Zeitpunkt der Entwicklungsgeschichte mußte angesichts der sich ausbreitenden Aufgabenvielfalt eine Form der Arbeitsteilung, der Delegation und der Koordination vorgenommen werden (z. B. Aufklärungsarbeit in Schulen, Beratung von HIV-Infizierten, Betreuung von »Positiven« usw.). Die anfallende Vielfalt und Menge der Arbeit mußten in der anstehenden Differenzierungsphase durch hauptamtliche Mitarbeiter – zumeist über ABM-Maßnahmen und andere Mischkalkulationen finanziert – ergänzt und koordiniert werden. Mit der Zeit wurden durch Fortbildung und auch Supervision der ehrenamtlichen und hauptberuflichen Mitglieder Standards für Qualifikation und Kompetenzen geschaffen, vor deren Hintergrund das bloße Motiv des Helfenwollens oder eine dezidierte Parteilichkeit der neu hinzukommenden Ehrenamtlichen nicht mehr genügten. Die Einrichtung stand vor der Schwierigkeit, diese sich ausdifferenzierenden Felder und Zuständigkeiten sowie die tendenziell rivalisierenden Prinzipien von »Ehrenamtlichkeit« und »Hauptberuflichkeit« in der nächsten Phase zu integrieren.

Die Skizze zeigt den institutionsgeschichtlichen Weg von einer ehrenamtlichen Initiative zu einem öffentlichen »Dienstleistungsbetrieb«, der sich innerhalb eines Zeitraums von nur wenigen Jahren abspielte. Im Verlaufe dieser kurzen institutionellen Entwicklungsgeschichte ergeben sich strukturelle Veränderungen, die angesichts dieses Tempos eventuell einer Aufarbeitung bzw. eines Moratoriums bedürfen. Unterschiede zwischen alten und neuen Mitgliedern, zwischen Ehrenamtlichen und Hauptberuflichen mit verschiedenen Berufszugehörigkeiten, zwischen Schwulen und Nichtschwulen, zwischen Männern und Frauen, zwischen direkt Betroffenen und Nichtbetroffenen – diese Differenzen können im Verlauf der Institutionsgeschichte häufig nicht genügend bearbeitet werden.

Wenn in unterschiedlichen Phasen einer solchen Einrichtung hinzugekommene Mitglieder und Mitarbeiter mit ihren jeweiligen unterschiedlichen Interessenlagen und Motivbündeln zusammenarbeiten wollen, können sich leicht Probleme bei der Weiterentwicklung eines gemeinsamen Selbst- und institutionellen Aufgabenverständnisses ergeben. Beispielsweise muß in der anstehenden Integrationsphase zwischen »alten« Mitgliedern mit ihren Ansprüchen auf basisdemokratische Entscheidungsfindung und einem dezidierten Interesse an einer Politik für die Schwulen und Mitgliedern bzw. Hauptamtlichen, die sich im Laufe der Zeit als Mitarbeiter mit pro-

Das Zusammenspiel von individuellem Lebenszyklus, Team-, Institutions- und Gesellschaftsphasen im Supervisionsprozeß

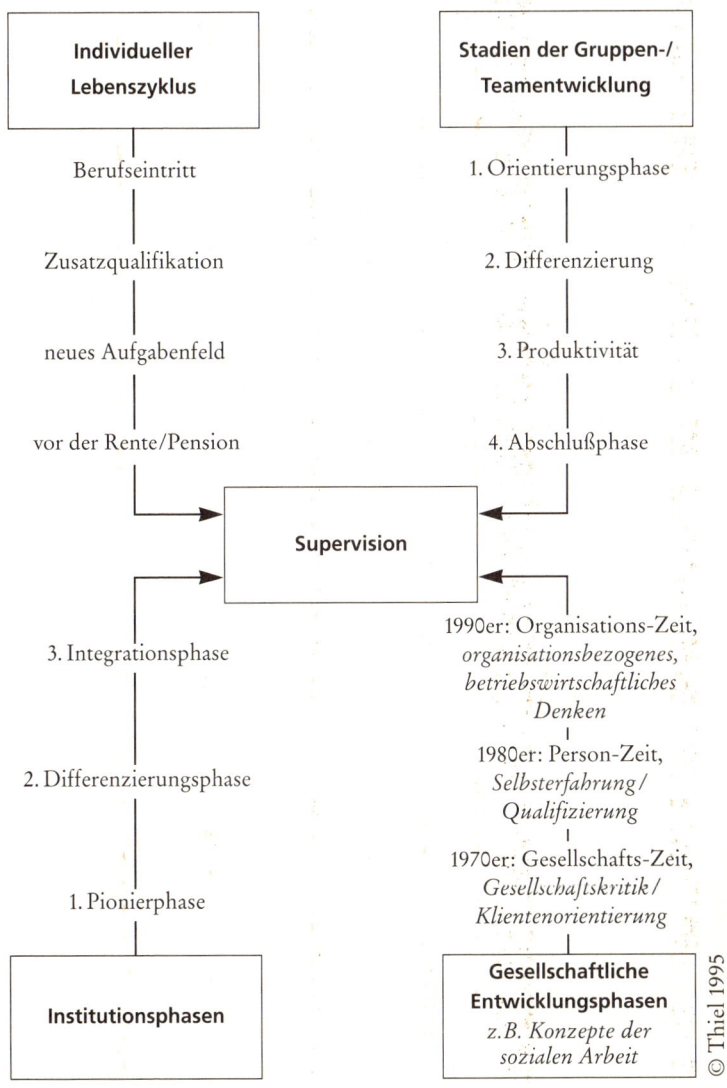

Individueller Lebenszyklus	Stadien der Gruppen-/ Teamentwicklung
Berufseintritt	1. Orientierungsphase
Zusatzqualifikation	2. Differenzierung
neues Aufgabenfeld	3. Produktivität
vor der Rente/Pension	4. Abschlußphase

Supervision

	1990er: Organisations-Zeit, *organisationsbezogenes, betriebswirtschaftliches Denken*
3. Integrationsphase	1980er: Person-Zeit, *Selbsterfahrung/ Qualifizierung*
2. Differenzierungsphase	1970er: Gesellschafts-Zeit, *Gesellschaftskritik/ Klientenorientierung*
1. Pionierphase	
Institutionsphasen	**Gesellschaftliche Entwicklungsphasen** *z.B. Konzepte der sozialen Arbeit*

© Thiel 1995

fessionellen Standards an Kommunikations- und Organisations-kompetenzen verstehen und den Aspekt der Beruflichkeit ihrer Tätigkeit betonen, eine neue Balance gefunden werden. Zu den in diesem Stadium zu leistenden Aufgaben gehört die »Trauerarbeit« über vergangene Phasen, die so nicht weiterbestehen können, wie auch die Diskussion über die Grenzen von Professionalisierung und Institutionalisierung.

Die Identität und zukünftige Gestaltung einer so jungen Sozialorganisation hängt unmittelbar mit der Bewältigung dieser ihrer jüngsten Vergangenheit zusammen. Wenn das nicht gelingt und vereinzelte Gruppeninteressen, die in bestimmten Abschnitten der Vereinsbiographie auf dem Wege von einer ehrenamtlichen Initiative zu einem von Hauptamtlichen (mit)getragenen Dienstleistungssektor funktional und tragend waren, »unhistorisch« durchgehalten werden sollen, kommt es zu Zerreißproben auf Kosten der eigentlichen Aufgaben und Zielgruppen dieser Organisation. Die intensive Aufarbeitung der institutionellen Biographie sollte folglich diese Phasen ins Bewußtsein heben, damit angesichts der gegenwärtigen Herausforderung Anspruch und Wirklichkeit neu ausgehandelt und die kontinuierliche Weiterentwicklung einer Einrichtung unterstützt werden kann.

Der Supervisor und die Institutionsgeschichte

Nach über zwei Jahrzehnten zunehmender Ausbreitung von Supervision in Theorie und Praxis muß inzwischen davon ausgegangen werden, daß die Supervision häufig selber einen relevanten Anteil an der Institutionsgeschichte hat. In der Phase der Kontaktaufnahme und Kontraktbildung kann es also recht wesentlich sein, nach bisherigen internen und externen Fortbildungs- und Beratungserfahrungen zu fragen. So kann es – dieses Beispiel stammt aus der eigenen Praxisberatung – in einer größeren Einrichtung, in der verschiedene Teams mit unterschiedlichen Supervisoren über viele Jahre jeweils erfolgreiche Supervisionen durchgeführt haben, dazu kommen, daß Leitung und Träger vor der neuen Schwierigkeit stehen, daß sich diese Teams im Laufe der Geschichte so voneinander entfernt haben, daß die Einrichtung beinahe aus ebenso vielen selbständigen Subunternehmen besteht, die kaum noch miteinander kooperieren.

Die Institutionsgeschichte hat also nicht nur einen Einfluß auf den Supervisionsprozeß, sondern in vielen Fällen hat der abgelaufene Supervisionsprozeß selber eine große Bedeutung für die Geschichte einer Institution. Die Betrachtung der je spezifischen Geschichte einer Institution kann im Verlauf des Supervisionsgeschehens recht unterschiedliche Funktionen einnehmen:

– Bereits im Zusammenhang der Nachfrage und des Zustandekommens eines Beratungsauftrages wird nach Wellendorf (1994) die kritische Frage virulent, wer denn eigentlich der Klient sei. Geht man dieser Frage intensiver nach, betreibt man unweigerlich eine Art »Institutionsanalyse«, bei der die »angebotenen Konflikte« in den Kontext einer institutionellen Vorgeschichte hineingestellt werden. Ein »Stück Institutionsgeschichte ans Licht« zu bringen, wird von Wellendorf weniger in organisationssoziologischer Absicht verfolgt – etwa im Sinne einer umfassenden Rekonstruktion der Geschichte einer konkreten Einrichtung –, sondern steht letztlich im Dienst der Beziehungsklärung zwischen professionellem Berater und Klient. Die institutionelle Geschichte wird von Wellendorf vor psychoanalytischem Hintergrund herangezogen, damit der professionelle Berater »seinen Ort im institutionellen Gefüge« bestimmen kann und nicht zum »Spielball institutioneller Macht- und Interessenpolitik« gerät.

– Die Reflexion der Entwicklung einer konkreten Institution verhilft dem Supervisor – wie den Organisationsmitgliedern – dazu, ein Gespür für den bisherigen Wandel, die Knoten- und Wendepunkte der Einrichtung zu entwickeln, das vorhandene Veränderungspotential, die Innovationsfreudigkeit von Personen und Gruppen einzuschätzen und vor allem die hinderlichen und förderlichen Faktoren für das personelle und institutionelle Wachstum auf unterschiedlichen Ebenen herauszuarbeiten. Im Gegensatz zur Momentaufnahme eines Organigramms zeigt die Institutionsbiographie unter Umständen die Reihe erfolgreicher und erfolgloser Problemlöseversuche in der Vergangenheit, die – ähnlich der Biographie von Individuen – einen erheblichen Einfluß auf die Veränderungsbereitschaft und -aussicht in der Gegenwart haben. Momentane Probleme können dann in ihrem institutionsgeschichtlichen Wirkungszusammenhang in einem anderen Licht gesehen und bearbeitet werden.

Bei manchen Mitarbeitern wird bereits durch diesen Reflexionsvorgang der lähmende Mythos angekratzt oder entlarvt, daß Institutionen etwas unveränderlich Überdauerndes nach außen und innen darstellen müßten. Die Erkenntnis, daß die eigene Einrichtung bereits bestimmte Phasen durchlaufen hat, widerspricht überholten Erwartungen an den starren Erhalt von Einrichtungen und die bedingungslose Verpflichtung gegenüber Überkommenem. Der langsame Abschied von Konventionen und Traditionen kann dann als Chance für einen notwendigen Wandel oder Neubeginn gesehen werden.

- Daß in Supervision und Organisationsberatung als spezifischen Interventionskonzepten in der Regel so wenig Wert und Gewicht auf die Vorgeschichte einer Institution gelegt wird, kann nicht nur an der rezeptologischen Erwartung der Mitarbeiterschaft im Hinblick auf sichtbare und schnelle Veränderungen im Hier und Jetzt liegen. Ein zentrales Hindernis auf dem Weg zur Aufarbeitung der Institutionsgeschichte kann auch in der Person des professionellen Beraters selber liegen.

»Vergangene Geschichten« aufzuarbeiten impliziert für den Berater möglicherweise die Befürchtung, im Vergleich zu den Mitarbeitern bzw. Supervisanden von sensiblen Informationen und minutiösen Erfahrungen aus dem Verlauf der Institutionsgeschichte ausgeschlossen zu sein. Das kann insofern zu persönlichen Verunsicherungen in der Supervision führen, als man – im Vergleich zur konkreten Interaktion mit den Supervisanden im Hier und Jetzt – kaum »mitreden« zu können glaubt. Die Thematisierung der Geschichte einer Institution ist somit eine Chance, das Informationsgefälle zwischen Supervisor und den Organisationsmitgliedern auszugleichen. Es könnte aber auch auf seiten des Supervisors die angstbesetzte Vorstellung vorherrschen, die Mitarbeiterschaft würde die Thematisierung und Reflexion der Geschichte des eigenen Teams oder der eigenen Institution blockieren oder das Erzählte für den »Schnee von gestern« halten. Richtig ist sicherlich, daß einige Mitglieder durch die Art ihrer Darstellung des Vergangenen unter Umständen sich selbst hervorheben wollen oder gar verschlüsselte Botschaften über jetzige Verhältnisse an bestimmte Personen aussenden.

Die genetische Perspektive eröffnet in jedem Falle einen genaueren Blick auf die komplexen Konstituenten und Zusammenhänge einer Einrichtung. Das spezifische Stadium einer konkreten Institution richtig zu orten, kann den Problemlösevorgang im Supervisionsprozeß erheblich erleichtern. Der Berater muß (mit)entscheiden, ob und inwieweit diese »Vergangenheitsbewältigung« notwendig ist und in welchem mehr oder weniger direkten Verhältnis sie zu den anstehenden gegenwärtigen Problemlagen der Einrichtung steht. Die Bewältigung dieser kritischen Ereignisse hängt wiederum von der bisherigen Geschichte einer Einrichtung ab – auch der Geschichte ihrer Erfahrungen mit Supervision.

Bisher wurde im wesentlichen die Bedeutsamkeit der Geschichte für gegenwärtige Schwierigkeiten einer Institution im Hinblick auf mögliche Problemsituationen innerhalb und zwischen den unterschiedlichen Phasen hervorgehoben. Vor organisationssoziologischem und -psychologischem Hintergrund können supervisionsrelevante Veränderungen – wie bereits das Fallbeispiel zeigte – an unterschiedlichen Kriterien festgemacht werden. So kann die Phase der Ausdifferenzierung z. B. in der Änderung einer Namensgebung oder Trägerzugehörigkeit, der geographischen Lage und Erreichbarkeit der Einrichtung sowie ihrer räumlich-technischen Ausstattung, in dem Wandel von Angeboten und Dienstleistungen, den Veränderungen von Organisationsformen, der Personalzusammensetzung (Alter, Geschlecht, Beschäftigungsart, Bezahlung u. a.) und deren Qualifikationsprofilen, der Ausdifferenzierung von Zielgruppen, Teilnehmern, Probanden und Klienten, in dem veränderten Selbst- und Aufgabenverständnis sowie der finanziellen Basis bestehen. Auch die Art und Intensität der Fortbildung (Supervision, Weiterbildung, Organisationsentwicklung) und die interinstitutionellen Kontakte und begrenzten Kooperationen auch mit Konkurrenten im Umfeld können sich im Laufe der Zeit wandeln.

Nimmt man diesen genetischen Aspekt ernst, so muß man allerdings – je nach Konfliktanlaß – auch den Zusammenhang der Institutionsgeschichte bzw. bestimmter Phasen mit der individuell-lebenszyklusorientierten (Wittwer, 1995, S. 56), der teambezogenen und der gesellschaftlichen Entwicklung herstellen (s. Abb. S. 119).

Dabei kann sich in der Supervisionssituation die Gleichzeitigkeit ungleichzeitiger Phasen auf unterschiedlichen Ebenen widerspiegeln, wenn beispielsweise eine zentrale Leitungsperson, welche die Pionierphase einer Einrichtung wesentlich gestaltet hat, von ihrem beruflichen Lebenszyklus her kurz vor der Rente steht, aber eine von den später hinzugekommenen Mitarbeitern gewollte Weiterentwicklung der Einrichtung blockiert und mit einem der Teams aus der gemeinsamen gesellschaftskritisch-solidarischen Phase der sozialen Arbeit der 70er Jahre »paktiert«. Die Organisationsgeschichte kann folglich nicht losgelöst von der Person, den Gruppen und der historischen Gesellschaftslage betrachtet werden (vgl. Thiel, 1994).

Die Institutionsgeschichte korreliert in der Regel mit wechselnden politischen, wirtschaftlichen, rechtlichen und kulturellen Gesamtlagen in der Gesellschaft. Zu diesem externen Veränderungspotential gehören gesetzliche Veränderungen auf Bundes- (z. B. BSHG, KJHG, Asylrecht) und Länderebene (z. B. Erwachsenenbildungs- und Kindergartengesetze), durch deren Verordnungen häufig zugleich finanzielle Bezuschussungen geregelt werden.

Zum geschichtlichen Aspekt gesellschaftlicher Entwicklungen gehören auch die unterscheidbaren Konzepte der sozialen Arbeit, wie sie sich in der Aus- und Weiterbildung sowie der Mitarbeiterrekrutierung widerspiegeln. Spielten in der gesellschaftskritischen Phase der 70er Jahre die Infragestellung von autoritärem Führungsstil und des Sinns von Institutionen eine zentrale Rolle, so in den 80er Jahren die personzentrierte Qualifizierung und Selbsterfahrung. In den 90er Jahren ist verstärkt ein organisationsbezogenes, betriebswirtschaftliches Denken und ökonomisches Kalkül auch im psychosozialen Dienstleistungssektor zu beobachten. Im Hinblick auf die Bedeutsamkeit der Geschichte einer Institution kann das heißen, daß potentiell aus all diesen gesellschaftlichen Ausbildungsphasen Mitarbeiter in einer Einrichtung vorhanden sind, deren unterschiedliche Normen, Denk- und Leitungsstile integriert werden müssen. Externe Einflüsse gesellschaftlicher Entwicklungsprozesse haben also interne Anpassungsleistungen und Veränderungen zur Folge.

Kontinuität und Umbrüche in der Geschichte von Institutionen

Die Institutionsgeschichte ist nicht nur für die Bearbeitung gegenwärtiger Konflikte im Rahmen von Supervision bedeutsam, sondern auch im Hinblick auf die Zukunft von Einrichtungen. Angesichts der Tatsache geschichtlicher Phasen, der aktuellen Existenzunsicherheit von zunehmend mehr psychosozialen Institutionen und der wachsenden Notwendigkeit einer innovativen Weiterentwicklung von Organisationen verlieren Einrichtungen den Mythos der Unveränderlichkeit und das traditionelle Merkmal einer gewissen Trägheit und verläßlichen Stabilität. Die gegenwärtige Wirtschaftslage forciert das betriebswirtschaftliche Kalkül auch im sozialen Dienstleistungsbereich – bei großen Wohlfahrtsverbänden wie kleineren Initiativen –, verstärkt die Rationalisierung des Kommunikationsbereichs und intensiviert den Druck zur Profilierung auf dem Markt der Konkurrenten. Vor dem Hintergrund eines immer rascheren Wandels können Fragen nach der geschichtlichen (Dis-)Kontinuität, nach Umbrüchen, Zäsuren und dem Überleben einer Einrichtung zu einem eigenständigen Problemthema im Verlaufe eines Supervisionsprozesses werden.

Die mit dem Wandel einhergehenden inneren und äußeren Anpassungsleistungen bedeuten Risikoübergänge. Dabei muß es sich nicht um dramatische Verläufe handeln, sondern um alltägliche Weiterentwicklungen, längerfristige Projekte und Innovationsvorhaben, die nicht unbedingt durch Supervision begleitet werden müssen. Scharfe Diskontinuitäten und tiefe Umbrüche, die zur Supervision führen, sind in der bisherigen Geschichte sozialer Institutionen eher die Ausnahme. Allerdings stehen wirkliche Zäsuren nach unseren Erfahrungen dann an, wenn mehrere Risikofaktoren zusammentreffen, die zumeist alle vier Ebenen (s. Abb. S. 119) betreffen. Dann ist durchaus die Gefahr von Entwicklungen hin zu »pathologischen Organisationen« (Türk, 1976) gegeben. Sowohl »Überkomplizierungen« als auch rigide »Übersteuerungen« können die Existenz von Institutionen vor dem Hintergrund ihrer spezifischen Geschichte in Frage stellen.

In Zukunft wird es vermutlich selbstverständlicher werden, in immer kürzeren Zeitabständen die Geschichte und Leistungen der eigenen Institution zu thematisieren. Zur »lernenden Organisation« gehört eben diese kontinuierliche Form der Selbstreferenz, des bewußten Nachdenkens über die eigene Geschichte und zukünftige Möglichkeiten einer Weiterentwicklung. Nach unseren Erfahrungen haben gerade die Institutionen, die in ihrer Geschichte das organisationale Denken und Handeln auf allen hierarchischen Ebenen »gepflegt« haben, angesichts gegenwärtiger Umstrukturierungen und Krisen vergleichsweise bessere Entwicklungschancen.

Aber wie viele erzwungene Veränderungen oder geplante Innovationen verträgt eine Einrichtung, ohne ihr bisheriges Bild in der Außenwelt zu verwischen oder gar ihre »Identität« zu verlieren? In seinen industriesoziologischen Reflexionen betont Baethge (1995) vor allem das Verhältnis von »Innovativität« und »Sozialität«. Veränderungs- und Innovationsprozesse – besonders bei drohenden Rationalisierungen mit Einsparungseffekten bei Mitarbeitern – müssen auch in ihren menschlichen Auswirkungen bedacht werden. Hier kann es Aufgabe der Supervision sein, solche Prozesse durchschaubar zu machen und die Würde der Arbeitnehmer – ihren »aufrechten Gang« – bei anstehenden Umstrukturierungen einer Institution oder gar Entlassungen zu wahren.

Es ist vorstellbar, daß nicht nur die Begleitung des »Auf und Ab«, der »Höhen« und »Tiefen« von Institutionen in ihrer Geschichte eine Aufgabe von Supervision und Organisationsberatung ist, sondern auch – für manche vielleicht ein ungewohnter Gedanke – eine Art der (»Sterbe«-)Begleitung für Institutionen oder ganze Abteilungen, die vom Markt der Dienstleistungen verschwinden. Nicht nur die für aktuelle Probleme bedeutsame Institutionsgeschichte oder die vor diesem historischen Hintergrund geplanten Weiterentwicklungen einer Einrichtung können durch Supervision reflektiert werden. Organisationen sollten auch die Gelegenheit haben, auf dem Weg hin zu ihrem voraussehbaren oder erahnten Ende durch Supervisoren begleitet zu werden.

Benjamin Bardé

Über den Zusammenhang von Organisation, Führungsstil und Teamdynamik im psychotischen Prozeß

Eine Einzelfallstudie zur stationären Psychotherapie

I.

Die Forschungsergebnisse der modernen Organisationssoziologie zeigen, daß eine soziale Organisation nicht, wie das einst Max Weber (1956) vorgesehen hatte, kausal-linear als ein Mittel angesehen werden kann, das gezielt einen Zweck zu verwirklichen hat. Vielmehr entfaltet eine soziale Organisation als ein Verband praktisch handelnder Menschen und als eine (Groß-)Gruppe eine Eigendynamik, die gegenüber den formalen, nach außen dargestellten Zwecken informal und unausgesprochen zusätzliche informale Zwecke setzt, die in erster Linie auf ihre eigene Bestandserhaltung bezogen sind (Parsons, 1975). Die Logik der Bestand- und Selbsterhaltung bezieht sich auf eine tieferliegende Schicht des Erlebens, in der archaische Angst auslösende Vorgänge der Vernichtung, des Verlusts, der panischen Orientierungs- und Hilflosigkeit, letztlich der Bedrohung der Identität in einer »normalen Alltagswelt« gebannt werden sollen.

Dieser häufig erwähnte Sachverhalt der angstabwehrenden Funktion von Institutionen (Alsford, 1990; De Board, 1978; Pühl, 1994a; Menzies-Lyth, 1991) muß aufgrund der folgenden Fallstudie zu einer Strukturhypothese über die sozialen Organisationen inhärente Neigung zur Selbstzerstörung radikalisiert werden. Die Hypothese besagt, daß in jeder sozialen Organisation prinzipiell die Tendenz gegeben ist, daß sie in ihrem Prozessieren ihre eigene Struktur, die durch die offiziellen Zweck- und Zielsetzungen gesetzt ist, selbst zerstört (vgl. Bardé, 1994; Mintzberg, 1989, S. 369).

Soziale Organisationen sind demnach in *erster* Linie selbstdestruktive Maschinen. Die Führung und Leitung kann sich demnach nur in dem Maße als kompetent legitimieren, wie sie in der Lage ist, die der Organisation inhärenten selbstzerstörerischen Prozesse nicht nur präzise zu erkennen, sondern diesen auch durch gezielte praktische Maßnahmen so entgegenzusteuern, daß eine im Sinne der offiziellen Zwecksetzung förderliche Organisationskultur (Wolf u. Bardé, 1994) entstehen und aufrechterhalten werden kann.

Luhmann (1968) spricht von einer »Systemrationalität«, deren Logik gegenüber einer bloßen »Zweckrationalität« in Rechnung gestellt werden muß. Dieser Gegensatz, ja Konflikt wurde zuvor in der Unterscheidung von »formaler« und »informaler« Organisation zum Ausdruck gebracht (vgl. Mayntz, 1967). Formal ist das Handeln, das der offziellen Zweckverwirklichung dient (im Rahmen der Klinik eine definierte Krankenbehandlung), informal ist jenes Handeln, das unter den Strukturgegebenheiten einer Organisation zum Ziel hat, die Rahmenbedingungen zu gewährleisten, die zur formalen Zweckverwirklichung erforderlich sind, und das diesem Zweck sogar zuwiderlaufen kann.[1]

Aus diesem in Organisationen gegebenen Widerspruch von Formalität und Informalität entwickelte sich in der organisationssoziologischen Forschung das Interesse an Führungsstilen und Führungspersönlichkeiten, denen, was die organisatorische Zweckverwirklichung anbetrifft, der Status von moderierenden Variablen zugewiesen wurde. Die Struktur der Führungspersönlichkeit bestimmt die Problemdefinition, die Effizienz der Problembearbeitung, die nachträgliche Evaluation der Zweckverwirklichung in der Beziehung zur geführten (Arbeits-)Gruppe und bewirkt durch die Art und Weise, *wie* sie das tut, ein affektives Klima, eine bestimmte Organisationskultur, die ihrerseits wieder auf die Effizienz der Problembearbeitung und Zweckverwirklichung zurückwirkt. Sie bestimmt letztlich durch die soziale Rahmung der Zweckverwirklichung die Art und Weise, wie Vernichtungsängste und die ihnen zugehörige Destruktivität absorbiert oder freigesetzt wird.

Systematisch gesehen, befindet sich hier die logische Stelle, in der psychoanalytische Wissensbestände und die psychoanalytische Erkenntnismethode den Eingang in die organisationssoziologische Forschung findet (Diamond, 1991; Kernberg, 1988; Kets de Vries, 1980, 1984, 1989, 1993; Kets de Vries und Miller, 1984; Levinson, 1981; Maccoby, 1976, 1981, 1989; Wolf und Bardé, 1994; u. v. a. m.). *Forschungspraktisch* hat die Einführung der psychoanalytischen

Methode zur Konsequenz, daß der Forscher (Berater, Supervisor) im Sinne einer teilnehmenden Beobachtung Handlungsforschung (»action research«) betreiben muß, um nicht nur vertiefte Kenntnisse über die problematischen Handlungsfelder der sozialen Organisation (als einer »Ethnie«) zu gewinnen, sondern darüber hinaus empirisch begründete Veränderungsstrategien im Sinne einer prozessualen Beratung anzubieten und in den Organisationsprozeß einzuführen (Fatzer, 1992; Pühl, 1992). Theoretisch hat das zur Folge, daß dadurch differenzierte Einblicke in Strukturen und Prozesse, die der informalen Organisation zugehören, erarbeitet werden können.

II.

a) Im folgenden werde ich in abgekürzter Form Methode und Ergebnisse einer Einzelfallstudie darstellen, die ich in einer psychoanalytisch orientierten Psychotherapieklinik, die sich im deutschsprachigen Raum befindet, durchgeführt habe. Anlaß der Untersuchung war der Suizid eines Patienten, der sich nach etwa sechs Monaten stationärer Psychotherapie auf grausame Weise umgebracht hat. Die Frage war, ob erstens Gründe dafür auffindbar sind, daß sich der Patient, dessen Zustand sich im Laufe der Therapie teilweise besserte, gerade zu *diesem* Zeitpunkt getötet hatte, und ob zweitens Empfehlungen für präventive Maßnahmen gegeben werden können, die künftige ähnliche Entwicklungen verhindern können.

b) Die Klinik, in der sich der Suizid ereignete, ist nach dem als fortschrittlich geltenden Modell stationärer Psychotherapie organisiert: die Behandlung der Patienten durch ein »integriertes Team«. Janssen (1987) skizziert die Entwicklung der Organisationsformen stationärer psychoanalytischer Therapie als eine Erweiterung des »monopolaren Modells«, in dem ein Psychoanalytiker hauptverantwortlich die Therapie übernimmt und Hilfstherapeuten (Schwestern) den Rahmen der klinischen Alltagswelt garantieren (Federn, 1956; Schwing, 1940), über das »bifokale Modell« (Enke, 1965; Janssen und Quint, 1977; Schmidt, 1986) zur Konzeption einer Behandlung der Patienten durch ein multiprofessionelles »integriertes Team« (Janssen, 1987; Pohlen et al., 1979).

Die Behandlung des Patienten durch ein »integriertes Team« sieht vor, daß alle therapeutischen Mitarbeiter der Station gleichberechtigt sind und ihre Beziehungserfahrungen in den verschiedenen Feldern der Einzel-, Gruppen-, Bewegungs-, Gestaltungs- und Soziotherapie mit dem Patienten in täglich stattfindenden Teamkonferenzen darstellen. Unter Leitung und Supervision des leitenden Psychoanalytikers sollen die Beziehungsepisoden in den verschiedenen therapeutischen Abteilungen in ihrer unbewußten Bedeutungsdimension im Team der therapeutischen Mitarbeiter analysiert und »integriert«, d. h. zu einem Bild der unbewußten Persönlichkeit des Patienten komponiert werden. Theoretisch wird unterstellt, daß sich die innere Repräsentanzenwelt des Patienten mit den in ihr eingebundenen Trieb- und Beziehungskonflikten im stationären Rahmen in einer dramatischen Weise wie auf einer Bühne externalisiert und »inszeniert« (Janssen, 1987, S. 97).

Inszeniert wird die innere Repräsentanzenwelt, weil sie unbewußt ist; indem sie inszeniert wird, wird sie gemäß den Prinzipien psychoanalytischer Behandlungstechnik deutungsfähig. Eine zweite Behauptung besagt, daß die Teamgruppe resonant genug sei, damit sich die »unbewußte Szene« des Patienten in ihr dynamisch im Sinne des oft erwähnten Spiegel- und Prismaeffekts (Kutter, 1990, 1994; Wolff, 1977; vgl. Bardé, 1991) abbilden und vom leitenden supervidierenden Psychoanalytiker stimmig gedeutet werden kann. Die stationäre Behandlung durch ein »integriertes Team« gilt als fortschrittlich, weil sie besonders der Gruppe der strukturell ichgestörten Patienten entspräche und gegenüber den traditionell psychiatrischen Vorgehensweisen die sozialpsychiatrischen Behandlungsperspektiven (Alneas, 1963; Bastoe, 1960; Brigl u. Lindinger, 1963; Caudill, 1958; Häfner, 1966; Jones, 1962; Kayser et al., 1973; Veltin, 1966) mit der psychoanalytischen Methodik effektiv ergänzt und weiterentwickelt (Janssen, 1987; Pohlen et al., 1979; Schepank et al., 1988; Tress u. Ehl, 1987).

Aus dieser vorgängigen Behandlungskonzeption leitet sich die praktische soziale Organisation der Klinik ab. Auf der Station arbeiten zwei Psychotherapeuten, ein Arzt und ein Psychologe. Sie behandeln die Patienten psychotherapeutisch im Einzelsetting in der Regel dreimal in der Woche. Sechs Hilfstherapeuten führen auf dem Hintergrund unterschiedlichster Fort- und Weiterbildungen die Bewegungs- und Gestaltungstherapie in Gruppen und die Sozialtherapie im Einzelsetting durch. Einmal in der Woche findet eine Großgruppe statt, an der alle Patienten der Station teilnehmen und die von einem Pfleger geleitet wird. Täglich wird eine Teamkonferenz durchgeführt. Einmal in der Woche wird diese Teamkonferenz vom Oberarzt geleitet. Der Chefarzt leitet die Teamkonferenz einmal im Monat.

c) Die wissenschaftliche Untersuchung des Suizids wurde vom Chefarzt veranlaßt. Das Team hatte nach dem Suizid des Patienten ein großes Bedürfnis, die Situation aufzuarbeiten, und war sehr aufgeschlossen. Das Team beklagte, daß der Suizid in der Klinik in vieler Hinsicht »totgeschwiegen« wurde. Mit allen Mitgliedern des noch vorhandenen Teams wurde ein offenes Interview über die Behandlung durchgeführt. Dies geschah in der Erwartung, daß über diese Interviews *ex post* die wesentlichen Grundlinien der Behandlung des Patienten durch ein »integriertes Team«, die durch dessen Suizid beendet wurde, herausgearbeitet werden können.

Der Patient wurde zuerst in der Ambulanz der Klinik von einem Therapeuten A. über 50 Sitzungen behandelt. Dieser Therapeut konnte nicht interviewt werden, weil er die Klinik verlassen hatte. Von ihm liegen aber ausführliche Behandlungsprotokolle vor. Danach wurde der Patient, der sich zum Zeitpunkt der Entlassung von A. in einer schweren Krise befand, vom ärztlichen Therapeuten B. auf die Station übernommen. Der ärztliche Therapeut B., der den Patienten über vier Monate auf der Station bis zu dessen Suizid behandelte, konnte nicht interviewt werden, da er ebenfalls die Klinik wegen eines schweren Konflikts mit dem Chefarzt vorzeitig verlassen mußte. Weder der Chefarzt noch die Oberärztin konnten in die Interviewstudie einbezogen werden, da sie später der Auffassung waren, daß vorrangig das Team den Suizid aufarbeiten sollte.

Die Studie basiert also auf den Interviews mit dem psychologischen Therapeuten, einem Notdiensttherapeuten, der anläßlich einer Krise des Patienten während eines Wochenendes auf die Station gerufen wurde, und den sechs Hilfstherapeuten. Die Interviews liegen alle in schriftlicher Form vor. Es wäre wünschenswert gewesen, den Chefarzt, die Oberärztin und den behandelnden ärztlichen Stationstherapeuten in die Studie einzubeziehen. Es ist aber zu erwarten, daß deren Rolle aus den acht verfügbaren Interviews durchaus erschlossen werden kann. Es wird sich zeigen, daß deren Verweigerung an der Teilnahme der Studie eine Einstellung zum Ausdruck bringt, die auch während der Behandlung des Patienten im Rahmen der Klinik maßgeblich wirksam war.

III.

Der 30jährige Patient wird in Finnland als jüngstes von sechs Kindern mit einem schweren Organschaden geboren. Er wird in früher Kindheit häufig in Kliniken untergebracht und von der Mutter überfürsorglich und ängstlich verwöhnt. Sosehr der Patient als ein dem Tode Geweihter galt – die Ärzte sahen zunächst keine Möglichkeit, sein Leben zu retten –, so sehr fühlte er sich als eine große Ausnahme, als ein Kronprinz, der die große Aufmerksamkeit und Fürsorge, die ihm zufiel, als außergewöhnlich schön erlebt. Im siebten Lebensjahr kann der Patient überraschend aufgrund eines technischen Fortschritts operiert werden, weshalb er im ganzen Land berühmt wird.

Der Vater des Patienten war Arbeiter und wird als depressiv und alkoholabhängig beschrieben. Er soll den Patienten gehaßt haben, weil er ihm mit seiner Krankheit die Zuwendung der Mutter geraubt hätte. Der Patient sagt, daß der Vater selbst noch ein Kind und ohne die Mutter hilflos gewesen sei.

Der Patient läßt sich zum Sozialarbeiter ausbilden und kann den Abschluß aufgrund schwerer Arbeitshemmungen nur mit größter Mühe erreichen. In der Pubertät leidet er unter großen sexuellen Ängsten. Er berichtet über Kontaktstörungen zum anderen Geschlecht und über intensive Einsamkeitsgefühle. Seine Ehefrau lernt er mit zwanzig Jahren in Helsinki kennen, wo sie sich während eines Urlaubs aufhielt, und geht danach mit ihr nach Deutschland, wo sie heirateten. Seine Frau ist als leitende Kreditsachbearbeiterin in einer Bank beschäftigt. In Deutschland werden aber seine Zertifikate nicht anerkannt, und Versuche, deutsche Qualifikationsnachweise zu erwerben, scheitern. Er muß schließlich als Honorarkraft in einem Schreibbüro arbeiten. Spannungen in der Ehe entstehen nach der Heirat dadurch, daß der Patient seine sozialen Aktivitäten zunehmend einstellt und sich von seiner Ehefrau abhängig macht. Die Ehefrau fühlt sich in ihrem Lebensspielraum immer mehr eingeengt und will aus der Umklammerung des Patienten durch Trennung und Scheidung ausbrechen. Darauf reagiert der Patient mit zwei Selbstmordversuchen, durch die er seine Frau erpressen will. Die Ehefrau wendet sich in dieser Situation mit dem Patienten an die Ambulanz der Klinik.

IV.

Ambulanztherapeut A. nimmt den Patienten zunächst statt der ursprünglich geplanten Gruppentherapie in Einzeltherapie. Der Patient gerät, nachdem sich seine Frau von ihm getrennt hat, in eine psychotische Entwicklung. Er unternimmt einen weiteren, dritten Suizidversuch, was Therapeut A. dazu veranlaßt, ihn vorübergehend auf die Station zu verlegen. Der Ambulanztherapeut will ihn schon zu diesem Zeitpunkt in die geschlossene Abteilung einer in der Nähe liegenden psychiatrischen Klinik überweisen. Dort war aber kein Platz frei.

Aus den Behandlungsprotokollen läßt sich entnehmen, daß der Patient von grenzenlosem, ja tödlichem Haß gegen seine Frau überflutet wird, der er sich auch immer wieder annähern will, was nicht gelingt. Das gleiche Spaltungsmuster wird in der Beziehung zu seiner Mutter sichtbar. Zum einen möchte er zu ihr zurückkehren, um bei ihr einen sicheren Halt zu finden. Zum anderen muß er sie immer wieder durch grenzenlose Haßattacken zerstören. Dieses Muster bestimmt auch die Übertragung. Der Ambulanztherapeut ist zum einen eine »gute«, rettende, potente, Halt gebende Figur; bei den geringsten Enttäuschungen (z. B. Urlaubsunterbrechung) schlägt diese Erlebnisqualität aber schnell ins Gegenteil um. Er wird zu einer »bösen«, impotenten, völlig entwerteten Figur, die zerstört ist und von der nichts mehr zu erwarten ist.

Der Patient will immer wieder die Therapie abbrechen. Er wird von A. zunehmend als »wirr«, »angespannt«, »wütend« und »kopflos« beschrieben. Der Patient hat Angst, »verrückt« zu werden, und befürchtet, daß die Mitpatienten auf der Station seinen »Wahnsinn«

bemerken. Er beginnt zu halluzinieren, ihm wüchsen Flügel, und er möchte aus dem Fenster springen. Er erlebt sich als ein Raubtier. Er wird daraufhin vom ärztlichen Stationstherapeuten B. zusätzlich medikamentös behandelt. Der Patient hält sich selbst für »schizophren« und will in eine geschlossene Abteilung verlegt werden. Es wird zunehmend deutlich, daß der Patient unter einer schweren Borderline-Störung leidet, die auf einem sehr niedrigen Ich-Niveau situiert ist (vgl. Kernberg, 1978).

In dieser Situation muß der Ambulanztherapeut A. dem Patienten mitteilen, daß er die Klinik in vier Wochen verlassen muß. Der Hintergrund dieser Mitteilung ist in einem Konflikt mit dem Chefarzt begründet: Er stellte dem Therapeuten eine Dauueranstellung in Aussicht, nahm dieses Angebot aber kurz vor Ablauf des befristeten Vertrages wieder zurück, weil er der Auffassung war, daß A. kein loyaler Mitarbeiter sei. Diese Situation hat für die Behandlung des Patienten desolate Konsequenzen. Er fühlt sich »mutterseelenallein«, in einem »schwarzen Loch« und will erneut seinem Leben mit einer »Schlafspritze« ein Ende machen, um zu einer »endlosen Ruhe« zu kommen.

Dem Ambulanztherapeuten A. bleibt in den noch zur Verfügung stehenden neun Sitzungen nur noch übrig, die äußere soziale Situation des Patienten zu strukturieren: das Verhalten zu seiner Ehefrau, die berufliche Perspektive, aber auch die Entscheidung, ob er in Deutschland bleibt oder nach Finnland zurückkehrt. Die weitere analytische Arbeit wird unter diesen Bedingungen zerstört und unmöglich gemacht. Die Situation ist desolat, und beide einigen sich, daß der Patient sich in die geschlossene Abteilung der in der Nähe liegenden psychiatrischen Klinik verlegen läßt. Zu dieser Klinik besteht aber ein sehr gebrochenes Verhältnis: Man will als avantgardistisch-psychoanalytische Klinik besser sein als die traditionelle Psychiatrie und muß, wenn man um die Aufnahme eines Patienten in die geschlossene Abteilung bittet, unter diesem Freund / Feind-Schema (vgl. Sherif, 1962, 1966) diesen Vorgang als ein Scheitern und als eine schwere narzißtische Kränkung erleben.

Der Patient wird nach Weggang des Ambulanztherapeuten, obwohl er selber darum gebeten hat, *nicht* verlegt und statt dessen durch zusätzliche therapeutische Leistungen auf der Klinikstation durch nun verstärkte Sozio- und Bewegungstherapie, durch Sporttraining und zusätzliche Maßnahmen zur Strukturierung des Tagesablaufs therapeutisch »eingekreist« (Trimborn, 1983).

Beeindruckend ist, daß insgesamt neun Optionen (einschließlich Chef- und Oberärztin) zur Verlegung des Patienten in eine geschlossene psychiatrische Abteilung rekonstruiert werden konnten. Sie wurden alle vom Team nicht ernsthaft und konsequent in Erwägung gezogen bzw. von der Leitung verantwortlich überprüft und in die Wege geleitet. Von großer Bedeutung ist die Tatsache, daß in der Rahmung dieser Institution ein beachtliches paranoides Potential eingebunden ist. Es ist mit dem »institutionellen Mythos« (Pühl, 1995) verknüpft, daß man als psychoanalytische Klinik besser und effizienter ist (und zu sein hat) als die benachbarte psychiatrische Klinik. Um diesen institutionellen mythischen Bedeutungsrahmen (vgl. Goffman, 1977) aufrechtzuerhalten, werden in dem Maße, wie dieser durch Mißerfolge in der Behandlung des Patienten (von innen) in Frage gestellt wird, paranoide Interpretationsfolien ausgebildet, die auf der Handlungsebene Folie-à-deux-Konstellationen produzieren, in denen der Patient beschlagnahmt wird, um Abgrenzungen gegen das feindliche Außen aufrechtzuerhalten. Wird dieser paranoide Prozeß durch die Einführung einer dritten reflexiven Instanz nicht unterbrochen, führt er sowohl auf personeller als auch auf organisatorischer Ebene zu selbstdestruktiven Verhaltensweisen.[2]

Die Teamdynamik während der stationären Behandlung des Patienten ist primär gekennzeichnet durch eine Spaltung zwischen dem ärztlichen und psychologischen Therapeuten. Beide befinden sich, begünstigt durch den Chefarzt, in einer aggressiv aufgeladenen Rivalität. Der Arzt soll die Station »ärztlich«, der Psychologe soll die Station in »psychologischer« Hinsicht durch Überprüfung der Fallkonzeptualisierungen während der Teamkonferenzen leiten. Eine Konfrontation zwischen beiden während einer Teamkonferenz, die sich auf den Patienten bezog – der Psychologe will gemäß seiner formalen Aufgabe wissen, was in seiner Behandlung des Patienten geschieht –, endet damit, daß ihm der Arzt die Aussage verweigert (»Das stört mich ...«). Dementsprechend liegen von ihm auch keine Behandlungsprotokolle vor.

Der Psychologe schaltet in diesen gravierenden Konflikt den Chefarzt ein, der ihn persönlich zu weiteren aggressiven Konfrontationen mit seinem Kollegen auffordert und keine Konsequenzen für die formale Restrukturierung der Teamgruppe zieht. Das hat zur Folge, daß sich der Psychologe latent aggressiv zurückzieht. Er hält den Arzt für nicht kooperationsfähig und will ihn an seinen eigenen Widersprüchen scheitern lassen. Er ist sich insgeheim mit einigen Schwestern einig, die, als B. sich als »Leiter der Station« vorstellte, beschlossen hatten, »daß der, wenn er sich so aufführt, hier nicht weit kommen wird«.

Ein schwerer Konflikt bricht zwischen der dienstältesten Schwester D. (Soziotherapie und Bewegungstherapie) und dem behandelnden Arzt aus, als der Patient während eines Wochenendes in eine Krise gerät, unter schweren Halluzinationen leidet und sich umbringen will. Diese Krise wurde Schwester D. zufolge durch ein Partnergespräch ausgelöst, das der Arzt B. vor Beginn des Wochenendes ohne Rücksprache mit ihr anberaumte und in dem es darum ging, daß die Trennung zwischen dem Patienten und seiner Frau entgegen der Einschätzung der Oberärztin K. vorangetrieben werden sollte. Schwester D. alarmierte den Therapeuten des Notdienstes, der auch für eine Verlegung des Patienten votierte, was aber folgenlos blieb. Am Montag früh hat sie den Eindruck, daß der behandelnde Arzt die Wochenendkrise ignoriert (»Mich nimmt keiner ernst …«). In ihrer Erschöpfung brüllt sie ihn so lange an (»Das geht so nicht weiter!«), bis er ihren Bericht im Übergabebuch liest.

Diese Konfrontation hat eine doppelte Konsequenz. Erstaunlicherweise bietet der Arzt B. Schwester D. die Übernahme der Therapie des Patienten an, was sie *formal* ablehnen muß. *Informal* nimmt sie aber dieses Angebot an, nachdem sie den Patienten in der vom Chefarzt geleiteten Teamkonferenz vorgestellt hatte. In dieser Supervision kommt der Chefarzt zu dem Ergebnis, daß der Patient psychotisch ist. Er fordert das Team auf, besser zusammenzuarbeiten, und gibt Literaturempfehlungen, was folgenlos bleibt. Entscheidend ist seine Einführung eines Triebhydraulikmodells der Psychose, das in der Folge von Schwester D. – informell – in der Behandlungsführung übernommen und durchgesetzt wird. Es besagt, daß der psychotische Prozeß durch einen sexuellen Triebstau erzeugt wird, unter dem das Ich des Patienten zerbricht. Der Chefarzt empfiehlt deshalb schweißtreibende körperliche Aktivitäten, insbesondere ein »Sexualtraining«. Nachdem der Patient letzteres voller Entsetzen verweigert, er fürchtet nämlich, endgültig verrückt zu werden, konzentriert sich Schwester D. nach dieser Supervision des Chefarztes auf körperliche Aktivitäten mit dem Patienten. Sie führt zusätzlich mit ihm sportliche Aktivitäten und Spaziergänge durch (»Zu zweit ... so ... Tempo! Kraft ... Ausschütteln!«). Dabei stellt sie mit dem Patienten, der zuvor noch in die Psychiatrie verlegt werden sollte, eine sehr enge Dualunion her. Sie sagt: »Wir waren so ein Zweiergespann ...«

In der weiteren Behandlung wird sie dieses »Zweiergespann« mit großem Einsatz im Team gegen dazu konträre Behandlungskonzepte vor allem des behandelnden Arztes B. durchsetzen. Das erste ist das *Konzept einer Ich-Forcierung* des behandelnden Arztes. B. will unter dem Druck eines gesetzten Entlassungstermins den Patienten zur Progression zwingen. Er soll sich entscheiden, ob er nach Finnland zurückkehren will oder nicht, und er soll sich außerhalb der Klinik um seine Wohnung kümmern. Gleichzeitig behandelt er den Patienten, wie zwei in der Psychiatrie erfahrene Schwestern unabhängig voneinander bemerken, mit »falschen« Medikamenten in einer unberechenbaren Weise.[3]

Im Gegensatz zum physiologisch verstandenen *Triebhydraulik-Konzept* von Schwester D., das sie vom Chefarzt übernimmt, und dem Konzept der *Ich-Forcierung* des ärztlichen Therapeuten B., das er auf dem Hintergrund einer dazu gegenläufigen Medikationspraxis in seiner Einzeltherapie durchsetzt, verfolgt die ebenfalls alterfahrene Schwester E. ein Konzept tolerierender *Nähe- und Distanzregulierung*.[4] Schwester E. (Soziotherapie und Körpertherapie) kommt mit ihrer Einschätzung des Patienten in schwere aggressiv aufgeladene Konflikte mit dem Arzt B., weil sie den Patienten nicht für entlassungsfähig hält. Für sie war der von B. festgesetzte Entlassungstermin gleichbedeutend mit einem Todesurteil, und folglich wollte sie den Patienten vor dem Druck des Arztes schützen.

In dieser Phase der Behandlung ist die Gruppe der Hilfstherapeuten zu einem engen Bündnis zusammengeschlossen, das den Patienten vor dem ärztlichen Therapeuten, der ihn ja mit drei Sitzungen in der Woche weiterbehandelt, schützen soll. Nach dem Weggang der altgedienten Schwester E. – sie wird krank und kündigt schließlich, weil nicht sie, sondern die wesentlich jüngere Schwester J. vom

Chefarzt zur Stationsschwester ernannt wurde – entfaltet sich die Endphase der Behandlung. Sie ist dadurch charakterisiert, daß Schwester D. zunehmend die Behandlung des Patienten im Sinne des Hydraulikkonzepts übernimmt, während der Arzt B., soweit sich rekonstruieren läßt, durch die Setzung eines Entlassungstermins vor dem Hintergrund einer umstrittenen Medikation seine Ich-Forcierungsstrategie verfolgt, die allerdings im Pflegeteam aufgrund der Verschlechterung des Zustandes des Patienten immer weniger Unterstützung findet.

Schwester D. mobilisiert vor allem die jüngeren Schwestern F., G., H. und I. zu therapeutischen Sondereinsätzen (Sporttraining, Spaziergänge, intensivierte Sozialtherapie zur Einrichtung seiner Wohnung und Ordnung seiner Bewerbungsunterlagen etc., zusätzliche Stunden Bewegungstherapie). So hartnäckig D. ihre Strategie autoritär durchsetzt, um so mehr resignieren die untergebenen Schwestern. Sie sind erschöpft und reagieren paranoid (»Hier werden geheime Listen angefertigt ...«; »Wir werden abgehört ...«) oder mit Rückzug und wollen kündigen (»Auf einmal so absolute Zweifel. Was soll das hier? ... so die ganze Station ... was war das für eine Therapie, oder was läuft hier eigentlich, was ist das für ein Arbeitsplatz, wo bist du?«). Die Teamgruppe konstelliert sich in dieser Endphase der Behandlung als eine »Kampf- und Fluchtgruppe« (Bion, 1974). Schwester D. und in ihrem Schatten Schwester J. setzen in Identifikation mit dem (idealisierten) Chefarzt L. eine therapeutische Einkreisungsstrategie des Patienten durch (Kampf), die zunehmend zum Scheitern verurteilt ist und welche die statusmäßig unterlegenen Schwestern in die Resignation, zu innerem Rückzug oder zur Kündigung (Flucht) treibt.

In der Fluchtfraktion des Teams glaubt man nicht, daß der Patient eine Entscheidung für die Rückkehr nach Finnland getroffen hat und entsprechende Vorbereitungen treffen kann. Dort ist man der Auffassung, daß Herr X. ein Psychiatriepatient ist und nur die Alternative gegeben ist: Selbstmord oder Psychiatrie (z. B. Schwester I. und Schwester H.). Diese Einschätzung konnten die jungen Schwestern wegen vor allem von Schwester D. inszenierten »Degradierungszeremonien« (Garfinkel, 1974) während der Teamkonferenz nicht mehr artikulieren, zumal man dort den Patienten offensichtlich aufgegeben hatte (»Ach der, wir können's fast alle nicht

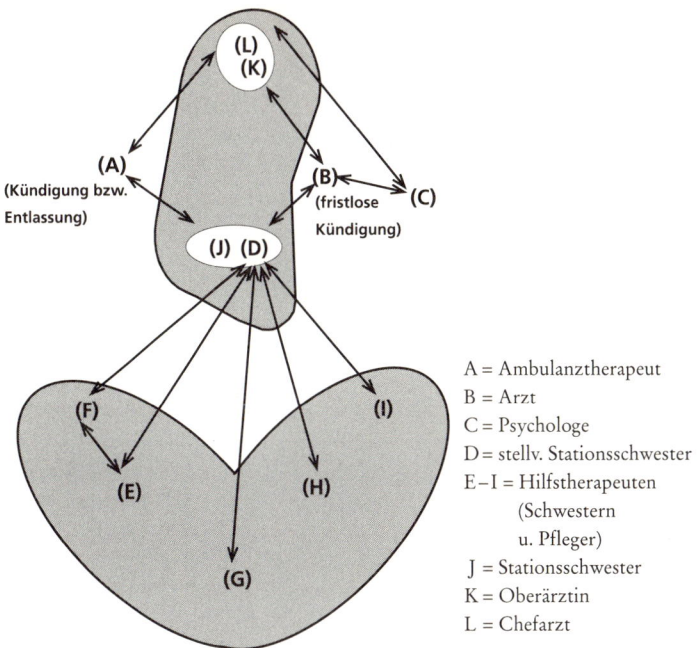

A = Ambulanztherapeut
B = Arzt
C = Psychologe
D = stellv. Stationsschwester
E–I = Hilfstherapeuten
    (Schwestern
    u. Pfleger)
J = Stationsschwester
K = Oberärztin
L = Chefarzt

Abb. 1: Aggressive Dissoziation (↔) und Kohäsive Polarisierung (▬▬) der Teamgruppe

mehr hören! … Ach, schon wieder der Herr X., der quält uns!«; Schwester H.). In die Psychiatrie wurde der Patient von den statushöheren Schwestern der Kampffraktion D. und J. nicht verlegt. Sie hatten die Hoffnung, dem Patienten durch intensivierte therapeutische Maßnahmen helfen zu können. Die statusniedrigen und weisungsgebundenen Hilfstherapeuten G. H., I. und F. erachteten in ihrer informalen, ohnmächtigen Teamgruppierung diese machtvoll durchgesetzten Maßnahmen als völlig sinnlos. Diese Einschätzung konnten sie aufgrund der inzwischen entstandenen Macht-Ohnmacht-Struktur in der Teamkonferenz offiziell nicht mehr artikulieren. Statt dessen erwarteten sie schweigend und passiv den Suizid des Patienten (vgl. zu diesem Phänomen Kind, 1992, S. 193–198). Diese Situation läßt sich wie folgt veranschaulichen:

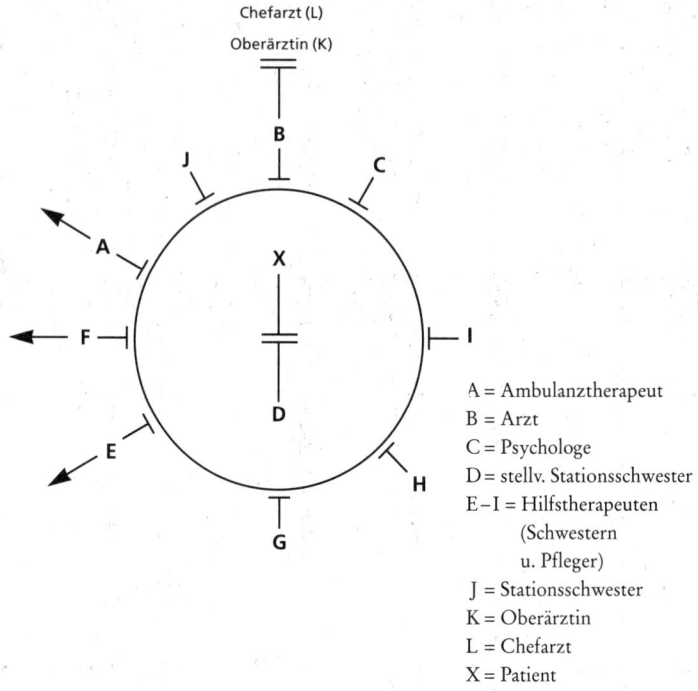

Chefarzt (L)

Oberärztin (K)

A = Ambulanztherapeut
B = Arzt
C = Psychologe
D = stellv. Stationsschwester
E–I = Hilfstherapeuten
(Schwestern
u. Pfleger)
J = Stationsschwester
K = Oberärztin
L = Chefarzt
X = Patient

Abb. 2: Zerstörung aller Dyaden bei gleichzeitiger Einkreisung des Patienten als eine Bedingung des Suizids.

Genau in dieser Situation, während der Endphase der Behandlung, erfolgt die fristlose Entlassung des ärztlichen Therapeuten B. durch den Chefarzt L. Anlaß war die Auseinandersetzung um eine Privatpatientin, in deren Verlauf B. eine umstrittene Anweisung von L. verweigerte.

Auf der Station hatte das zur Folge, daß die durch die dissoziierte Teamgruppendynamik zunehmend geschwächte *formale* Behandlungsführung des Patienten nun endgültig zerstört war. Schwester D., die bislang informal die Leitung der Behandlung übernommen hatte, ist jetzt faktisch endgültig leitende Therapeutin des

Patienten. Sie übernimmt die Ich-Forcierungsstrategie vom ausgeschiedenen Therapeuten B., indem sie gegenüber der Strategie der von dem Triebhydraulikmodell angeleiteten Intensivbetreuung des Patienten abrückt und Anweisungen gibt, dem Patienten mehr Selbständigkeit abzufordern. Sie meint nun plötzlich, daß der Patient »uns quält«, und gibt den jüngeren Schwestern die Anweisung, sich nicht mehr wie bisher in engagierter Weise für den Patienten einzusetzen, sondern sich von ihm mehr zu distanzieren. Der Patient gerät daraufhin in eine schwere suizidale Krise und will ein weiteres Mal in die geschlossene psychiatrische Abteilung verlegt werden. Der Patient wird aber wie bisher weiter auf der Station gehalten und bringt sich einen Tag nach seiner letzten vergeblichen Bitte um Verlegung in eine geschlossene Abteilung auf eine grausame Weise um. Er kann nur noch über seine Kleidungsstücke identifiziert werden.

Der Suizid ereignete sich, als die letzte Beziehung in dem aggressiv dissoziierten Team, die den Patienten noch hätte halten können, nämlich zu Schwester D., verlorenging.

Erstaunlich sind zwei Phänomene: 1) offensichtlich haben letztlich *alle* Teammitglieder – auch Schwester D. – den Suizid des Patienten, ohne das im Team klar artikulieren zu können, für sich »privat« mehr oder weniger bewußt erwartet, und 2) erscheint der Suizid als eine Bedingung, ja als ein Opfer dafür, daß die offene Kommunikation, die in der Konzeption der Behandlung des Patienten durch ein »integriertes Team« grundsätzlich vorausgesetzt wird und die im Verlauf der Behandlung verlorengegangen war, wiederhergestellt werden konnte. Einen katalysatorischen Effekt hatte für das Team die Teilnahme an der Interviewstudie. Die Studie selbst hatte dabei aber die latente Funktion einer »stellvertretenden Leitung«. Der Chefarzt entzog sich einer Konfrontation mit dem Team und setzte statt dessen einen Forscher mit Beratungsauftrag ein. Eine andere Folge der Studie war, daß die Leitungsstruktur der Station verändert wurde.

V.

Diese Behandlung ist nicht aus einem wie immer gearteten persönlichen »Triebschicksal« des Patienten, sondern aufgrund der Auswirkungen eines destruktiven Zusammenhangs von Klinikorganisation, Führungsstil und Teamdynamik gescheitert.[5]

1) Das psychoanalytisch orientierte Konzept der Behandlung des Patienten durch ein integriertes multiprofessionelles Team war zwar strukturell (formal) durch einen aufwendigen Stellenplan gewährleistet, es wurde aber prozessual keinesfalls konsequent befolgt und realisiert. Informal übernahm letztlich eine nicht professionalisierte Psychotherapie-Schwester die Leitung der Behandlung des Patienten, und das ohne eine klare, wissenschaftlich begründete Behandlungskonzeption und ohne einen legitimen kooperativen Rückhalt in der Teamgruppe.

2) Die informale Übernahme der Behandlungsleitung durch therapeutisches Hilfspersonal ist in diesem Fall durch ein professionelles Führungsdefizit des Chefarztes begründet (vgl. Berlin, 1970). Sie wird im wechselvollen Verlauf der Behandlung nicht durch die formalen Kontrollfunktionen der Oberärztin kompensiert, die sich ebenfalls wie der Leiter aus der Behandlungsführung zurückzieht. Offensichtlich war die Oberärztin psychiatrisch nicht professionalisiert. Es gibt keine wirksamen, die Teamgruppe integrierenden und die Professionalität der Behandlung garantierenden Kontrollfunktionen. Die Supervisionen des Chefarztes blieben folgenlos. Seine Empfehlungen als ärztlich verantwortlicher Leiter der Therapie werden nicht überprüft (psychotische Entwicklung, »hydraulische« Entlastungstherapie, gegebenenfalls Verlegung des Patienten in eine geschlossene psychiatrische Abteilung).

Die formale Führungsschwäche des Chefarztes (einschließlich Oberärztin) ist in diesem Fall gepaart mit einer machtorientierten Personalpolitik, die in keinem Falle die Auswirkungen auf die formalen Erfordernisse der klinischen Krankenbehandlung berücksichtigt hat (Kündigung des Ambulanztherapeuten A. und des ärztlichen Therapeuten B.; Besetzung der leitenden Stationsschwester, die zur vorhersagbaren Kündigung der erfahrenen Schwester E. führt). Für den Patienten führt das im Rahmen der Klinik zu drei aufeinanderfolgenden Objektverlusten, die seine Pathologie in traumatischer

Weise aktiviert, statt sie zu heilen. Die durch den machtorientierten Führungsstil des Chefarztes erzeugte hohe äußere (und innere) Personalfluktuation erlaubte zum einen keine solide Entwicklung und zusätzliche Professionalisierung des therapeutischen Personals und unterminierte damit sowohl die Entwicklung einer stabilen klinischen Organisationskultur als auch die Aufrechterhaltung eines stabilen Rahmens (Bleger, 1966; Stone, 1973), der für das psychoanalytisch begründete stationäre Organisationsmodell der Behandlung durch ein integriertes Team grundlegend vorausgesetzt werden muß und für die analytische Therapie des Patienten dringend notwendig gewesen wäre.

Der Patient litt unter einer durch den Verlust seiner Ehefrau ausgelösten schweren Depression, die in dem Maße, wie sich die Aggressivität gegenüber dem nicht mehr zurückholbaren Objekt steigerte, psychotische Züge erhielt. Diese Entwicklung ist vor dem biographischen Hintergrund einer unbewußt bestehenden und durch die frühe, lebensbedrohende Krankheit forcierte enge Bindung an die Mutter zu verstehen. Die analytische Bearbeitung dieses basalen Konflikts hätte die Entfaltung und Aufrechterhaltung einer stabilen Selbstobjekt-Übertragung (Kohut, 1973) erfordert, die in *erster* Linie notwendig gewesen wäre. In dem vorliegenden Fall waren die hierzu notwendigen organisatorischen und personellen Voraussetzungen nicht gegeben. Der Führungsstil der Klinikleitung war insofern (selbst-)destruktiv, als er die organisatorischen Voraussetzungen für das offiziell formal vertretene psychoanalytisch orientierte Behandlungskonzept in der Klinik durch eine unreflektierte Personalpolitik und durch eine mangelnde Kontrolle der Behandlungsführung *selbst* konsequent zerstörte.

3) Diese doppelte Führungsschwäche der Klinikleitung hat zur Folge, daß die Arbeitsgruppe des *formal* »integrierten Teams« *informal* zu einer Kampf-Flucht-Grundannahmengruppe regrediert. Auf dieser archaischen Stufe kann das therapeutische Team nicht mehr im Sinne des formalen Organisationszwecks (effiziente Krankenbehandlung) operieren. Die Sprachfähigkeit des Teams ist durch paranoid-schizoide Vorgänge schwer beeinträchtigt. Seine Deutungsmacht ist zerstört. Das Team befindet sich *selbst* aufgrund der organisatorischen und professionellen Führungsschwäche in einem psychotisch-dissoziativen Prozeß und »spiegelt« die Situation des

Patienten, ohne sie aber in einem therapeutischen Sinne strukturieren zu können (vgl. Deutschmann, 1994).

4) Die gegenüber der formalen Klinikorganisation informale Organisation ist durch eine paranoid eingefärbte mythische Größenphantasie eines »omnipotenten psychoanalytischen Teams« begründet, das gegenüber dem »Feind« der traditionellen Psychiatrie sich mit allen Mitteln selbst in seinem Bestand (»systemrational«) erhalten will. Der Patient darf *deshalb*, trotz insgesamt neun rekonstruierbarer Optionen für eine Überweisung in die geschlossene psychiatrische Abteilung, nicht verlegt werden. Ausschlaggebend ist die Identifikation von Schwester D., aber wohl auch von Therapeut B. mit dem psychoanalytischen Charisma des Chefarztes, mit dem gleichursprünglich ein Paranoid verknüpft ist. Der Patient wurde benutzt, um das Paranoid »Psychiatrie« im Einklang mit der Führungsideologie der Klinik zu bekämpfen. Das führte im Team zu Folie-à-deux-Konstellationen und den der Paranoia zugehörigen Maschinenphantasien (Anzieu, 1984, S. 188; vgl. Tausk, 1919).

Der Patient wurde in exklusiv dyadischer Weise mit »privaten« Rettungsphantasien der therapeutischen Mitarbeiter eingekreist, gemäß ihren dynamischen Konfliktpositionen in der Teamgruppe »zerrissen« und letztlich bei einer fortbestehenden Überbindung fallengelassen. Das gesamte Team wußte, daß der Selbstmord des Patienten bevorsteht, jedes Teammitglied hatte aber das *Gefühl*, daß der konsequente Ablauf der (selbst-)destruktiven Klinikmaschinerie nicht mehr aufzuhalten ist. Der Selbstmord des Patienten wirkt als eine »Erleichterung« angesichts der Bestätigung dieses Phantasmas. Man hat den Eindruck, daß sich der Patient für das Team »geopfert« hat, weil erst nach dessen Tod das Team wieder offen kommunizieren konnte.

5) Der Patient war in der Übertragung auf narzißtische Selbstobjekt-Beziehungen angewiesen (vgl. Kohut, 1973), die ihm in engagierter Weise zwar auch *im Rahmen* der Klinik zur Verfügung gestellt, aber *nicht konsequent so auf Dauer* gestellt werden konnten, daß die Selbstobjekt-Differenzierungen und die mit ihnen verbundenen Aggressionsprobleme konsequent hätten bearbeitet werden können (vgl. Schöttler, 1981; Trimborn, 1983). Hinzu kam, daß durch die Dissoziationseffekte im Team, die durch die Führungsschwäche der Leitung bedingt waren, die in den verschiedenen the-

rapeutischen Beziehungen vorhandenen Selbstobjekt-Übertragungen kurzfristig immer wieder *zerstört* wurden. Der mehrfach geäußerte Wunsch des Patienten, in eine geschlossene Abteilung verlegt zu werden, war der Ausdruck seines Wunsches nach einem (endlich) stabilen Selbstobjekt, das ihm aber im Rahmen der Station verweigert wurde.

6) Soll eine Klinik sich nicht dahingehend pervertieren, daß der Patient *für* die Klinik dazusein hat (Rhode, 1974; Siegrist, 1978) und soll verhindert werden, daß die Klinikbehandlung zu einem bloßen »narzißtischen Theater« (Volk, 1980) degeneriert, ist es unerläßlich, daß die Leitung sich verantwortlich auf dem höchstmöglichen Niveau von Professionalität bewegt und sich in schwierigen Fällen (wie z. B. in dem vorliegenden) besonders in organisatorischen und personalpolitischen Entscheidungen persönlich beraten läßt. Im Fall des Modells, das die Behandlung des Patienten durch ein »integriertes Team« vorsieht, besteht eine adäquate Beratung der Leitung in der Einrichtung einer regelmäßigen Teamsupervision, die von einem *externen* Professionellen durchgeführt wird. Er übernimmt die Funktion der »stellvertretenden Leitung« und der »stellvertretenden Deutung« (Wolf, 1995). Dadurch ist gewährleistet, daß die soziale Machthierarchie von Entscheidungsbefugnissen in der Klinikorganisation strikt an Kriterien der Professionalität gebunden sind, die dann für alle Mitarbeiter des Behandlungsteams überprüfbar und nachvollziehbar werden. Wie immer der Leiter einer Organisation zu einer externen professionellen Beratung stehen mag, er kann letztlich ein Kriterium nicht um den Preis der Selbstzerstörung übergehen: daß er seine von ihm beherrschte Organisation nicht als eine ihm äußerliche zweckrationale Maschine in Gang setzt und sich, mit den Konsequenzen der Selbstzerstörung, selbst überläßt, sondern diese durch seine persönliche Präsenz und Professionalität nicht nur belebt, sondern auch kompetent und umsichtig strukturiert.

Anmerkungen

1. Ein typisches Beispiel hierfür ist der »Dienst nach Vorschrift«. Indem alle »informalen« Handlungen eingestellt werden und strikt nur noch »formal« gehandelt wird, kann z. B. in einer Organisation Macht zur Durchsetzung eigener Interessen ausgeübt werden. Luhmann (1964) diskutiert dieses Problem auch unter dem Titel der »brauchbaren Illegalität«.

2. Vgl. Kets de Vries (1980) »Leadership and paranoia« (S. 68–83, vor allem S. 80) und »Folie à deux« (S. 84–105). Kets de Vries illustriert den Zusammenhang von Paranoia und Folie à deux eindrucksvoll in einer Analyse der Gruppendynamik im Berliner Führerbunker während der letzten Tage vor der bedingungslosen Kapitulation. Er macht auch deutlich, daß diese Dynamik, wenn sie nicht bewußtseinsfähig gemacht werden kann, in der Destruktion sowohl der beteiligten Personen (z. B. Suizid) als auch der Organisation als solcher endet.

3. Schwester E. z. B.: »Aber jedes Medikament tut doch im Körper 'nen Pegel … und den muß man halten, den kann man nicht einmal hoch und einmal runter … Körperlich macht einen das ja fix und fertig, nicht?«–»… er ist ja mit Neuroleptika behandelt worden, mit Truxal und Haldol, daß die allein ja auch Depressionen machen können, die dämpfen ab, und äh … Neuroleptika … genausogut auch Depressionen machen können, die dämpfen ab, und äh … Neuroleptika … genausogut wahnhafte Zustände produzieren können. Und ich hab' das eigentlich kontraindiziert gesehen, nicht Medikamente als solche, aber diese Medikamente.«

4. »Also, ich würde sagen, der Mann war schizophren … das Schizophrene … daß die Leute nur zu einem bestimmten Zeitpunkt einen … verlassen, ja, und wenn diese Schizophrenie ein Stück weit wieder abgebaut ist, weil sie ein Stück realer sind, dann kann ich's anpacken. Aber da muß ich ganz vorsichtig sein.«

5. Als ich die ungekürzte Fassung der Studie dem Leiter einer Klinik vorlegte, reagierte er mit der Bemerkung, daß die Behandlung von vornherein gescheitert und *deshalb* eine weitere Beschäftigung mit dem Fall, gar eine Publikation, völlig sinnlos oder für das Ansehen der stationären Psychotherapie sogar schädlich sei. Zum einen gibt es in der ärztlichen Therapie die Möglichkeit, Mängel und fehlerhaftes Handeln des Arztes über den Mechanismus des Kunstfehlers in sozialer Hinsicht zu »normalisieren« und zu »veralltäglichen« (Troschke, 1983; Mallach et al., 1993; Cyran, 1992). Eine andere Form der Eliminierung praktischer Lebenswelten (Husserl, 1987) aus der wissenschaftlichen Forschung stellt die akademische Psychologie und Soziologie bereit, indem sie Einzelfallstudien gemessen an dem Ideal einer experimentellen Forschungsmethodologie als nicht wissenschaftsfähig

ausscheiden (z. B. Dörner u. Lautermann, 1990). Erst in jüngster Zeit wird eine Forschungsmethodologie, die auf Strukturen und Prozesse des Einzelfalls bezogen ist, die im Sinne einer »Fallgesetzlichkeit« generalisierbar sind, diskutiert (Jüttemann, 1990; Leuzinger-Bohleber, 1995; Meyer, 1993; Oevermann, 1993). Besonders für die *klinische* Forschung ist diese Methodologie vielversprechend, da die akademische Psychologie in diesem komplexen Praxisfeld offensichtlich überfordert ist (Strauss, 1992).

2. Teil

Johann August Schülein

Der Institutionsbegriff und seine praktische Relevanz

Zum Thema

Die Überschrift dieses Aufsatzes berührt ein heikles Kapitel sozial-wissenschaftlicher Erkenntnis. Denn eine unmittelbare praktische Relevanz haben sozialwissenschaftliche Theorien prinzipiell nicht – wenn man unter »praktisch« versteht, daß Theorien Instrumente liefern, mit denen reale Problemstellungen direkt und eindeutig bewältigbar sind. Dies liegt in der Sache selbst. Um sich dies klarzumachen, ist ein kurzer Blick auf das Verhältnis von Gegenstand und Erkenntnisprozeß im Bereich der Sozialwissenschaften erforderlich (der in diesem Rahmen naturgemäß extrem kurz ausfällt).

Zu den besonderen Merkmalen sozialer Realität gehört, daß sie nicht als »Fertigprodukt« gegeben ist, sondern sich entwickelt, wobei permanent unvorhersehbar Neues entsteht. Das heißt: Es gibt immer *Alternativen*, aus denen bestimmte Möglichkeiten im Prozeß der Entwicklung ausgewählt werden, während andere nicht realisiert (oder unterdrückt) werden. Und entwickelt sich nicht gleich, sondern stets auf verschiedene Weise, immer als etwas *Besonderes*. Deshalb ist keine soziale Situation mit anderen identisch, keine Gesellschaft wie eine andere. Außerdem ist soziale Realität *heterogen* und *widersprüchlich*. Sie operiert mit verschiedenen Modalitäten, die teils ähnliche, teils verschiedene Effekte haben (können): Handlungen können beispielsweise durch Überzeugung, Gewohnheit, sozialen Druck (und durch alles zugleich) zustande kommen. Außerdem steht ein bestimmter Sachverhalt zugleich in verschiedenen Sinnzusammenhängen – nicht nur insofern, als dem einen sin Uhl dem anderen sin Nachtigall ist. Denn ein Ereignis kann in einem heterogenen Kontext verschiedene Funktionen (potentiell oder real) haben. Deshalb kann eine individuelle oder eine soziale Krise zugleich eine Chance sein.

Sie kann, muß aber nicht. Es gibt keine vollständig determinierten sozialen Prozesse, weil das Zusammenspiel verschiedener eigendynamischer Faktoren eine Eigendynamik erzeugt, die ihre Bedingungen und Strukturen ständig aufs neue erzeugt und verändert. Schon diese wenigen Hinweise verdeutlichen, worin die besonderen Probleme sozialwissenschaftlicher Theoriebildung liegen. Ein solcher Gegenstand, der zugleich determiniert und offen, einheitlich und widersprüchlich, gleich und verschieden ist, entzieht sich einer eindeutigen theoretischen Rekonstruktion. Unveränderliche, gesetzmäßige Sachverhalte lassen sich durch Abstraktion auf Algorithmen reduzieren, in denen ihre Logik ohne Verlust erfaßt wird. Theorien sozialer Prozesse leiden an dem unlösbaren Dilemma, daß in jedem konkreten Fall die allgemeine Logik auf besondere Weise variiert wird, so daß weder aus dem Allgemeinen auf das Besondere noch aus dem Prinzip des Besonderen unmittelbar auf das Allgemeine geschlossen werden kann.

Dies bedeutet für Theorien, daß sie nicht mit definitiven logischen Algorithmen operieren können, sondern sich letztlich auf Interpretationsmodelle und -angebote beschränken müssen, die jeweils »vor Ort« konkretisiert, zusammengestellt, übersetzt werden müssen. Dieser *Anwendungsprozeß* muß offen bleiben, soll er Gegenstandsnähe und Theorie erlauben – aber Offenheit heißt auch: nicht vermeidbares Risiko der Fehlinterpretation und Unmöglichkeit eines definitiven Richtigkeitsnachweises. Dazu kommt als weiteres Problem, daß die verschiedenen Modalitäten, aus denen soziale Realität komponiert ist, nicht mit einer singulären Theorie behandelt werden können, sondern eine größere Zahl verschiedener Thematisierungsformen erlauben und erzwingen. Deshalb gibt es *nicht eine*, sondern *viele* verschiedene sozialwissenschaftliche Theorien, die zwangsläufig andere Perspektiven verwenden und andere Zusammenhänge hervorheben.

Es gibt noch ein weiteres Problem: Sozialwissenschaftliche Theorie bedeutet, daß Erkenntnisgegenstand und erkennendes Subjekt mindestens teilweise identisch sind. Das bedeutet unvermeidlich *wechselseitige Beeinflussung*. Die soziale Realität selbst gibt direkt und indirekt vor, was wie gedacht wird. Umgekehrt wird Wissen zum Teil der Realität. Wo es Alternativen gibt, ist Theorie – Erweiterung des Wissens über die Sache – immer auch eine »Einmischung« in die weitere Entwicklung der Sache selbst, wobei diese Einmischung aus verschiedenen Perspektiven möglich ist. Sozialwissenschaftliche Theorie ist daher zugleich Ausdruck und Beeinflussung sozialer Realität. Das gibt jeder Erkenntnis und jeder Anwendung von Erkenntnissen einen relativen Status – sie ist stets gebunden an bestimmte Voraussetzungen und steht für bestimmte Perspektiven.

Das alles hat zur Folge, daß sozialwissenschaftliche Theorien immer »unscharf« und unzulänglich sind, daß sie der Übersetzung bedürfen. Das gilt auch für die praktischen Ziele, für die sie verwendet werden soll: auch sie sind Teil der Realität, auf die sie sich beziehen, sind unter Umständen widersprüchlich, mischen sich in laufende Prozesse ein und sind daher begründungsbedürftig. Die Frage nach »praktischer Relevanz« führt daher als erstes zur Frage nach der Relevanz der Praxis und den (Hinter-)Gründen der Fragestellung. Von daher ist jede sozialwissenschaftliche Theorie ein Angebot, das zunächst selbst evaluiert werden muß; welches bestimmte Möglichkeiten und Grenzen hat und ausgesucht und ausprobiert werden muß (wobei beides selbst genauer zu bedenken ist). Und man kann von sozialwissenschaftlichen Theorien im Ernst nur eine – im Ergebnis offene – Erweiterung der reflexiven Kompetenz, nicht aber ein definitives »Ergebnis« erwarten.

Zur Entwicklung der Institutionstheorie

Auch die Theorie der Institution ist ein solches Angebot. Es ist entstanden in dem Bemühen um ein Verständnis der Frage, wieso Gesellschaften so sind, wie sie sind, und wie sie sich erhalten. Es sind soziale Institutionen, die das Handeln steuern und kontrollieren, schrieb Emile Durkheim. Aber wie entstehen und wirken sie? Graham Sumner stellte sich ihre Entwicklung so vor: Am Anfang stehen Auseinandersetzungen mit wichtigen Themen, die Menschen im Zusammenleben bearbeiten müssen. Erfolgreiche Bemühungen werden zu Gewohnheiten (habits), die im Lauf der Zeit normativen Charakter bekommen und zu Sitten (mores) werden, bis sie schließlich einen stabilen und zwingenden Orientierungswert haben und Institutionen geworden sind.

Die (vor allem in den USA aktive) Schule der »funktionalistischen« Institutionstheorie (Chapin, Hertzler) knüpfte an den darin enthaltenen Gedanken der Leistung an, die Institutionen für eine Gesellschaft erbringen, und beschäftigte sich ausführlich mit dem Bestand, dem Aufbau, der Entstehung und Entwicklung von Institutionen, die Gesellschaften brauchen.

Arnold Gehlens Institutionstheorie verbindet die allgemeine Vorstellung der Notwendigkeit von Institutionen mit den Erkenntnissen der modernen anthropologischen Forschung. Er beschäftigt sich mit dem doppelten Effekt der repressiven Funktion von Institutionen: Sie zwingen Menschen in festgelegte Muster, was einerseits verhindert, daß willkürliche und erratische Subjektivitätsäußerungen den Bestand von Gesellschaften gefährden, andererseits die Handelnden vom Entwicklungs- und Begründungsaufwand für Handlungen entlastet. Diese Entlastung ist für Gehlen wiederum die Bedingung für kulturelle Hochleistungen. Entsprechend ist Gehlens Konzept »konservativ«, es betont immer wieder die Notwendigkeit stabiler, bindender Institutionen. Genau umgekehrt argumentieren die institutionskritischen Ansätze (etwa die »analyse institutionnelle« von Georges Lapassade): Für sie sind es die gesellschaftlichen Institutionen, welche die Menschen in ihrer Entwicklung im Interesse der Aufrechterhaltung von Herrschaft bzw. eines problematischen Stautus quo unterdrücken und deformieren.

Die institutionstheoretischen Diskussionen sind in letzter Zeit ziemlich zum Erliegen gekommen. Die funktionalistische Theorie kam letztlich über Bestandsaufnahmen nicht hinaus, während Gehlens Ansatz wie auch der seiner Widersacher im Sog der politischen Auseinandersetzungen wenig Möglichkeiten zur Weiterentwicklung hatten. Das heißt nicht, daß ihre Möglichkeiten erschöpft wären. Es bedarf jedoch zusätzlicher Überlegungen, um die Theorie der Institution zu einer produktiven Perspektive werden zu lassen. In Stichworten könnte ein solches Programm so aussehen:
– Zunächst muß der Begriff »Institution« abstrakter gefaßt werden. Das heißt: Institutionen müssen als *stabile Relation* in einem *dynamischen* und *kontingenten Prozeß* verstanden werden, als eine nicht selbstverständliche Fest-Stellung von Realität angesichts von Alternativen und Veränderungen. Sie erbringen bestimmte Leistungen – die den Fluß der Realität steuern – und verursachen

»Kosten« (d. h.: sie sind Resultat von vorausgehenden konstitutiven Prozessen und setzen bestimmte Bedingungen voraus). Das bedeutet nicht reibungsloses Funktionieren, sondern zunächst nur eine sinnvolle (wie immer komplexe und widersprüchliche) Beziehung zum Status quo bei gleichzeitiger Distanz. Institutionen sind, so gesehen, zugleich Produkt von Entwicklungen und Modus ihrer Steuerung.

– Zugleich ist zu bedenken, daß Institutionen stets auf einen spezifischen *Kontext* bezogen werden müssen. Sie existieren nicht »an sich«, sondern nur »bezogen auf«: Erst durch die *Bezugsperspektive* wird definierbar, was institutionellen Status hat. Da soziale Realität eine *multiple Struktur* hat und *verschiedene Ebenen* einschließt, gibt es entsprechend nur jeweils kontext- und ebenenspezifische Institutionen – was innerhalb der Pädagogik als Institution fungiert, ist für die Wirtschaft deshalb noch lange keine; was auf der Ebene der Interaktion institutionellen Charakter hat (wie etwa Formen der Höflichkeit), ist makrosozial keine Institution. Gleichzeitig müssen Institutionen als Plural, im Kontext von anderen Institutionen gesehen werden, auf die sie verweisen, für die sie ihre Leistungen erbringen und die für sie Leistungen erbringen.

Allerdings lassen sich unabhängig vom Kontext allgemeine institutionstheoretische Perspektiven entwickeln, die sich auf Entstehung und Entwicklung, Struktur und Dynamik von Institutionen aller Art beziehen. Die folgenden Überlegungen beziehen sich auf diese allgemeinen Perspektiven, wobei sich die Argumente auf die Ebene der sozialen Organisation konzentrieren.

Institutionstheoretische Perspektiven

Genese und Kontext von Institutionen

Als erstes stellt sich die Frage, warum und wie es zur Entstehung von Institutionen kommt. Diese Frage hat zwei wichtige Dimensionen. Die eine betrifft den *»sozialen Bedarf«*, die andere die *»sozialen Ressourcen«*. Hinter der Entstehung von Institutionen stehen immer Probleme, die behandelt werden müssen. Wenn es soziale »Fragen« gibt, entstehen auch soziale »Antworten« auf diese Fragen, zumindest dann, wenn es sich um ein hinreichend relevantes und real auftretendes Thema handelt. Wo also geklärt werden muß, wie beispielsweise erwirtschaftete Güter verteilt werden, entsteht ein Verteilungssystem. Wie ein solches Verteilungssystem aussieht, hängt nicht zuletzt davon ab, welche Möglichkeiten zur Verfügung stehen. Damit sind vor allem die im Kontext vorhandenen sozialen Ressourcen angesprochen – wenn man so will: die wirksamen Institutionen des Kontextes. In einer Klassengesellschaft, in der alle Themen hierarchisiert werden, erfolgt unvermeidlich auch die Verteilung von Gütern nach klassenspezifischen Kriterien (weil andere soziale Modi nicht zur Verfügung stehen).

Bedarf und Ressourcen definieren die Konstitutionsbedingungen von Institutionen. Das Zusammenspiel von beiden hat selektive, aber auch produktive Aspekte; sie begrenzen sich gegenseitig, stimulieren sich aber auch. Ein hohes Maß an verfügbaren Ressourcen führt unter Umständen zur Entwicklung von nicht unbedingt »notwendigen« Institutionen, während hoher Problemdruck einen kreativen Umgang mit den verfügbaren Ressourcen zur Folge haben kann.

Zu bedenken ist dabei, daß ein sozialer Bedarf weder eindeutig definiert noch widerspruchsfrei sein muß, daß er zudem überhaupt nicht in der Sprache humaner Bedürfnisse formuliert sein muß. Die Institutionalisierung eines Verteilungssystems der erwirtschafteten Güter wird zwar von den handelnden Akteuren beeinflußt, aber deren Einflüsse zielen in sehr verschiedene Richtungen (was auch für die vorhandenen Ressourcen gilt). Hinter den Intentionen der Akteure stehen abstraktere soziale Strukturen, die durch sie und über sie hinweg wirksam sind. Außerdem geht es unter Umständen nicht nur um *ein* Thema, sondern um *viele*, die direkt oder indirekt mitthematisiert werden – neben der Güterverteilung auch um Machtverhältnisse, um soziales Prestige, um ideologische Themen usw. Das alles mischt sich ein und wirkt sich aus. Von daher ist es eine idealisierende Abstraktion, wenn man von einem (isolierten) Thema von Institutionen ausgeht.

Niveau der Institutionalisierung

Bedarf und Ressourcen bilden den konfigurativen Hintergrund der Institutionalisierung. Dabei steht jedoch ein (mehr oder weniger breites) *Spektrum an Möglichkeiten* zur Verfügung, die sich nicht nur nach ihrer Form, sondern auch nach ihrem *Niveau* unterscheiden. Institutionalisierung kann minimalen Anforderungen entsprechen, aber auch weitaus differenzierter erfolgen. Dieses Spektrum der Institutionalisierung wird insgesamt bestimmt durch den Kontext und ist daher stets relativ: Eine »liberale« Form der Erziehung aus dem 19. Jahrhundert würde heute als ausgesprochen autoritär eingeschätzt.

Das bedeutet, daß es im Funktionsniveau von Institutionen Schwankungen geben, daß es zu Veränderungen kommen kann. Es gibt Alternativen, die sozusagen bereitstehen, um ein gegebenes Funktionsniveau zu »ersetzen«, Alternativen in Form und Niveau der Institution, aber auch alternative Institutionen. Deinstitutionalisierung heißt daher immer auch Institutionalisierung: Etwas anderes tritt an die Stelle – mit anderen Leistungen und anderen Kosten. Wo Demokratie nicht (mehr) funktioniert, etablieren sich autokratische Entscheidungsformen und die damit verbundenen Konsequenzen.

Dabei gibt es so etwas wie eine untere Grenze, bis zu der das Funktionieren der Institution reicht. Es lassen sich beispielsweise unabdingbare Kriterien für ein demokratisches Steuerungssystem benennen. Wenn der politische Prozeß keine Beteiligung der Betroffenen an Entscheidungen mehr einschließt, kann von Demokratie keine Rede mehr sein. Auf der anderen Seite können demokratische Formen der Politik auf sehr verschiedene Weise und in erheblichem Umfang ausgebaut, ausgeweitet, weiterentwickelt werden – nach oben ergeben sich Grenzen eher dadurch, daß die »Kosten« zu groß werden und / oder zu viele Widersprüche und Folgeprobleme auftreten. Je nach Relevanz der Institution wird dadurch auch der Kontext verändert. Wenn der politische Prozeß einer Gesellschaft nicht mehr demokratisch strukturiert ist, kann auch von einer »demokratischen« Gesellschaft nicht mehr die Rede sein. Mit dem Unterschreiten des Minimalniveaus demokratischer Politik ändert sich die Gesellschaft qualitativ.

Für jeden sozialen Kontext gilt dabei, daß er ein bestimmtes Minimalniveau von Institutionalisierung sowohl definiert als auch erzeugt. Diese »*Primärinstitution*« steht sozusagen ohne Vorbedingung zur Verfügung und entspricht dem, was das dominante Strukturierungsprinzip ohne weiteres enthält. Übertragen auf das Thema Politik wäre der Einsatz von Macht und Gewalt ein solcher primärer Entscheidungsmechanismus, der immer und überall greift, wo andere Institutionen nicht bestehen. Macht und Gewalt sind zwar nicht voraussetzungslos, aber sie funktionieren bedingungslos – allerding mit entsprechenden Risiken und Kosten. Dagegen sind »*Sekundärinstitutionen*« – Institutionen mit differenziertem Leistungsvermögen – voraussetzungsvoll, verlangen die Entwicklung und Aufrechterhaltung von bestimmten inneren wie äußeren Strukturen, sind krisenanfällig usw. Bildlich ausgedrückt: Eine Wiese entsteht »von selbst«, ein »englischer Rasen« verlangt dagegen dauernde Pflege (dafür kann man auf ihm aber auch Golf spielen).

Entwicklung von Institutionen

Institutionen sind auf jeder Ebene sozialer Realität nicht einfach gegeben, sondern sie befinden sich in Entwicklung. Auch wenn sie für Kontinuität und Stabilität stehen, wäre es falsch, sie nur als fertige Produkte zu sehen. Sie entstehen und entwickeln sich im Austausch mit ihrem Kontext ständig weiter.

Man kann versuchen, die Entwicklung von Institutionen zu charakterisieren. Dafür gibt es eine Fülle von Modellvorstellungen. Sie alle versuchen, fortschreitende Stabilisierung zu erläutern. Daran anknüpfend, könnte man versuchen, unterschiedliche Phasen der Institutionsentwicklung zu unterscheiden, zu denen ein jeweils unterschiedliches Leistungs- und Problemprofil gehört.

Danach beginnt Institutionsentwicklung mit einer *Generierungsphase*. Sie ist dadurch gekennzeichnet, daß in jeder Hinsicht Vorläufigkeit, Labilität und Improvisation dominieren. Dies zeigt sich etwa bei einer neugegründeten Firma, aber auch bei der Entstehung von Theorien und Ideologien. Zunächst stehen nur primitive Modi der Themenbearbeitung und der Selbstorganisation zur Verfügung. Soweit die Institution von handelnden Akteuren getragen wird, dominiert der Typus des »Pioniers«. Attraktiv sind entstehende Institutionen vor allem für Akteure, die in bestehenden Kontexten nicht vollständig gebunden und daher offen für Neuerungen sind. Dieser Typus hat (dafür) keine »Fachausbildung«, ist eher Einzelkämpfer mit einer gewissen Exzentrik und arbeitet mit wenig elaborierten Mitteln. Es dominiert die Problematik, die entstehende Institution (die Firma, die Theorie, die soziale Bewegung) zu definieren, abzugrenzen und gegen den erodierenden Sog des Kontextes durchzusetzen. Daher dominieren primäre Stabilisierungsmechanismen (wie etwa ein hohes Maß an Identifikation), während formale Strukturen noch unterentwickelt sind. Das Thema ist zugleich grob schematisiert und unscharf, bietet dadurch viel Abgrenzungs-, aber auch Definitionsmöglichkeiten.

Wenn Institutionen diese Phase überstehen und sich erfolgreich im Kontext etablieren, ändern sich innere wie äußere Verhältnisse. Eine junge und erfolgreiche Bewegung beispielsweise zieht Aufmerksamkeit auf sich, wird attraktiv, weil sie noch den Status des Neuen (und noch nicht den des Normalen) hat, und zieht eine ganze Reihe von Sekundärinteressen auf sich. Das kann in einer Bewegung oder Organisation so etwas wie Goldgräberstimmung auslösen. So stoßen in dieser *Expansions- und Konsolidierungsphase* zu einer sozialen Bewegung aus allen Richtungen dynamische Akteure, aber auch Abenteurer aller Art. In dieser Phase verdichten sich die Aktivitäten, das Paradigma expandiert nach allen Seiten, während sich zugleich ein stabiler Kern herausbildet. Die soziale Struktur einer Bewegung stabilisiert sich, es kommt beispielsweise zu geordneten Formen der Kommunikation, zur Herausbildung von Binnenstruktur und geregelten Abläufen usw.

Diese Phase mündet in einen Prozeß der *Normalisierung*. Das bedeutet vor allem, daß die Institution einerseits in den Kontext stabil integriert ist, daß sie andererseits im »Normalbetrieb« läuft. Damit werden etwa in sozialen Bewegungen die Typen der vorherigen Phasen abgelöst durch den Typus des Mitglieds mit einer Art von Normalbiographie, mit geregelter Ausbildung und wohldefinierter Position. Der institutionelle Prozeß ist klar definiert und abgegrenzt, funktioniert auf der Basis von elaborierter Organisation und Routine – darin haben Pioniere keinen Platz (mehr), während er für Abenteurer nicht attraktiv ist. In Normalinstitutionen kann das

Paradigma in seinen Möglichkeiten besser realisiert werden, aber auch seine Grenzen werden besser sichtbar.

Kein Normalzustand ist von endloser Dauer. Normalzustand heißt deshalb *permanente Neuakkomodation und -assimilation*, d. h.: Der Wandel ist das Normale. Daher oszillieren Institutionen um einen (fiktiven) Normalzustand, wobei diese Schwankungen auch davon abhängen, welche Eigendynamik äußere Verhältnisse und der innere Prozeß zur Folge haben. Dabei sind zwei Möglichkeiten von besonderem Interesse. Einerseits besteht die Möglichkeit der Unterstrukturierung mit der Möglichkeit höherer Flexibilität und dem Risiko zu geringer Stabilität und damit Durchsetzungs- bzw. Widerstandsfähigkeit. Auf der anderen Seite können Institutionen überstrukturiert sein, d. h., sie besitzen soviel Eigenstabilität, daß sie resistent gegen Veränderungen werden. Diese Ultrastabilität spielt eine wichtige Rolle: Einerseits beruht gerade in der Fähigkeit zur Unabhängigkeit von externen Einflüssen die wesentliche Leistung von Institutionen. Aber damit ist das Risiko der Unbeweglichkeit und Sklerotisierung eng verbunden.

Für jede Phase der Institutionsentwicklung gibt es eine typische Struktur und ein typisches Problemprofil. Was für eine Pionierinstitution notwendig bzw. unvermeidlich ist, indiziert in einer Normalinstitution möglicherweise eine Krise. Aus dieser Perspektive ist es deshalb wichtig festzustellen, in welcher Phase sich eine Institution befindet bzw. in welche Richtung sie sich bewegt, weil nur dadurch ersichtlich ist, ob das institutionelle Geschehen angemessen oder problematisch ist.

Produktiver und reproduktiver Prozeß

Damit ist bereits eine weitere zentrale institutionstheoretische Dimension angesprochen. Sekundärinstitutionen (um die es im folgenden vor allem geht) erbringen Leistungen, aber sie müssen selbst »gepflegt« werden. Die Leistungen werden im *produktiven Prozeß* erbracht, während der *reproduktive Prozeß* dafür sorgt, daß eine Institution erhalten und entwickelt wird. Beide hängen eng zusammen, müssen jedoch analytisch getrennt werden.

Ginge man nur von offiziellen oder intentionalen Definitionen produktiver Leistungen aus, so würde ein Großteil nicht erfaßt. Institutionen produzieren vieles, was sich in Intentionen gar nicht abbildet. Deshalb muß der produktive Prozeß davon unabhängig und wesentlich weiter verstanden werden: Er umfaßt alles, was im Kontext an Veränderungen bewirkt wird. Eine Schule beispielsweise bringt nicht nur Rechnen und Schreiben bei, sondern auch Stillsitzen und Sozialverhalten; sie vermittelt Normen und Präferenzen, verteilt Chancen und bietet Kontakte, schafft Voraussetzungen für Karrieren und soziale Hierarchisierungen; sie ent-(und be-)lastet Eltern, ist der soziale Ort der Verbreitung von Moden und Interessen, bietet Raum für vielfältige Nebenaktivitäten; sie beschäftigt Lehrer und Verwaltungsbeamte, Busfahrer und Verkehrspolizisten; sie organisiert Formen räumlicher und sozialer Mobilität, vermittelt soziale Identitäten usw. – es wäre daher entschieden zu kurz gedacht, bezöge man sich nur auf die Funktionen, die sich in den Interpretationen der Akteure spiegeln.

Das heißt aber auch, daß der Blick auf den produktiven Prozeß mit differenzierten Perspektiven arbeiten muß. Man kann die Art und Weise, wie Teenagermoden bzw. -ikonen (Kleider, Musik) produziert und verteilt werden, nicht auf die gleiche Weise erfassen wie Verbesserung der Rechenfähigkeiten. Erst recht bedarf es einer sorgfältigen Anpassung der Methoden bei der Auseinandersetzung mit den produktiven Leistungen von Institutionen auf anderen Ebenen sozialer Realität, etwa Interaktionsstrategien oder soziale Subsysteme.

Analoges gilt für den reproduktiven Prozeß von Institutionen. Hier geht es darum, die jeweils spezifischen Vorgänge, die sie entwickeln und am Leben erhalten, zu erfassen (was bei Interaktionen, Organisationen, Subsystemen, Kommunikationsnetzen sehr verschieden aussieht). Eine allgemeine Charakterisierung des reproduktiven Prozesses fällt daher auch sehr abstrakt aus: Es geht darum, die Bedingungen der Institutionalisierung zu gewährleisten. Betrachtet man beispielsweise Interaktion als Institution, so läßt sich eine Reihe von Erfordernissen identifizieren. Interaktion impliziert eine bestimmte Binnenstruktur. Sie schließt z. B. ein:
- die *Auswahl der Themen*, mit denen sich die Interaktion beschäftigt;
- die Regulierung der *Zugehörigkeit und des Zugangs*, wobei für

die Interaktionsteilnehmer spezifische Positionen, Rollen, Identitäten zur Verfügung stehen müssen;

– die Steuerung des interaktiven Geschehens über Normen, Interaktionsformen, d. h.: eine *Interaktionsordnung*;

– die Dimension der *Kontrolle und Steuerung* der Interaktionsordnung, was die Definition der Situation (inklusive normativer Prämissen, etwa Vorstellungen über Legitimität und Selbstbegründung), das Aushandeln von Interaktionsordnung und Definition und das Muster dieses Aushandlungsprozesses (d. h.: eine Machtstruktur) einschließt;

– interne wie externe *Grenzziehungen* und *Regulationen von Übergängen*;

– die Gewährleistung eines bestimmten *Austauschs* mit der Umgebung.

Es handelt sich, wie diese wenigen Hinweise bereits verdeutlichen, um einen hochkomplexen Prozeß. Interaktion läuft nicht »von selbst«, sondern nur, wenn dauerhaft ein breites Spektrum sehr spezifischer Voraussetzungen erfüllt ist. Ein Großteil dieses reproduktiven Prozesses wird durch Vorleistungen erbracht: Interaktionen fangen meist nicht bei Null an, sondern setzen einen bestimmten Entwicklungsstand von Themen, wohlsozialisierte Akteure, einen bestimmten Vorrat an Interaktionsformen usw. voraus, auf den sie unmittelbar zugreifen können. Außerdem ist ein Großteil von Interaktionen durch die Struktur von Situationen angebahnt: Ein Supermarkt ist für bestimmte Themen(behandlungen) eingerichtet und legt bestimmte Abläufe nahe. Ein weiterer Teil des reproduktiven Prozesses wird nicht über dezidierte Zuwendung, sondern *in actu*, im Verlauf der Interaktion (mit)erbracht. Wenn etwa an den Stand eines Themas direkt angeknüpft wird, so erfüllt dies die Funktion der Themenauswahl, ohne daß diese Selektion sonderlich hervorgehoben vollzogen würde. Nur in Ausnahmefällen wird Interaktion dominant reflexiv, beschäftigt sich explizit mit sich selbst; ein Vorgang, der bekanntlich ebenso aufwendig wie dynamisch ist. Aber auch im »Normalfall« ist der reproduktive Aufwand erheblich. Bei genauem Hinsehen wird deutlich, wie zu jedem Zeitpunkt einer Interaktion Voraussetzungen abgerufen, überprüft, korrigiert und eingebracht werden, ohne die sie als ausdifferenzierte Institution keine Überlebenschance hätte.

Auf anderen Ebenen der sozialen Realität weist der reproduktive Prozeß von Institutionen entsprechend andere Merkmale auf. So führt die Aggregation von Interaktionen in (bzw. zu) Organisationen vor allem dazu, daß ein höheres Maß an Spezialisierung und Arbeitsteilung möglich wird. Dadurch ist es möglich, daß produktiver und reproduktiver Prozeß stärker getrennt und eigenständiger behandelt werden. In einfachen Sozialsystemen (wie einer Interaktion) läßt sich beispielsweise nicht nur deshalb wenig Wissen vermitteln, weil es an Dauer fehlt, sondern auch deshalb, weil eine einzelne Interaktion nicht imstande ist, sich selbst auf differenzierte Themen hin zu spezialisieren bzw. die dafür notwendigen reproduktiven Leistungen zu erbringen. Dagegen kann eine Schule oder eine Universität über Arbeitsteilung ein Netz von Interaktionen erzeugen, in dem dann hochspezifische Interaktionen möglich werden. Chemieunterricht ist möglich, weil in einer Vielzahl von Vorleistungen entsprechende Einrichtungen hergestellt, Material beschafft, Zeiten und Räume abgestimmt, Personal ausgebildet usw. werden. Kurz, der reproduktive Prozeß von Organisationen löst sich vom produktiven, entwickelt sich zu einer sozialen Realität *sui generis*.

Weder der produktive Prozeß noch der reproduktive Prozeß von Institutionen müssen eindeutig, stabil und konsonant sein. Wenn die Schule beispielsweise zugleich Anpassung und Selbständigkeit vermitteln soll, ergeben sich zwangsläufig Widersprüche. Auch die Aufrechterhaltung von Institutionen ist keineswegs eindeutig strukturierbar. Wo beispielsweise von Mitgliedern Eigenaktivität erwartet wird, müssen die Rollendefinitionen sowohl Bindung als auch Offenheit einschließen, wobei es kein Idealmaß, sondern jeweils nur Muster mit verschiedenen Vor- und Nachteilen gibt. Schließlich müssen auch produktive und reproduktive Funktionen keineswegs zusammenpassen, weshalb Pädagogik und Verwaltung einer Schule zwar aufeinander angewiesen sind, sich aber auch in einem Dauerkonflikt befinden.

Prozeßtypen

Die (analytische) Unterscheidung in produktiven und reproduktiven Prozeß bezieht sich auf die logische Struktur von Institutionen, darauf, daß Institutionen Leistungen erbringen, aber auch Leistungen voraussetzen. Aus beiden ergibt sich ein Gesamtprozeß, der, soviel wurde bereits deutlich, nicht eindeutig und homogen, sondern vielschichtig und heterogen verläuft. Was bisher noch nicht hinreichend unterschieden wurde, sind qualitative Differenzen, die sich aus der Logik der jeweiligen (Teil-)Prozesse ergeben. Zwei wichtige Dimensionen sollen kurz angesprochen werden.

1. Offene und verdeckte Prozesse

Überall dort, wo Institutionen eine sozialräumliche Ausdehnung besitzen und zugleich ein entsprechender Bedarf besteht, gibt es Aufteilungen, die mit unterschiedlichen Graden der Zugänglichkeit verbunden sind.

Von Goffman stammt die Unterscheidung in »Vorderbühne« und »Hinterbühne« in Interaktionen und Organisationen. Auf der »Vorderbühne« findet das statt, was für ein (bzw. mit einem) bestimmten Publikum »aufgeführt« wird. Das Klassenzimmer in der Schule, der Gastraum eines Restaurants, der Verkaufsraum eines Supermarkts, das Wohnzimmer einer Familie – das alles ist (bezogen auf eine bestimmte Konstellation von sozialen Gruppen) sozusagen »Vorderbühne«. Was sich hier jeweils abspielt, ist gewissermaßen die offizielle »Außendarstellung« bzw. »Aufführung«. Was nicht dazu paßt oder das jeweilige Publikum nicht sehen soll, weil es als »störend« für die Außendarstellung gilt, hat dagegen auf der »Hinterbühne« seinen sozialen Ort: Lehrer schimpfen im Lehrerzimmer über die Schüler, Kellner machen sich über Gäste lustig, im schmuddeligen Lagerraum des Supermarkts liegen Bananen auf Tomaten, im Schlafzimmer stapeln sich die aus dem Wohnzimmer weggeräumten Bücher, Kleider usw.

Dabei kann es sich um feste Anordnungen, aber auch um relative Unterteilungen handeln. Auch das Lehrerzimmer ist »Vorderbühne« (im Kontakt unter den Lehrern), zu der es eine »Hinterbühne« (etwa in Form von separaten Privatgesprächen) gibt. Die zentrale Funktion dieser Unterteilung ist die jeweilige Entlastung der verschiedenen Abläufe von (zusätzlichen) Leistungs- und Legitimationsansprüchen – wenn auf der Hinterbühne über Kunden gelästert wird, ist es möglich, auf der Vorderbühne weiter höflich zu bleiben und sich trotzdem von Frust und Ärger zu entlasten. Wichtigste Voraussetzung ist die Möglichkeit der Zugangskontrolle: Das jeweilige Publikum darf keinen (leichten) Zugang zur Hinterbühne haben. Das wichtigste Risiko dieser Segmentierung liegt in der Möglichkeit der Produktion von irreführenden »Fassadenrealitäten«. Dies gilt erst recht, wenn es sich um Themen handelt, die als illegal/illegitim gelten. Ihre Institutionalisierung setzt voraus, daß es einen schwer oder gar nicht zugänglichen »Untergrund« gibt, wo sich die erforderlichen produktiven und reproduktiven Aktivitäten abspielen können – zumindest da, wo es nicht möglich ist, die entsprechenden Vorgänge unauffällig in den laufenden Betrieb einzupassen (was etwa bei der Benutzung des Diensttelefons für private Zwecke durchaus möglich ist).

Wer mit illegalen Drogen schmuggelt, Steuern hinterzieht oder Kartellabsprachen durchführt, braucht und entwickelt stabile Abschirmungen oder gute Tarnungen. Es liegt auf der Hand, daß hier das Täuschungsrisiko noch viel ausgeprägter ist (es geht ja gerade darum, bestimmte Realitäten »unsichtbar« funktionieren zu lassen). Das Verhältnis von »Untergrund« und öffentlicher Realität ist jedoch meist komplex. Schließlich behandelt der Untergrund Bedürfnisse, die illegal/illegitim, nichtsdestotrotz ganz real sind. Insofern besteht in gewisser Weise eine Art Arbeitsteilung zwischen öffentlicher und verdeckter Realität, wenn nicht sogar eine heimliche Komplizenschaft vorliegt.

2. Manifeste und latente Realität

Der Zugang zu verdeckter Realität ist, das liegt in der Logik der Sache, erschwert. Es handelt sich jedoch sowohl bei der »Hinterbühne« als auch beim »Untergrund« um *manifeste*, d. h.: empirisch faßbare und logisch ohne weiteres evidente Zusammenhänge – man muß sie nur entdecken (was für mit aufwendigen empirischen Verfahren bepackte Sozialwissenschaftler oft unmöglich ist). Schwierigkeiten anderer Art stellen sich bei realen Prozessen, die zwar nicht verdeckt, aber schwer zu fassen sind, weil sie keine unmittelbare Präsenz und / oder Wirksamkeit besitzen. Überall, wo Realität »überdeterminiert« ist, gibt es »Vordergrund-« und »Hintergrund-Effekte«, gibt es mitschwingende und indirekt beteiligte Wirkungen, nicht sichtbare Zusammenhänge, kurz: *latente Realität*. »Latent« heißt: verborgen, vorhanden, aber nicht in Erscheinung tretend.

Wenn Lehrer Schüler nicht nur wegen schlechter Leistungen bestrafen, sondern weil sie sie nicht leiden können, wenn Theoretiker sich nicht nur aus sachlichen Gründen streiten, sondern auch, weil sie recht haben oder andere abwerten wollen, wenn Gruppenideologien auch die Funktion haben, brüchigen Sozialstatus zu stützen, wenn Moral auch dazu dient, Aggressionen auf legitime Weise auszuleben und kulturelle Riten die Funktion von Angstabwehr haben – dies alles sind Prozesse, die latent ablaufen.

Latente Prozesse können als »Nebenthemen« mitlaufen, aber auch hochdynamisch das Geschehen steuern. Wo die Konkurrenz zwischen Theoretikern dominiert, wird die Diskussion über die jeweilige Sache unter Umständen zur Nebensache – man sucht nach Gründen, den jeweiligen Gegner zu kritisieren, verzerrt Argumente, instrumentalisiert »richtige« Argumente für private Zwecke usw. Die – scheinbare – Sachauseinandersetzung folgt dann einer sachfremden Logik, die sich jedoch in der Sachlogik ausdrückt. Auch hier ist zu bedenken, daß es sich nicht einfach um »Dysfunktionen« handelt, sondern um hochrelevante Wirklichkeitsanteile, aber um solche, zu denen der unmittelbare Zugang versperrt ist. Anders als bei verdeckter Realität reicht es hier nicht aus, Zugangssperren zu überwinden; es muß die Logik gewechselt werden.

Während legale und kriminelle Wirtschaft vom Typ her nicht verschieden sind, unterscheiden sich bewußte und unbewußte Prozesse, manifeste und latente Gruppenstrukturen systematisch, d. h. in der Art ihres Zustandekommens und ihres Funktionierens. Außerdem bedeutet Latenz auch, daß nur indirekte Nachweise möglich sind. Daher stellt sich hier das Problem der Zugänglichkeit auf besondere Weise: Weder kann mit der im manifesten Bereich erfolgreichen Logik operiert werden, noch sind empirische Nachweise und Überprüfungen ohne weiteres möglich. Theorien latenter Prozesse beinhalten daher unvermeidlich auch Spekulationen, Interpretationen sind und bleiben riskant und anfällig für Projektionen. Dieses Problem ist nicht behebbar, sondern nur durch institutionalisierte Selbstreflexion relativierbar.

Risiken und Chancen

Die bisherigen Überlegungen bezogen sich darauf, daß Institutionen einerseits in Kontexten bestehen, andererseits ein Eigenleben führen; daß sie Funktionen zugewiesen bekommen, zugleich jedoch eigendynamische soziale Prozesse sind; daß interne Strukturen wie der Austausch mit dem Kontext heterogen und widersprüchlich sein kann und daß Institutionen Leistungen erbringen, zugleich jedoch für ihr Bestehen auch Leistungen erforderlich sind. Generell gilt dabei, daß jede Institutionalisierung bestimmte Chancen eröffnet, zugleich jedoch auch Risiken mit sich bringt.

Die Leistung von Institutionen darin besteht, daß sie bestimmte Relationen, die sonst nicht möglich wären, ermöglichen und dadurch selektive wie konstitutive Vorgänge konstituieren. Daß dies nicht einfach normativ als positiv eingeordnet werden kann, liegt auf der Hand. Auf der einen Seite ist, wie bereits angedeutet, der Effekt der Institutionalisierung nicht einheitlich – was den Lehrern gefällt, muß den Schülern noch lange nicht bekommen. Zum anderen lassen sich selbstverständlich auch destruktive und repressive Institutionen auf diese Weise thematisieren. Auch die Gestapo, die Hexenjagd, das Menschenopfer hatten (bzw. haben) institutionellen Charakter und lassen sich entsprechend analysieren.

Aus diesem Grund sind Effekte von Institutionen ebenfalls relativ zu sehen: Es ist eine Referenzebene und eine Perspektive anzugeben, auf die hin die Wirkungen evaluiert werden. Ohne vorher zu bestimmen, ob die Schüler- oder die Lehrerperspektive gewählt wird, läßt sich nicht sinnvoll bestimmen, ob ein Effekt konstruktiv oder destruktiv wirkt. Aber selbst dann kann nicht von eindeutigen Wirkungen ausgegangen werden. Wahrscheinlicher ist bei komplexen Themen und komplexen Leistungen, daß auch sie heterogen und widersprüchlich sind. Eine gut funktionierende Geheimpolizei wie die Stasi stabilisiert und destabilisiert eine autoritäre Gesellschaft zugleich.

Das verweist auf die Zeitdimension. Sowohl Chancen als auch Risiken, die mit Institutionen verbunden sind, haben unter Umständen eine verzögerte oder eine akkumulative Wirkung, die sich erst im Lauf der Zeit ergibt. Schon daher sind Leistungen nicht stabil, sondern unterliegen einer spezifischen Eigendynamik. Ob sich dabei Chancen und Risiken überhaupt realisieren, hängt vom Zusammenspiel von Institution und Kontext ab: davon, was der Kontext abruft, was die Institution aufgrund ihrer internen Struktur erzeugt, was an weiteren themenbezogenen Institutionen wirkt.

Wenn das System der Güterverteilung Ungleichheit erzeugt, hängen die Folgeeffekte nicht nur von der Art der Ungleichheit ab, sondern auch davon, wie strukturell ungleich der Kontext bereits ist und wie er auf Ungleichheiten reagiert. Deshalb ist es sinnvoll, Institutionsanalyse systematisch anzulegen, d. h., so etwas wie eine »Gesamtbilanz« aller Leistungen und Kosten zu erstellen. Eine solche Bilanz umfaßt idealiter *alle Effekte* bzw. *Kosten* und differenziert sie nach Kontextbedingungen (also bezieht Schule auf Lehrer und Schüler), stellt also umfassend die (nicht nur auf Personen, sondern auch auf Strukturen bezogene) Frage, wer was leisten muß, damit wer was bekommt. Sie darf jedoch nicht auf eine singuläre Möglichkeit festgelegt werden, sondern muß auf das gesamte Spektrum und die Modi der Auswahl aus diesen Möglichkeiten eingestellt sein.

Wenn diese Bilanz normative Funktion haben soll, es also um Entscheidungen für oder gegen Optionen geht, ist zudem erforderlich, die Leistungen und Kosten, Risiken und Chancen, die mit Institutionen verbunden sind, im Zusammenhang mit möglichen Alternativen zu sehen. Erst wenn auch beurteilt werden kann, was eine andere Bildungsinstitution für Konsequenzen hätte, läßt sich Schule tatsächlich beurteilen. Dies ist ein heikles Unterfangen. Selbst wenn Alternativen an anderer Stelle institutionalisiert sind, ist ein Vergleich meist problematisch. Eine Fülle von Beispielen verdeutlicht, daß das, was in einer Industriegesellschaft kompatibel funktioniert, in einer Agrargesellschaft verheerende Wirkungen haben kann. Erst recht schwierig ist die Einschätzung von Alternativen, wenn sie nicht realisiert sind und daher ihre volle Dynamik unkalkulierbar bleibt. Dies verführt gerade bei Institutionskritik dazu, Alternativen zu idealisieren (positiv oder negativ), d. h., ihnen Wirkungen projektiv zuzuschreiben, die aus der Einstellung zu bestehenden Institutionen resultieren.

Themenspezifität

Bisher wurde die Frage, um welche Themen es überhaupt geht, ausgeklammert. Auch diese Frage kann hier nicht hinreichend erörtert werden. Sie müßte, ausgehend von allgemeinen Vorstellungen über Form und Inhalt sozialer Realität, genauer (ebenenspezifisch) bestimmen, was jeweils wofür Thema ist bzw. sein muß. Hier muß ein kurzer Hinweis darauf genügen, daß es beispielsweise möglich ist, anhand der zu institutionalisierenden Form der Praxis zu unterscheiden:

- *instrumentelle Institutionen* (die der Auseinandersetzung mit in Zweck / Mittel-Relationen definierbarer Praxis gewidmet sind);
- *intermediäre Institutionen* (die Steuerung, Verbindungen und Austausch ermöglichen);
- *reflexive Institutionen* (in denen die Bedingungen von Praxis, Steuerung und Verbindungen entwickelt, ausgewählt und reflektiert werden).

Auch diese Unterscheidung ist rein analytisch zu verstehen. Empirische Institutionen operieren stets mit allen drei Typen. Auch Institutionen mit vorrangig instrumentellen Themen (wie Fabriken) brauchen einen institutionalisierten Austausch und Selbststeuerungseinrichtungen; auch Organisationen mit hochgradig reflexiver Thematik (etwa Supervision) sind auf Formen der Verbindung und des Austausches angewiesen. Dennoch lassen sich auch hier spezifische Anforderungs- und Problemprofile der einzelnen Typen skizzieren. So lassen sich beispielsweise in instrumentellen Institutionen produktive und reproduktive Prozesse klar trennen – das Verteilen von Briefen und das Betriebsklima der Post sind völlig verschieden (auch wenn sie sich gegenseitig beeinflussen). Dagegen sind beide bei reflexiven Institutionen ein Stück weit identisch: Die soziale

Struktur der Schule und die Art des Unterrichts sind von der gleichen Art, genau wie die sozialen Bedingungen und die Wirksamkeit von Supervision nicht gegeneinander abzuschotten sind. Daher gibt es hier ein wesentlich intensiveres Austauschverhältnis – das soziale Klima der Schule bestimmt den Unterricht ganz wesentlich. Außerdem können (aus ähnlichen Gründen) reflexive Institutionen ihr Thema nie eindeutig festlegen und festhalten, es verändert sich unentwegt, bleibt vieldeutig und mehrdimensional und kann daher auch nur begrenzt »technisiert« werden. Daher bleibt der produktive Prozeß sowohl unscharf als auch unbestimmt; er muß immer wieder aufs neue ausbalanciert werden, was eine erhebliche Belastung des reproduktiven Prozesses darstellt und zu einer Art »Dauerkrise« der Institution führt. Daher befinden sich Pädagogik, Sozialwissenschaften, Supervision in einem permanenten Prozeß der Selbstthematisierung.

Wozu Institutionsanalyse?

Der vorherige Abschnitt skizzierte allgemeine institutionsanalytische Perspektiven. Sie stellen themen- und ebenenunabhängige Zugänge zum Problemkomplex der Entwicklung, Funktionieren und Erhaltung von Institutionen dar. Ausgehend von der Vorstellung, daß Institutionen stabile Relationierungen darstellen, die Leistungen erbringen, aber auch Kosten verursachen (und verbunden mit der Aufforderung, die eigenen Perspektiven zu überprüfen), wenden sie sich verschiedenen Dimensionen zu:
- die Konfiguration von Bedarf, Ressourcen und Kontextbedingungen, auf die eine Institution bezogen ist (was die Frage, wer oder was profitiert und wer oder was »zahlt«, einschließt);
- das Niveau, auf dem Institutionalisierung stattfindet, und die möglichen Alternativen;
- die Entwicklungsphase, in der sich eine Institution befindet (und die damit verbundenen Tendenzen und Probleme);
- den produktiven und den reproduktiven Prozeß einer Institution – was sie bewirkt und wie sie sich über Binnenstruktur und im Austausch mit der Umwelt erhält bzw. wie sie erhalten wird;

- manifeste und latente Prozesse von Institutionen;
- Möglichkeiten, Risiken und Kosten bestimmter Formen von Institutionalisierung;
- themenspezifische Differenzen.

Eine konkrete Anleitung zur Analyse einer bestimmten Institution ist dies noch nicht, lediglich ein Angebot an Perspektiven. Sie müssen themen- und ebenenspezifisch konkretisiert werden, was auch heißt, das jeweils angemessene theoretische Interpretationen und empirische Methoden ausgesucht und genutzt werden müssen. Die eigentliche Arbeit beginnt also erst; ein orientierendes Konzept kann diese Arbeit nicht ersparen und auch nicht für ihren Erfolg garantieren (siehe Einleitung).

Die Leistung des Konzepts liegt darin, daß es den Blick auf wichtige Dimensionen öffnet. Zudem lassen sich aus den einzelnen Theoremen eine Reihe von weiteren Perspektiven gewinnen. So lassen sich beispielsweise die besonderen Bedingungen der Institutionalisierung von selbstreflexiven Prozessen und damit verbundene strukturelle Probleme entlang dieser Vorgaben untersuchen. Man kann etwa versuchen, den Bedarf an Selbstreflexion in bestimmten Bereichen moderner Gesellschaften und die dafür zur Verfügung stehenden Ressourcen zu bestimmen (und würde dabei möglicherweise auf widersprüchliche Konstitutions- und Reproduktionsbedingungen von Subjektivität wie auf neue Formen gesellschaftlicher Integration und Individualisierung stoßen). Es wäre außerdem möglich, das Verhältnis von primären Mechanismen und institutionalisierter Selbstreflexion zu untersuchen. Dabei würde deutlich, daß – anders als bei instrumentellen Themen – beides nur schwer zu trennen ist, d. h. beispielsweise auch: Supervision bleibt gebunden an reflexive Alltagsstrategien.

Des weiteren könnte man einen genaueren Blick auf das Spektrum der Leistungen bestimmter Formen von Selbstreflexion (was bei Supervision soziale Kontrolle, Anpassung und Umdefinition, Emanzipation, Desintegration – unter Umständen alles gleichzeitig – heißen kann) wie auch auf die dafür erforderlichen reproduktiven Leistungen (Stabilisierung von Theorie, Generierung von kompatiblen sozialen Bedingungen, Ernährung von Supervisoren etc.) sowie die damit verbundenen Möglichkeiten und Risiken werfen. Es würde dann womöglich deutlich, daß mit der Institutionalisierung von Supervision bestimmte Risiken für die Supervisorenrolle verbunden sind: die Rückwirkungen der sozialen auf die persönliche Identität, die Schwierigkeit, ein verbindliches Paradigma zu entwickeln usw. Darin werden generelle Probleme institutionalisierter Selbstreflexion erkennbar: daß ein »Normalzustand« letztlich nicht erreichbar ist und die Institution immer »unterentwickelt« bleibt (und darauf möglicherweise mit rigiden Bewältigungstechniken reagiert) und daß produktiver und reproduktiver Prozeß nicht stabil getrennt werden können und sich daher ständig wechselseitig beeinflussen.

Schließlich wird das schwierige Verhältnis von Supervision und dem laufenden institutionellen Prozeß der Selbstdefinition deutlich. Die Institutionstheorie kann erklären, warum diese Beziehung dauerhaft schwierig und eine nicht abschließbare Aufgabe ist. Supervision tritt unvermeidlich in Konkurrenz und Kooperation zum praktischen Prozeß institutioneller Selbstregulation und muß sich daher sowohl dagegen behaupten und durchsetzen, andererseits sich damit arrangieren können. In diesem dauernden Prozeß der Selbstentwicklung kann die Institutionstheorie eine Hilfestellung bieten – ohne daß dies die Problematik vereinfacht. Wenn beispielsweise deutlich wird, daß therapeutische oder pädagogische Prozesse aus strukturellen Gründen nicht widerspruchsfrei perfektionierbar sind (sondern nur die Wahl zwischen verschiedenen Risiken bleibt), stellt dies eher eine Belastung dar, weil die Hoffnung auf eine definitive Lösung von drängenden Problemen sich als naiv erweist. Aber immerhin schaut man den Schwierigkeiten genauer ins Auge.

Franz Wellendorf

Überlegungen zum »Unbewußten«
in Institutionen

I.

Man kann mit guten Gründen bezweifeln, ob es sinnvoll ist, vom
»Unbewußten« in Institutionen zu reden. Das Konzept des »Unbewußten« ist eins der zentralen in der Psychoanalyse. Es liegt nahe,
daß Psychoanalytiker und psychoanalytisch orientierte Sozialwissenschaftler es benutzen, wenn sie sich mit Institutionen, deren
Struktur und Dynamik beschäftigen. Der Blick in die einschlägige
Literatur oder die aufmerksame Teilnahme an Fachtagungen und
wissenschaftlichen Diskussionen zeigt schnell, wie selbstverständlich im Hinblick auf Institutionen psychoanalytische Begriffe
gebraucht werden, die die Vorstellung unbewußter Prozesse impli-
zieren. So ist zum Beispiel die Rede von »institutioneller Abwehr«;
von der »Identifikation« mit institutionellen Ideologien und Rollen; von unbewußten Bindungen und Konflikten; von unbewußten
Motiven, die dem Tun und Lassen der Mitglieder einer Institution
zugrunde liegen; von Projektionen und unbewußten kollektiven
Phantasien.

Von derartigen Analysen der institutionellen Realität geht oft
eine gewisse Faszination aus, die ihren Grund vielleicht in dem
Wunsch hat, mit Hilfe des Konzepts des »Unbewußten« einen Blick
in das Räderwerk tun zu können, das hinter der verwirrenden und
undurchdringlichen institutionellen Alltagsrealität verborgen zu
sein scheint. Die Beschäftigung mit dem »Unbewußten« in Institutionen scheint allerdings selten beunruhigend zu sein. Im Gegenteil:
Die meisten psychoanalytisch orientierten Untersuchungen institutioneller Strukturen und Prozesse vermitteln den beruhigenden
Eindruck, im »Unbewußten« einer Institution einem guten alten
Bekannten wiederzubegegnen, in dessen Nähe wir keine peinliche
Konfrontation mit unserem Nichtwissen zu befürchten haben.

Bei all dem entgeht uns leicht, daß wir mit dem Konzept des »Unbewußten«, wenn wir es als Bestandteil einer wissenschaftlichen *Theorie* verstehen, zugleich auch dessen wissenschaftstheoretische Problematik in unsere Beschäftigung mit Institutionen importieren. Die Schwierigkeit ist logischer Natur. Kritiker der Psychoanalyse und mancher kritische Psychoanalytiker haben wiederholt auf sie hingewiesen. Sie besteht darin, daß es unmöglich ist, Behauptungen über das Unbewußte zu falsifizieren. Wenn ich als Beobachter eines anderen über dessen intrapsychische Prozesse (zum Beispiel seine Wünsche und Motive) behaupte, sie seien unbewußt, so überschreite ich damit die Grenze des Bereichs, in dem wir beide uns gemeinsam über die Wahrnehmung eines Dritten verständigen könnten. Der andere, über dessen intrapsychische Prozesse ich die Feststellung treffe, mag entgegnen, was immer er will, ich kann es als Bestätigung meiner Behauptung über sein »Unbewußtes« werten. Um ein Beispiel aus dem institutionellen Feld zu nehmen: »Ihr Verhalten gegenüber Ihrem jüngeren Kollegen ist Ausdruck eines unbewußten Neides auf seine fachliche und vitale Potenz.« – »Nein, das stimmt nicht!« – »Sehen Sie, das sag ich ja: Ihr Neid ist unbewußt!«

In der Regel kommt es in der Realität nicht zu solchen Dialogen. Das ist auch nicht nötig. Denn in der Rede vom »Unbewußten« in der Institution wird der Dialog strukturell immer schon als entschieden vorausgesetzt. Wenn der Theoretiker der Institution zum Beispiel die Behauptung aufstellt, die Mitglieder der Institution benutzten deren formale Strukturen unbewußt zum Zwecke der kollektiven Angstabwehr, so gibt es für diese keine Möglichkeit, die Behauptung zu widerlegen, ohne sie zugleich zu bestätigen. Die Mitglieder einer Institution und der die Institution beobachtende Sozialwissenschaftler haben jeweils ihre Sicht der institutionellen Realität – Sichten, die sich voneinander unterscheiden und von der Position abhängen, den das beobachtende Subjekt im Gefüge institutioneller Beziehungen einnimmt.

Keine Sicht kann den Anspruch erheben, die »Wahrheit« über die Institution zu erfassen. Was den Beteiligten bleibt, ist ein Aushandeln und eine Entscheidung darüber, in welchem Rahmen die verschiedenen Beobachtungen aufeinander bezogen werden sollen und was das Ziel der gemeinsamen Arbeit sein soll. Dadurch können institutionelle Grenzziehungen aufgehoben und verschoben und neue Grenzen gezogen werden.

Aussagen über das »Unbewußte« in Institutionen dagegen fixieren den Unterschied zwischen Selbst- und Fremdbeschreibung, zwischen Innen- und Außenperspektive der Wahrnehmung institutioneller Abläufe. Der psychoanalytisch arbeitende Sozialwissenschaftler verlegt mit einer solchen Aussage den Grund dafür, daß sich seine Beschreibung der institutionellen Realität und die Selbstbeschreibung derjenigen, die »in« der Institution leben und arbeiten, unterscheiden, in deren »Unbewußtheit«. Nicht zwei Sichtweisen stehen gleichwertig nebeneinander und stellen die Beteiligten vor die Aufgabe gemeinsamer Verständigung, sondern der aufgeklärten Sicht des Wissenschaftlers steht die »Unbewußtheit« der Mitglieder der Institution gegenüber. Verständigung und Konsensbildung finden also auf dem Feld statt, das der Wissenschaftler besetzt.

Mit dem Konzept des »Unbewußten« in der Institution setzt sich der Analytiker in eine prinzipielle Distanz zu den institutionellen Prozessen und Strukturen. Er redet über das, was auf der anderen Seite seiner Wahrnehmung nach der Fall ist, ohne reflektieren zu können, daß auch seine Wahrnehmung und die von ihm eingeführte Unterscheidung bewußter und unbewußter institutioneller Prozesse selbst ein Produkt eben dieser Prozesse sind. Wenn der Analytiker zum Beispiel behauptet, die Mitglieder einer Institution benutzten deren formale Struktur unbewußt zur kollektiven Angstabwehr, so gerät er in Gefahr zu übersehen, daß seine eigene Beziehung zur Institution und seine Aussagen über das institutionelle Unbewußte selbst immer auch Ausdruck und Ergebnis jener Prozesse sind, über die er etwas behauptet. Er ist in Gefahr zu übersehen, daß die Einführung der grundlegenden Unterscheidung zwischen bewußten und unbewußten institutionellen Prozessen selbst ein Versuch sein kann, sich von der Verwirrung und Angst zu befreien, welche die Teilnahme am komplexen institutionellen Geschehen auslösen können. Der Analytiker bleibt, was immer mit ihm in seiner Beziehung zur Institution geschieht, Herr über die Unterscheidung, die über die institutionelle »Wahrheit« und »Unwahrheit« entscheidet. Das Feld des »Unbewußten« ist sein Herrschaftsbereich.

Ich vermute, daß die Einführung des Konzepts des »Unbewußten« in die institutionelle Analyse uns als Sozialwissenschaftler von der Beunruhigung und Angst befreit, die uns bedroht, wenn wir uns auf die unübersehbare komplexe Realität von Institutionen einlassen. Mit seiner Hilfe können wir schmerzhafte Erfahrungen des Nichtwissens, der Entgrenzung und Identitätsverwirrung, die wir als Sozialwissenschaftler im Umgang mit Institutionen machen, sicher und endgültig jenseits der Grenze lokalisieren, die uns von der Institution zu trennen scheint. Deshalb werden die meisten Aussagen über unbewußte Prozesse in Institutionen aus sicherer Distanz vom Schreibtisch aus gemacht. Wenn psychoanalytisch orientierte Sozialwissenschaftler sich über das »Unbewußte« in Institutionen verständigen, so sind sie verläßlich unter sich, ohne weiter darüber nachzudenken, daß dies selbst das Ergebnis spezifischer Institutionalisierungsprozesse ist. Was jenseits der Grenze geschieht – das heißt, die Fragen, Antworten, Handlungen der Mitglieder der Institution in bezug auf den Analytiker –, bleibt im Grunde gleichgültig.

Ich glaube, daß die Rede vom »Unbewußten« genau den Punkt des Kontaktabbruchs in der Beziehung zwischen dem Sozialwissenschaftler und der Institution markiert. So heißt es zum Beispiel in einer weit verbreiteten Einführung in die »Psychoanalyse in der Sozialforschung«:

»Die Situation, in der sich im Modus der Alltagskommunikation zusammen mit dem Forschenden über ein Thema verständigt wird, ist zwar ebenso unmittelbar wie der therapeutische Dialog. Anders als in diesem wird jedoch die Bewußtseinsschranke nicht durch die Deutungsarbeit des Therapeuten praktisch verändert. Was im Bewußtsein zugelassen wird und was nicht, bleibt in der Verantwortung der Beteiligten. Die Selbstreflexion im Modus der alltäglichen Verständigung stößt daher an Grenzen, deren Gründe in dieser Verständigungsform selbst nicht mehr aufgedeckt werden können. Solche Grenzen lassen sich nur verstehen, wenn der Modus der Alltagskommunikation verlassen wird. Dies geschieht in der therapeutischen Praxis der Psychoanalyse in der aktuellen Arzt–Patient–Beziehung selbst. In der sozialpsychologischen Untersuchung des Alltagsbewußtseins läßt sich eine solche *tiefenhermeneutische Rekonstruktion* der unbewußten Motive und Erlebnismuster systematisch nur in einer nachträglichen Interpretation vornehmen« (Leithäuser/Volmerg, 1988, S. 45).

Es geht also um »nachträgliche Deutungsarbeit« (S. 45), eine Deutungsarbeit, nachdem die Beziehung zum anderen abgebrochen ist. Was immer dabei als »unbewußte Motive und Erlebnismuster« herausgearbeitet werden mag, unklar bleibt stets, ob dies »Unbewußte« etwas mit der institutionellen Realität zu tun hat oder nicht. Es fehlt ein wohldefinierter Bezugsrahmen, in dem eine gemeinsame Verständigung zwischen dem Sozialwissenschaftler und den Mitgliedern einer Institution über unterschiedliche Interpretationen der institutionellen Realität stattfinden könnte.

Auch wenn der Deutungsarbeit ein wissenschaftlicher Bezugsrahmen zugrunde gelegt wird, bleiben die Deutungen und Behauptungen in einem institutionell nicht definierten Raum, das heißt, »wilde« Deutungen. Die Deutungen des institutionellen »Unbewußten« entstehen abgekoppelt von der Beziehung zwischen der Institution und ihrem Analytiker, das heißt losgelöst von der gemeinsamen Basis analytischer Erfahrungsbildung. Der Rückgriff auf den Begriff des »Unbewußten« signalisiert, daß der psychoanalytisch arbeitende Sozialwissenschaftler sich allein vorbehält zu entscheiden, wie weit die gemeinsame Erforschung der institutionellen Realität gehen und wo der Gemeinsamkeit eine Grenze gezogen bleiben soll. Der Begriff des »Unbewußten« ist ein Instrument einseitiger Kontrolle der institutionellen »Wahrheit« durch den Analytiker.

Freud hat in seiner kleinen Schrift über »Die Verneinung« (1925 h, S. 12) darauf hingewiesen, daß die intellektuelle Annahme des Verdrängten geeignet sei, die Verdrängung zu verstärken. Er spricht von »eine[r] Art von intellektuellen Annahme des Verdrängten bei Fortbestand des Wesentlichen an der Verdrängung«. Damit kommen wir als Theoretiker in die mißliche Situation, durch die Rede vom »Unbewußten« in der Institution die Abwehr dessen, was uns in der Beziehung zu Institutionen überflutet und zu Einbrüchen unseres Bewußtseins und Verstehens führt, zu verstärken.

Trotz der Bedenken, die ich gegen den Gebrauch des Begriffs des »Unbewußten« bei der Analyse von Institutionen hege, zögere ich aber doch, ihn ohne Umstände über Bord zu werfen. Woran kann das liegen? Kann es sein, daß der Begriff unbeschadet seiner Problematik auf einen Zusammenhang hinweist, den wir nicht vernachlässigen dürfen, wenn wir die Prozesse verstehen wollen, die in Institutionen ablaufen? Ich glaube, daß der Begriff des »Unbewußten« fruchtbar werden kann, wenn wir ihn auf die analytische *Praxis* beziehen, welche die Beziehung zwischen der Institution und ihrem Analytiker bestimmt – eine Praxis, die sowohl die Institution wie den institutionellen Analytiker verändert. Ich wende mich deshalb im zweiten Teil meiner Überlegungen einigen Problemen der Methode zu.

II.

Das einzige System, über das beide – die Mitarbeiter einer Institution und der Sozialwissenschaftler, der die Institution beobachtet – aufgrund eigener Erfahrungen Aussagen machen können, ist die Beziehung, die sie zueinander haben. Es ist eine Situation, in der die Trennung von Subjekt und Objekt der Erkenntnis aufgehoben ist: Was immer der institutionelle Analytiker und die Mitglieder der Institution in den Interaktionen miteinander tun, ist selbst wieder Bestandteil des institutionellen Interaktionssystems. Für die Beobachtung der institutionellen Realität durch den Sozialwissenschaftler heißt das: Was er wahrnimmt, sind keine Strukturen und Prozesse, die im Interaktionssystem der Institution »an sich« und unabhängig von seiner Präsenz im System existierten, sondern immer auch Antworten und Reaktionen der Mitglieder der Institution auf seine Präsenz und auf sein Verhalten und Handeln im gemeinsamen Interaktionssystem.

Was der Sozialwissenschaftler in der Institution beobachtet, ist die Art und Weise, in der die Institution sich an ihm abarbeitet und seine Existenz in das System institutioneller Bedeutungen zu integrieren versucht. Dabei können Zusammenhänge sichtbar werden, die bis dahin nicht wahrgenommen wurden. Das gleiche gilt natürlich auch umgekehrt. Die Mitglieder einer Institution beobachten auf vielfältige Weise den Sozialwissenschaftler, sein Verhalten, seine Interventionen, seine Art und Weise, die institutionelle Realität zu beobachten. Das heißt, auch sie beobachten die Antworten und Reaktionen, die sie bei ihm auslösen; auch sie begegnen in diesen Antworten und Reaktionen sich selbst auf eine Art und Weise, wie es bis dahin nicht der Fall war. Keiner der Beteiligten (auch nicht der Sozialwissenschaftler als ein institutioneller Analytiker, der mit einer wissenschaftlichen Theorie der Institution ausgerüstet ist) kann wissen, welche Interaktionen und Handlungen das eigene Verhalten und Handeln bei den anderen auslöst und in Gang setzt.

Wenn der Sozialwissenschaftler interveniert – und es gibt nichts, was in dieser Situation nicht eine Intervention wäre –, so kann er nicht vorher wissen, welche Folgen seine Intervention im institutionellen Interaktionssystem hat. Das kann nur die Erfahrung zeigen. Deshalb befindet er sich in der Beziehung zur Institution in einem prinzipiellen und fundamentalen Zustand des Nichtwissens. Dies ist die Folge der grundsätzlichen Unabgeschlossenheit der Prozesse, die in der Beziehung ablaufen und sie konstituieren. Da es um einen *gemeinsamen* Verständigungsprozeß geht, hat niemand einen gesicherten Verstehens- und Wissensvorsprung.

Für den Sozialwissenschaftler, der mit einer Institution arbeitet, ist dies eine verwirrende und beunruhigende Erfahrung. Er ist es gewohnt, seine Rolle und seine Identität über Wissen und Kompetenz zu bestimmen und zu interpretieren, die er sich in einem mühevollen Sozialisationsprozeß erworben hat. Dagegen hat er in der Regel nicht gelernt, nicht zu wissen. Was er für eine psychoanalytisch orientierte Arbeit mit Institutionen aber braucht, ist das, was Bion (1970) einmal »negative capability« genannt hat. Er meint damit die »Fähigkeit eines Menschen, sich in Unsicherheit, rätselhaften Geheimnissen und Zweifeln zu befinden, ohne irritiert nach Fakten und Erklärungen zu suchen«. Sie ist die Voraussetzung dafür, daß wir über die Institution etwas Neues – das heißt etwas, was keiner der Beteiligten bisher wahrgenommen und gewußt hat – lernen.

Der psychoanalytisch arbeitende Sozialwissenschaftler sieht sich in seiner Beziehung zur Institution einer Situation ausgesetzt, in der er wenigstens zeitweilig gewöhnlich so nützliche Dinge wie Gedächtnis, bewußte Zielsetzungen und theoretische Konzepte, die zu seinem wissenschaftlichen Instrumentarium gehören, aufgibt. Sie bilden nur den Hintergrund für das, was in der Beziehung zur Institution abläuft, aber keinen Leitfaden für die Bewegungen im institutionellen Beziehungsfeld. Die meiste Zeit befindet sich der institutionelle Analytiker in einem Zustand selbstauferlegten Nichtwissens, der sehr schmerzhaft und ängstigend sein kann.

Isabel Menzies Lyth (1989, S. 32) hat einmal geschrieben, sie habe in der Arbeit mit Institutionen oft das Gefühl gehabt, sie sei die einzige Person im Raum, die nicht wußte, was gerade vor sich ging, während die Mitglieder der Institution »wußten« – das heißt ihr Nichtwissen (und damit den besten Teil ihrer Potenz, das Unbekannte in der Institution zu erforschen) über Bord geworfen hatten. Bekanntlich kann ein großer innerer und äußerer Druck entstehen, daß der Sozialwissenschaftler die Rolle des Experten übernimmt, der schnell definitive Antworten auf die Fragen produziert, welche die Mitarbeiter der Institution bewußt aufwerfen. Das heißt, es entsteht ein Erwartungsdruck, daß der psychoanalytisch arbeitende Sozialwissenschaftler sich in das institutionelle Interaktionssystem als Experte für das »Unbewußte« in der Institution einpaßt. Damit wird aber der gemeinsame Prozeß des Lernens aus Erfahrung stillgestellt, und die Behauptungen des »Experten« über das »Unbewußte« bekommen jenen Charakter der Unentscheidbarkeit und institutionellen Abwehr, den ich im ersten Teil meiner Ausführungen beschrieben habe.

Der Begriff des »Unbewußten« in der Institution bezeichnet also keine Wissen*inhalte*, die sich objektiv benennen und fixieren ließen. Er bezeichnet – wenn denn überhaupt an ihm festgehalten werden soll – vielmehr eine spezifische Qualität der Beziehung zwischen den Mitgliedern einer Institution und dem Sozialwissenschaftler, nämlich die Tatsache, daß die Beziehung und der gemeinsame Verständigungsprozeß über die institutionelle Realität durch die Dynamik des Nichtwissens vorangetrieben wird. Dadurch kommen die im Alltagsleben der Institution selbstverständlich vorausgesetzten und vollzogenen Unterscheidungen und Grenzziehungen in Bewegung. Die Erforschung latenter institutioneller Strukturen und Prozesse ist also untrennbar an die *Intervention* des Sozialwissenschaftlers geknüpft – das heißt an die Einführung einer im Alltag der Institution bisher nicht vorgesehenen Unterscheidung, durch die automatisch alle vertrauten Unterscheidungen und Grenzziehungen, die das gemeinsame Verhalten in der Institution bestimmen, in Bewegung geraten.

Der Begriff des »Unbewußten« in der Institution zielt auf ein spezifisches Moment jeder Intervention: daß der psychoanalytisch arbeitende Sozialwissenschaftler im Augenblick der Intervention Unterscheidungen einführt und verwendet – und das heißt auch: Entscheidungen fällt, die er selbst so wenig wie die Mitglieder der Institution im Moment der Operation in ihrer institutionellen Bedeutung durchschauen kann. Es liegt im Augenblick der Intervention nicht in seiner Macht, vorauszusehen und zu kontrollieren, welche Antwort seine Intervention von seiten der Institution erfährt und welche Seiten der institutionellen Realität dadurch sichtbar werden. Es ist wichtig, daß sich der Sozialwissenschaftler dessen bewußt ist, daß er sich – wie Luhmann (1991, S. 68) betont hat – hier einer streng kognitiven Limitation gegenübersieht, die allein aus der Tatsache folgt, daß er selbst Teil des institutionellen Interaktionszusammenhangs ist, den er beobachtet und in dem er handelt – eine Limitation, die unabhängig von den Interessen, Abwehrbedürfnissen und strukturellen Widersprüchen ist, die das institutionelle System sich nicht zugestehen kann.

Um die latenten Strukturen und Prozesse einer Institution ans Licht zu bringen und ihre Bedeutung in einem Prozeß gemeinsamer Konsensbildung verstehen zu können, bedarf es also einer »institutionellen Intervention«. Sie setzt einen klar definierten und abgegrenzten Rahmen voraus. Er setzt den Interaktionen, die in der Beziehung zwischen dem Sozialwissenschaftler und den Mitgliedern der Institution ablaufen, eine Grenze, bindet das Geschehen an eine gemeinsame Abmachung und vereinbarte Konvention. Zu ihm gehört auch eine Vereinbarung darüber, an welchem miteinander geteilten Ziel und welcher Aufgabe sich die Beteiligten im komplexen Interaktionsgeschehen als einem Dritten oder Außenbezug orientieren wollen.

Ein klar gesetzter Rahmen ist eine Voraussetzung dafür, daß latente institutionelle Bedeutungen und Strukturen ans Licht kommen. Er ist die Grenze, an der sich die Dynamik der gemeinsamen Interaktion bricht. Denn vom ersten Augenblick der Beziehung an versuchen die Beteiligten, den Rahmen zu sprengen und sich ungebremst der institutionellen Dynamik zu überlassen, welche die gemeinsame Beziehung bestimmt. In der Art und Weise, wie sie den Rahmen zu sprengen versuchen, treten die latenten Bedeutungen, Intentionen und Zusammenhänge ans Licht, die im manifesten Verhalten als dessen andere Seite unausgesprochen mitgemeint sind. Was mit dem Begriff des »Unbewußten« in der Institution gemeint ist, beruht also auf der Erfahrung des Bruchs und der Grenzverletzung. Nebenbei bemerkt: Darauf, daß ein klar bestimmter Rahmen allen Beteiligten einen Bezugspunkt bietet, der jenseits des Auf und Ab des institutionellen Geschehens liegt, beruht auch seine Schutzfunktion.

Die Verunsicherung und In-Frage-Stellung der vertrauten Sichtweisen *aller* Beteiligten, die mit jeder institutionellen Intervention verbunden sind, sind nur tragbar innerhalb eines klaren Rahmens, der die Beziehung zwischen den Mitgliedern der Institution und dem Sozialwissenschaftler schützt. Beide können sich den verborgenen Strukturen und Prozessen, die in ihrer Beziehung ans Licht kommen können, nur zuwenden und an ihrer Aufklärung arbeiten, wenn ein Rahmen geschaffen werden kann, der ein ausreichendes Maß an Sicherheit und Orientierung bietet, um institutionelle Abwehren, Tabus usw. so weit lockern zu können, daß Dinge zur Sprache kommen können, die bisher der Zensur zum Opfer gefallen sind. Es bedarf eines geschützten Raumes und einer Kontrolle der Grenzbedingungen, die für die gemeinsame Beziehung gelten sollen. Der Schutz, dessen die gemeinsame Erforschung latenter institutioneller Strukturen und Prozesse bedarf, ist primär nicht das Ergebnis subjektiven Beschützens und Beschütztwerdens, sondern zunächst und vor allem eine transsubjektive Funktion des gesetzten Rahmens der gemeinsamen Beziehung.

Ich habe gesagt, daß der Begriff des »Unbewußten« in der Institution keine objektiv benenn- und fixierbaren Inhalte bezeichnet, sondern vielmehr die Tatsache, daß die Beziehung und der gemeinsame Verständigungsprozeß zwischen dem Sozialwissenschaftler und den Mitgliedern der Institution über die institutionelle Realität durch die Dynamik des Nichtwissens vorangetrieben wird. Welchen Stellenwert haben dann aber die Theorien und Forschungsergebnisse, die wir über die Dynamik von Gruppen und Institutionen besitzen – das also, was wir über die Institution an positivem Wissen uns angeeignet haben?

Ohne Frage braucht der Sozialwissenschaftler, der die psychosoziale Dynamik von Institutionen verstehen will, eine sichere Kenntnis der einschlägigen psychologischen, gruppendynamischen, organisationspsychologischen und systemischen Theorien und muß über sie flexibel verfügen können. Die Theorien können ihm helfen, sich angesichts der komplexen institutionellen Strukturen und Prozesse zu orientieren und die nötige Distanz zum unmittelbaren Geschehen zu gewinnen, in das er verwickelt ist. Sie können Gesichtspunkte bieten, die über die eingeschliffenen Sichtweisen der Mitglieder der Institution, aber auch des institutionellen Analytikers selbst hinausführen. Das bedeutet aber nicht, daß sich aus den Theorien, die dem Sozialwissenschaftler zur Verfügung stehen, ableiten ließe, was in einer Institution »in Wirklichkeit« vor sich geht. Denn allgemeine theoretische Aussagen über die Dynamik psychosozialer Prozesse formulieren immer nur Möglichkeiten (und meist alternative, das heißt für verschiedene Interpretationen offene), behaupten aber nichts. Behauptende Aussagen sind immer nur in einer konkreten, »klinischen« Untersuchung möglich.

Jeder Versuch, aus allgemeinen Theorien abzuleiten, was in einer Institution konkret »der Fall ist«, muß dazu führen, daß das Latente und Unbekannte dieser Institution verfehlt wird. Dies wird nur zugänglich, wenn der Sozialwissenschaftler sich auf die Dynamik der Beziehung zu den Mitarbeitern der Institution einläßt. Dann muß er, wie ich bereits gesagt habe, wenigstens zeitweilig so nützliche Dinge wie Gedächtnis, bewußte Zielsetzungen und theoretische Konzepte, die zu seinem wissenschaftlichen Instrumentarium gehören, aufgeben. Das heißt, in der konkreten Situation einer institutionellen Analyse gehören die wissenschaftlichen Theorien über Individuum, Gruppe und Institution zum latenten Hintergrundwissen; sie sind ein theoretischer Rahmen, den der Sozialwissenschaftler in seine Beziehung zu den Mitgliedern der Institution einbringt. Ihre Relevanz für den Prozeß des Verstehens institutioneller Realität bekommen sie dadurch, daß sie in die Dynamik der Interaktionsprozesse hineingezogen werden. Der Sozialwissenschaftler macht dann die Erfahrung, daß seine theoretischen Konzepte gesprengt und erschüttert werden.

So nötig der institutionelle Analytiker eine theoretische Orientierung braucht, um nicht im institutionellen Geschehen unterzugehen, so notwendig ist es zugleich, daß er den Theorien gegenüber »respektlos«, das heißt bereit ist, theoretische Positionen aufzugeben, wenn sie zum Hindernis für die Wahrnehmung und das Verstehen werden (Ceachin u. a., 1993). Er stößt genau dort auf latente institutionelle Bedeutungen und Prozesse, wo seine Beobachtungen und die der Mitglieder der Institution den Rahmen seiner Theorie sprengen. Auch hier geht es also um die Bruchstellen, an denen sich das positive theoretische Wissen im Kontext des komplexen institutionellen Geschehens als Nichtwissen erweist. Damit wird es zum Motor einer Suchbewegung nach dem Unbekannten und Unverstandenen. Das Grundmuster dieser Bewegung läßt sich vielleicht vereinfacht so umschreiben: »Psychoanalytische, gruppendynamische und systemische Theorien besagen, daß in Institutionen diese Art von Prozessen abläuft. Ja, aber was heißt das, jetzt und hier?« Die Antwort auf diese Frage läßt sich nicht aus den Theorien ableiten. Um sie zu finden, muß sich der Sozialwissenschaftler auf die Beziehung zu den Mitgliedern der Institution einlassen.

Aus den bisherigen Überlegungen folgt, daß das »Unbewußte« in Institutionen nichts ist, was unter der Oberfläche der beobachtbaren Interaktionen und Handlungen liegt. Es ist mit diesen Interaktionen und Handlungen identisch – allerdings in einem spezifischen Sinne. Alles, was Individuen, Gruppen und andere Subsysteme in einer Institution beobachten, denken, planen, tun oder lassen, geschieht eingebettet in einen komplexen Systemzusammenhang. Jede einzelne institutionelle Beziehung ist Teil eines Beziehungsgefüges, das über sie hinausgreift.

Was immer die Mitglieder einer Institution – und der Sozialwissenschaftler in seiner Beziehung zu ihnen – tun, steht in einem – meist unausgesprochenen und unreflektierten – Bezug auf Drittes. Dies Dritte ist in jeder Äußerung und Handlung mitgemeint, sehr oft aber versteckt. Im institutionellen Interaktionssystem herrscht eine spezifische Form der Spannung, die Rice (1976, S. 25 ff.) beschrieben hat: Auf der einen Seite geschieht alles in den institutionellen Beziehungen unter Bezug auf dritte Instanzen jenseits der Grenzen der jeweiligen Beziehungen; auf der anderen Seite können Individuen oder Gruppen sich in einer Institution nur dann wirklich aufeinander einlassen, wenn sie sicher sind, daß die dritten Instanzen nicht unkontrolliert und jederzeit in den Innenraum der Beziehung einbrechen können. Die Beziehung muß gegen das Außen so weit abgegrenzt sein, daß nicht in jedem Augenblick alles durch das unmittelbare Einwirken des Dritten gestört und damit wieder ganz anders ist. Anderenfalls können die Beteiligten die Aufgaben nicht bewältigen, die ihnen in der Institution aufgetragen sind.

Geht jedoch der Bezug auf das Außen, auf dritte Instanzen verloren, so verlieren die Beteiligten den Kontakt zur Aufgabe und zur institutionellen Realität. Es entwickeln sich Interaktions- und Arbeitsformen, die nur von partikulären Wünschen und irrationalen gemeinsamen Phantasien geleitet sind. Was auf diese Weise geschützt werden soll, sind die geteilten Größen- und Machtphantasien; die Ungestörtheit und Sicherheit; institutionelle Macht und Herrschaft; Loyalitäten und Gehaltensein – das also, was die Mitglieder in einer Institution aneinanderbindet und was nur durch Ausgrenzung des Störenden und Anderen gesichert bleibt. Geht die Spannung zwischen dem Innen- und dem Außenbezug verloren, so wird von den Beteiligten nur mehr das, was auf der einen Seite der Grenze geschieht, thematisiert und beobachtet – zum Beispiel die »Beziehungskonflikte« innerhalb eines Teams –, ohne daß noch reflektiert würde, wie sie mit der Beziehung zu den Klienten zusammenhängen.

All das, was auf der anderen Seite bleibt – die Aufgabe, die Klienten, die Führung usw. –, kommt nur verdeckt und in seiner wirklichen institutionellen Bedeutung unerkannt ins Spiel. Die – verleugneten, ausgeklammerten, an den Rand geschobenen – institutionellen Instanzen, kurz: *das Dritte* bleibt diffus und unklar definiert. Es kann damit auch nicht in die eigenen Interaktions- und Handlungsstrategien bewußt integriert werden. Ich meine also: Das, was man das »Unbewußte« in Institutionen nennen könnte, ist der verleugnete und ausgeblendete Bezug auf dritte Instanzen, der alle Interaktionen und Handlungen im komplexen Interaktionssystem einer Institution bestimmt. Oder um eine Formulierung Fürstenaus (1992, S. 53) aufzugreifen: Das »Unbewußte« ist das »Nicht-Integrierte«. Es ist das Produkt einer unvollständigen und für die Bewältigung der institutionellen Aufgaben ungenügenden Strukturbildung bzw. Folge desintegrierender Operationen. Das Dritte soll nicht sein, weil es als Bedrohung, Irritation und Störung der jeweiligen Beziehung zwischen Individuen oder Gruppen in der Institution betrachtet und gefürchtet wird. Es ist das, was niemals vollständig gewußt und kontrolliert werden kann. Keiner derjenigen, die an einer institutionellen Beziehung beteiligt sind, kann sicher vorhersehen, auf welche Art und Weise dritte Instanzen auf das eigene Verhalten und Handeln antworten und reagieren. Deshalb ist die Auseinandersetzung mit ihnen ein zentraler Bestandteil der institutionellen Arbeit. Es ist eine Arbeit des Unterscheidens, Abgrenzens und Integrierens.

So wird noch einmal verständlich, warum die Analyse der verborgenen institutionellen Struktur und Dynamik an eine Intervention gebunden ist. In der Beziehung zu den Mitarbeitern der Institution repräsentiert der psychoanalytisch arbeitende Sozialwissenschaftler *das Dritte*, den Außenbezug – das, was verleugnet, ausgestoßen, assimiliert oder vernichtet werden soll.

Otto F. Kernberg

Regression in der Organisation *

Nachdem ich die Auswirkungen von Gruppenprozessen auf die Gruppenmitglieder betrachtet habe, wende ich mich nun der Verlaufsgeschichte jener Beziehungen zu, die zwischen Führungspersönlichkeit, Organisationsstruktur, in der Organisation auftretenden Gruppenprozessen und den Aufgaben der Organisation bestehen. Der Fokus wird auch hier die psychiatrische Organisation sein.

Es kommt vor, daß die Durchführung von Behandlung, Forschung und Ausbildung durch die Persönlichkeitsprobleme des Leiters eingeschränkt erscheinen. Sehr oft betrachtet das Personal den Leiter als willkürlich und autoritär, als ob er/sie Macht mißbrauchen würde, um Handlungsabläufe durchzusetzen, die den gemeinsamen Zielen schaden; eine Wahrnehmung, die unzutreffend sein kann. Häufig besteht beim Personal auch die gemeinsame Auffassung – oder Phantasie –, wonach der Leiter als verständnislos, arrogant und nachtragend erscheint. Eine sorgfältige Analyse der Gesamtsituation durch auswärtige Berater deckt jedoch häufig ganz verschiedene und zuweilen ziemlich komplexe Situationen auf, besonders dann, wenn die modernen Verfahren zur Untersuchung von Organisationen angewandt werden.

Die Effektivität der Führung hängt weder ausschließlich noch primär von der Führungspersönlichkeit ab. Die erste Bedingung für das effektive Funktionieren einer Organisation – einschließlich ihrer Führung – ist eine adäquate Beziehung zwischen der Gesamtaufgabe der Organisation und ihrer Verwaltungsstruktur; die Aufgabe sollte sinnvoll und nicht trivial sein und unter Voraussetzungen der vorhandenen Mittel auch durchführbar und nicht unüberwindlich.

* Erschienen als Kap. 12 in O. F. Kernberg *Innere Welt und äußere Realität* (1988). Abdruck mit freundlicher Zustimmung des Klett-Cotta-Verlages.

Psychiatrische Institutionen wirken in ganz verschiedenen Umwelten, und ihre Effektivität bei Therapie-, Ausbildungs- und Forschungsaufgaben hängt ebenso von der Angemessenheit ihrer menschlichen und materiellen Ressourcen wie von ihrer Interaktion mit der Umwelt ab. Wenn eine dieser Bedingungen nicht erfüllt ist – wenn die Ressourcen für die Aufgabe nicht ausreichen oder der normale Fluß von Ressourcen und »Produkten« über die Institutionsgrenzen hinweg zusammenbricht, oder wenn widersprüchliche Ziele oder die Uneinigkeit über Prioritäten die funktionale Beziehung zwischen Aufgaben und Verwaltungsstruktur stören –, dann verschlechtern sich die Strukturen der Aufgabengruppe in der Organisation, die Moral bricht zusammen und die Gruppenprozesse in der Organisation regredieren; diese Regression beeinträchtigt wiederum in hohem Maße die Qualität und Effektivität der Führung. Wenn sich die Annahmen der Kampf-Flucht-Gruppe oder der Abhängigkeitsgruppe herausbilden (Bion, 1961), dann verschiebt oder reduziert sich die Führung von der ursprünglich aufgabenorientierten Gruppe auf Positionen hin, die zu den emotionalen Bedürfnissen ihrer Angehörigen oder des Personals komplementär sind: Ein Personal, das (in der Abhängigkeitsgruppe) eine primitive Art von Führung durch eine allmächtige, gebende Figur erwartet, oder (in der Kampf-Flucht-Gruppe) eine mächtige oder gefährliche Kontrollautorität, verleitet oder provoziert den Aufgabenleiter zur Regression. Wenn diese Gruppenprozesse unaufgeklärt bleiben, kann es sein, daß nur ihr Endergebnis sichtbar wird, und zwar in Form einer scheinbar primitiven, unangemessenen Führung, und im engeren Sinne von negativen Wirkungen der Führungspersönlichkeit auf die Organisation.

Die in psychiatrischen Organisationen vorkommenden Gruppenprozesse werden jedoch nicht nur vom Grad der Aufgabenorientierung und der Aufgabenadäquatheit seitens der Verwaltungs- und Therapiestrukturen beeinflußt. Die Eigenart der in psychiatrischen Institutionen durchgeführten Aufgaben, besonders bei Institutionen, in denen stark regredierte Persönlichkeiten behandelt werden, übt ebenfalls einen starken Einfluß auf diese Gruppenprozesse aus. Ich meine damit die Reproduktion der pathologischen Innenwelt von Objektbeziehungen, die durch Borderline- und psychotische Patienten in den Gruppenprozessen ausgelöst

wird, welche das Personal und die Patienten in jeder Versorgungseinheit, Station oder Abteilung betreffen. Zu bestimmten Zeiten
können stark regredierte Patienten in den formellen und informellen Patienten- und Personalgruppen einer Versorgungseinheit
Grundannahmen-Gruppenprozesse auslösen. Dadurch wird die
Führung und vermutlich auch die Verwaltungsstruktur der gesamten Versorgungseinheit negativ beeinflußt. Man könnte sagen, daß
die Art des »Produkts«, mit dem es die psychiatrischen Institutionen zu tun haben – primitive, tiefreichende menschliche Konflikte –, das Funktionieren solcher Institutionen stark beeinflußt.

Auch hier wiederum wird wohl nur das Endprodukt eines Ket-
tenprozesses sichtbar, und der Verwalter der Versorgungseinheit
oder des Krankenhauses kann als eine willkürliche, bedrohende und
irrationale Figur erscheinen. Nur eine sorgfältige Organisationsanalyse kann die Beziehung zwischen Patientenproblemen und
Führungsproblemen zutage fördern.

Es ist allerdings möglich, daß eine ernsthafte Psychopathologie
auf seiten des Leiters tatsächlich für die Probleme der Arbeitsmoral,
für den Zusammenbruch von Aufgabengruppen und für die Entwicklung von regressiven Gruppenprozessen verantwortlich ist.
Das Problem liegt dann darin, die Aktivierung der emotionalen Regression des Leiters, in der sich emotionale Probleme spiegeln, vom
Zerfall der Organisationsfunktionen, worin sich die Psychopathologie des Leiters spiegelt, zu unterscheiden.

Die herkömmliche Analyse der institutionellen Betriebsführung
konzentriert sich auf die Persönlichkeit des Leiters, besonders auf
solche »angeborenen« Eigenschaften wie »Charisma« oder »Autorität«. Die psychoanalytische Denkweise konzentriert sich auf Störungen in der Wahrnehmung des Verwalters oder Leiters auf seiten
des Personals; Störungen, die mit den irrationalen Beziehungen zur
Autorität zusammenhängen und auf frühkindliche Konflikte, vor
allem die ödipale Situation, zurückgehen. Neuere soziologische
Denkansätze betonen die »Rollen«-Aspekte der Führungsfunktion
– das heißt die Aktivierung gesellschaftlich sanktionierter und anerkannter Funktionen, bei denen Führungsperson und Gefolgschaft
wechselseitig sich verstärkende Wahrnehmungen und Verhaltensweisen zeigen (Adorno et al., 1950; Hodgson et al., 1965; Levinson,
1968). Diese soziologische Ansicht konzentriert sich auf die in Or-

ganisationen häufig entstehende Verwirrung zwischen der Führungspersönlichkeit, ihrem Verhalten bei der Ausübung bestimmter Rollen und der Wahrnehmung ihres Verhaltens durch das Personal, dem die Unterscheidung zwischen Rolle und Persönlichkeit nicht leicht fällt (besonders dann nicht, wenn die Wahrnehmung der Führungspersönlichkeit durch unbewußte Konflikte verzerrt ist).

In jüngster Zeit hat die Anwendung psychoanalytischer Methoden auf Kleingruppenprozesse (Bion, 1961; Rice, 1965; Rioch, 1970a, b) die Aktivierung von primitiven Gefühlsinhalten und Abwehrvorgängen in unstrukturierten und informellen Gruppen nachgewiesen, die normalerweise bei allen Individuen latent vorhanden sind und nur bei Patienten mit schwerer Regression manifest werden, zum Beispiel bei Borderline-Zuständen und funktionalen Psychosen. Diese Ergebnisse erschweren die Untersuchungen über die Interaktion zwischen Führungspersönlichkeit, Verhalten, Wahrnehmung dieses Verhaltens durch das Personal und der wechselseitigen Auslösung von regressivem Verhalten bei Personal und Führungspersönlichkeit unter dem Einfluß von regressiven Gruppenprozessen.

An diesem Punkt kann ein systemtheoretischer Ansatz hilfreich sein, und zwar nicht nur bei der Klärung, in welcher Weise Führungspersönlichkeit, Gruppenprozesse, Organisationsstruktur und Organisationsaufgaben sich wechselseitig beeinflussen, sondern auch um die Hauptquelle jener Störungen nachzuweisen, die alle diese Elemente beeinflussen. Ein systemtheoretischer Zugang zu Organisationen betrachtet die Institution als Gesamtsystem, das verschiedene Subsysteme dynamisch und hierarchisch integriert (zum Beispiel Führungspersönlichkeit, Art der Gruppenprozesse, Aufgabensysteme und Verwaltungsstrukturen der Organisation) und faßt die Umwelt der Organisation als ein Suprasystem auf, das die Institution auf dynamisch und hierarchisch organisierte Weise beeinflußt (Rice, 1963, 1969; Levinson und Klerman, 1967; Dolgoff, 1973).

Ein systemtheoretischer Ansatz kann auf die Arbeit in psychiatrischen Institutionen einen bedeutsamen diagnostischen und korrigierenden Einfluß ausüben. Er steht im Gegensatz zu linearen und mechanischen Modellen, die die Quellen von Organisationsstörungen dem einen oder anderen der erwähnten Sub- oder Suprasysteme zuschreiben.

Manchmal ist die Aufgabe unüberwindbar, manchmal werden Institutionen von Führern geleitet, die für ihre Arbeit schlecht geeignet sind. Es ist wichtig, zwischen einer solchen Situation und der viel häufiger vorkommenden zu unterscheiden, wo das Führungsproblem ein Symptom und nicht die Ursache darstellt. Es kann vorkommen, daß der größte Teil der Energie einer Institution für die »Heilung« des Leiters aufgebracht zu werden scheint; und es kann sehr gut sein, daß die erstaunliche Fähigkeit so vieler Menschen an so vielen Stellen, eine unbefriedigende Situation über längere Zeit hinweg zu ertragen, darauf hinweist, wie befriedigend es ist, die Ursache aller Probleme dem Verwalter zuzuschreiben, statt sich auf die unbequeme und komplexe Interaktion der verschiedenen Systeme zu konzentrieren, die zu seinem Verhalten beitragen.

Unerwähnt geblieben ist bisher die politische Dimension von Interessenkonflikten zwischen institutionellen Gruppen, die deren Beziehung sowohl zur Aufgabe als auch zur Führung beeinflussen. Wenn wir politische Bestrebungen als bewußte oder unbewußte Bemühungen von einzelnen oder von Gruppen auffassen, ihre Interessen zu verteidigen und ihren Einfluß auf die »Grenzen« anderer einzelner oder Gruppen auszudehnen, dann läßt sich das politische Handeln als ein normaler Aspekt von institutionellen Interaktionen betrachten. Sofern die Gruppeninteressen auf die Identifikationen der Mitglieder mit Werten sozialer, kultureller oder beruflicher Art zurückgehen, entstehen Konflikte zwischen der Zugehörigkeit zu »Aufgaben«-bestimmten beziehungsweise »nicht-Aufgaben«-bestimmten Gruppen – »sentience«-groups; »Gefühlsklima«-Gruppen (Miller und Rice, 1967). »Gefühlsklima« bezeichnet hier die emotionalen Bindungen, die sich auf Gruppenbildung und Zusammenhalt auswirken; solche Gefühlsverbindungen können sich aus der Aufgabenerfüllung selbst oder aus vergangenen oder gegenwärtigen, realen oder phantasierten Gemeinsamkeiten ergeben, die die Individuen in Gruppen verbinden. Politische Bestrebungen können die Versuche zum Ausdruck bringen, zwischen diesen widerstreitenden Identifizierungen ein optimales Gleichgewicht herzustellen.

Wenn sich aber die politischen Bestrebungen zu einer ideologischen Verpflichtung entwickeln, ungeachtet der Aufgabenanforderungen ein optimales Gleichgewicht zwischen politisch entgegengesetzten Gruppen herzustellen, dann ergibt sich für das Funktionieren der Organisation eine neue Komplikation. Psychiatrische Institutionen haben grundsätzlich einen professionellen und technischen Zweck und keinen politischen, und es kann zu ernsthaften Störungen bei der Aufgabe, bei den Gruppenprozessen und bei der Führung kommen, wenn die aufgabenorientierten oder funktionalen Ziele durch politische ersetzt werden. Die »Demokratisierung« einer Verwaltungsstruktur kann zum Beispiel als Ideallösung für Organisationskonflikte betrachtet werden, wobei sich in der Folge die Aufgabengruppen, besondere Fertigkeiten, individuelle Funktionen und Verantwortlichkeiten verschlechtern. Es ist eine Illusion, zu glauben, daß eine autoritäre Haltung in Institutionen sich durch Demokratisierung statt durch eine funktionale Analyse der Aufgabenbedingungen und ihrer entsprechenden funktionalen Verwaltungsstrukturen erfolgreich überwinden lasse. Ebenso wie die Diktatur von Individuen gibt es die Diktatur von Gruppen, und sie kann ebensosehr das Resultat einer Lähmung wie das einer Launenhaftigkeit an der Spitze sein.

Einige klinische Beispiele für die vorangegangenen theoretischen Ausführungen könnten hilfreich sein.

Die Abteilung für soziotherapeutische Aktivitäten einer psychiatrischen Klinik hielt ihren Leiter für untauglich, schwach und wankelmütig. Eine Organisationsanalyse der Abteilungsfunktion ergab, daß (als Folge einer Aufgliederung der Klinik in »Einheiten« oder Abteilungen) wichtige Veränderungen aufgetreten waren, die zu einem Konflikt zwischen unabhängigen Krankenhauseinheiten und einer integrierten Organisation der Aktivitätenabteilung führten. Dieser Konflikt hatte zu unerträglichen Komplikationen bei der Planung von Versammlungen, Berichten und der interdisziplinären Arbeit geführt. Es wurde eine Veränderung in der Verwaltungsstruktur und in den Funktionen der Aktivitätsabteilung gemäß den neuen Entwicklungen in der Klinik erreicht, mit dem Ergebnis, daß die Funktion der Aktivitätsabteilung auf flexible Weise in die neuen Einheiten integriert wurde, wobei bestimmte Spezialisten der Aktivitätsabteilung weiterhin der Klinik zur Verfügung standen. Die anschließende Auflösung der Spannungen innerhalb der Klinik und der Aktivitätsabteilung selbst führten zu einer grundlegenden Veränderung in der Art und Weise, wie die Aktivitätsabteilung ihre Führung betrachtete. Ihr Direktor und seine Mitdirektoren wurden nun als stark und zuverlässig angesehen.

In einem anderen Fall brach ein heftiger Konflikt zwischen einem Klinikdirektor, mehreren fachärztlichen Beratern, dem an der Klinik ansässigen Psychiater (der mit der Behandlung eines sehr schwierigen Falles betraut war) und mehreren anderen Personalangehörigen aus, die für die streitenden Gruppen Partei ergriffen. Eine vom Direktor angeführte »In-Group« war der Auffassung, der Patient sei zu »nachsichtig« behandelt worden und daß die Strukturierung des Klinikmilieus unzulänglich war sowie daß der antiautoritäre Protest des Klinikpsychiaters die Behandlungssituation erschwert habe: Der Patient wurde so angesehen, als ob er den Protest des Psychiaters agieren würde. Eine »Außengruppe«, bestehend aus mehreren Personalangehörigen, dem zuständigen Klinikpsychiater und seinem Supervisor, hatte den Eindruck, daß die Ichschwäche des Patienten unterschätzt worden war, daß mehr Zeit und Geduld erforderlich war – und der Patient nicht fortwährend konfrontiert werden sollte. Die Außengruppe erlebte den Direktor als ziemlich rücksichtslos und dominierend in seiner Art, wie er die Klinikkonferenzen leitete, auf denen der Fall erörtert wurde. Eine Analyse dieser Situation ergab, daß beim Patienten eine ganz spezifische intrafamiliale Dynamik aktiviert und auf die Beziehungen innerhalb des Personals projiziert worden war, wodurch sich die potentiellen Konflikte um Autorität und Macht bei allen an der Behandlung dieses Patienten Beteiligten verstärkten. Sobald dies geklärt und die Spaltung innerhalb des Personals behoben war, ließ sich bei der psychotherapeutischen und klinikinternen Behandlung des Patienten ein besseres Verständnis seiner Dynamik anwenden.

Konflikte in einer psychiatrischen Klinik, die sich zwischen den Abteilungen Rehabilitation, Arbeitstherapie und Spieltherapie entwickelt hatten, wurden zunächst als persönliche Konflikte wahrgenommen, die mit der Macht von zweien der drei Leiter dieser Gruppen zu tun hatten; später stellte sich heraus, daß dem einen Leiter tatsächlich eine gewisse Autorität über die beiden anderen erteilt worden war, aber ohne ein klares Mandat, wer nun an den Grenzen der drei Abteilungen die Kontrolle ausüben sollte. Soweit die drei Abteilungen selbständig funktionierten und keine klare Koordination oder Integration aller dieser Tätigkeiten möglich war, vermittelte der Leiter, der probeweise gewählt worden war, um den gesamten Bereich zu leiten, ein Bild der Unsicherheit und des Zweifels.

Es stellte sich die Frage, wo denn nun das Problem verborgen lag. In der Persönlichkeit des Leiters, der seine Autorität nicht über die gesamte Abteilung durchzusetzen vermochte? In der Eigenart der Verwaltungsstruktur dieser drei Abteilungen, die in einer verwirrenden Weise ineinander übergingen und sich über die gesamte Klinik verteilten? In der Eigenart der Aufgabe, die unscharf geworden war, nachdem Änderungen in der allgemeinen Orientierung der Klinik und im Einsatz von Arbeits-, Spiel- und Rehabilitationseinrichtungen mit dem herkömmlichen Erfahrungshintergrund dieser Abteilungen kollidierten? Um eine Antwort zu finden, ist es hilfreich, zunächst einmal folgendes zu definieren: erstens die Art der Aufgabe und ihre Restriktionen; zweitens die für diese Aufgabe erforderliche optimale Verwaltungsstruktur; drittens die Eigenart und der Umfang der vom Leiter verlangten funktionalen Autorität; viertens die technischen und konzeptuellen Eignungen und Verpflichtungen und fünftens die Persönlichkeitseigenschaften des Leiters, die mit dem Problem zusammenhängen können.

Für praktische Zwecke ist es manchmal hilfreich, einfach einen neuen Verwaltungsleiter zu suchen und dabei eine Person auszuwählen, die nachweislich über konzeptuelle, technische und persönliche Fähigkeiten verfügt (Katz, 1955), um die Art der Aufgabe und die erforderliche Verwaltungsstruktur zu diagnostizieren, so daß die Wahl des Leiters einer adäquaten Diagnose aller übrigen Faktoren vorhergeht – in der Hoffnung, daß eine Lösung gefunden werden kann, bevor das Problem vollständig diagnostiziert ist. Es gibt auch eine alternative Methode: zuerst die Eigenart der Aufgabe und die dazu notwendige Verwaltungsstruktur zu diagnostizieren und erst dann nach der »richtigen Person« zu suchen. Diese zweite Methode läuft langsamer ab und verlangt mehr Input von der Organisation als Ganzes, bevor eine Entscheidung im Hinblick auf den neuen Leiter getroffen werden kann; sie ist aber vermutlich weniger riskant als die erste. Es ist viel leichter, die benötigte Person einzustellen, wenn die Art der Aufgabe und ihre Zwänge geklärt sind, auch wenn Zeitüberlegungen oder politische Organisationszwänge eher für die erste Methode sprechen mögen. Jedenfalls sollte die Analyse der Aufgabenprioritäten und Verwaltungsanforderungen einen gewissen Sicherheitsspielraum im Hinblick auf zukünftige Probleme schaffen, die – zu Recht oder zu Unrecht – unter der Maske persönlicher Schwierigkeiten des Leiters erneut auftauchen können. Verborgene Widersprüche zwischen den vordergründig formulierten Zielen und den tatsächlichen, zugrundeliegenden Zielen von Organisationen zeigen sich manchmal in der symptomatischen Wahl einer ganzen Reihe von inkompetenten oder naiven Leitern für eine unmögliche Aufgabe.

Ungelöste Probleme in der Persönlichkeit des Verwalters und ungelöste Probleme in der Eigenart der besonderen Aufgabe der Organisation und ihrer Verwaltungsstruktur sind nicht die einzigen Quellen für den Regressionsdruck auf die Funktionen des Verwalters. Der amtierende Verwalter einer psychiatrischen Institution besetzt mehrere Grenzen. Erstens die Grenzen zwischen der Organisation und ihrer sozialen Umwelt, wobei Widersprüche in der sozialen Umwelt und der aus ihr stammende Druck ebenso wie die Widersprüche und der Druck der Institution selbst sein psychisches Funktionieren beeinträchtigen können. Zweitens besetzt der Leiter die Grenze zwischen seinem beruflichen Hintergrund oder seinen Überzeugungen (sentience; »Meinungsklima« oder »Gefühlsklima«) und der Art der Aufgabe, die innerhalb der Organisation gestellt ist. Drittens besetzt er auch die Grenze zwischen seinem persönlichen Wertsystem, den ethischen Verpflichtungen und den durch die Aufgabe bestimmten Anforderungen, sich selbst in ein Verhältnis zur sozialen Organisation zu setzen. Loyalitätskonflikte, die mit moralischen Überzeugungen zusammenhängen und andere Entscheidungssituationen, in denen Mut gefordert wird, können gelegentlich in den Vordergrund rücken und auf die Funktion des Leiters einen regressiven Druck ausüben.

Ein wichtiges Mittel, das dem Verwalter das optimale Funktionieren seines Systems zu bewerten erlaubt, ist die Untersuchung von Gruppenprozessen in seiner Einheit, Station, Abteilung oder Institution. Die technische Anwendung seiner Kenntnisse über Gruppenprozesse wird ihm zu bemessen erlauben, in welchem Grad Aufgabengruppen »Arbeitsgruppen« sind oder von Grundannahmengruppen beeinflußt werden (Bion, 1961). Die Analyse der Inhalte von regressiven Gruppenprozessen kann die »heimliche Tagesordnung« der Institution aufdecken und damit einen Prüfstein für die Adäquatheit der Aufgabenerfüllung und der Verwaltungsstruktur liefern. Zur gleichen Zeit und soweit die Patienten einzeln und / oder als Gruppe innerhalb der Institution behandelt werden, erlaubt die Analyse solcher regressiver Gruppenprozesse die Durchführung einer sehr wichtigen Diagnosearbeit hinsichtlich der Konflikte in der Objektbeziehungs-Innenwelt der Patienten. Beide Arten des Regressionsdrucks – die »heimliche Tagesordnung« der Organisation und die Störungen der sozialen Prozesse, ausgelöst durch regredierte Patienten – erhellen die Verzerrungen, mit denen der Verwalter gesehen wird oder die Reaktionen der Übertragung auf ihn bei der Ausübung seiner Berufs- und Verwaltungsrolle. Kurz, die Analyse von regressiven Gruppenprozessen kann die Folgen von Konflikten bei Organisation und / oder Patienten aufdecken und damit auf dem Wege der Eliminierung zur Einschätzung beitragen, wieweit die Persönlichkeit des Verwalters die Situation erschwert.

Formen des Regressionsdrucks auf den Leiter

Verschiedene Aspekte der Verwaltung oder Betriebsführung üben auf das psychische Funktionieren des Verwalters verschiedene Formen von starkem Regressionsdruck aus. Dazu gehören die Einsamkeit seiner Position, das Fehlen einer spontanen und unbehinderten Rückmeldung von ranggleichen Personen, die zu jeder wichtigen Entscheidung gehörende Unsicherheit, und alles dies kann Ängste hervorbringen. Die ödipale Angst vor dem Versagen oder Scheitern, die Enttäuschung von Abhängigkeitsbedürfnissen, eine allgemeine Aktivierung von Konflikten um Aggression beim Verwalter als Leiter und als Beteiligter verschiedener Gruppenprozesse – dies alles trägt zu einem solchen regressiven Zug bei. Das ist aber noch nicht alles. Die Interessen der Verwaltung haben generell einen »eindringenden« Charakter. Da sind Organisationsprobleme, die rund um die Uhr in die Privatheit des Denkens eindringen und für die es keine direkte Lösung gibt; das Eindringen in den Lebensraum, wenn das Bild der Öffentlichkeit in den Raum des Privaten eindringt und die Zeit der unbeschwerten Erholung und Freiheit einschränkt; die Bedrohung der Freiheit des Phantasielebens, wenn die inneren Beziehungen zu Menschen und zur Natur, zur Kunst und zur freien Zeit alle von dem Streß angesteckt werden, der mit seiner Verantwortung zusammenhängt.

Aggression

Obwohl eine kreative Verwaltung die Äußerung von Aggressionsbedürfnissen in sublimierter Form zulassen kann, besteht auch die Verlockung, solche Spannungen durch plötzliche Machtausübung zu lösen. Gruppen verleiten ihre Anführer nur allzu leicht zu impulsivem Handeln, aber der Leiter muß dieser Versuchung widerstehen: Gewöhnlich ist er sich bewußt, daß ein Kontrollverlust über seine Wutimpulse verheerende Folgen haben könnte, die weit über jene hinausgehen können, wie sie in gewöhnlichen Situationen auftreten. Die Rollenaspekte seiner Funktion – die formelle Organisationsautorität, die er verkörpert – und die unvermeidliche übertragungsbedingte Verzerrung in der Wahrnehmung seines Verhaltens durch das Personal kann seine Aggressionsäußerungen in gefährlicher Weise verstärken und in den Köpfen seiner Mitarbeiter paranoide Verzerrungen bewirken.

Die Aktivierung paranoider Aggressionsbedürfnisse im Leiter hängt normalerweise mehr vom regressiven Schub der Gruppenprozesse in der Organisation als von seinen Persönlichkeitseigenschaften ab. Gewiß gibt es Leiter mit starken sadistischen Zügen, und wenn ihr aggressives Verhalten durch die übertragungsbedingten Wahrnehmungen und Reaktionen noch verstärkt wird, können sogar relativ geringfügige Ausbrüche in der Organisation zu einem bedeutenden Anlaß werden. Der Einfluß von Gruppenprozessen, die solche Reaktionen im Leiter auslösen und verstärken, ist aber nicht zu unterschätzen. Wenn zum Beispiel ein regressiver Gruppenprozeß vorkommt, der Bions Kampf-Flucht-Annahme entspricht, kann der Leiter dieser Grundannahmen-Gruppe – der häufig die »Stimme der Opposition« vertritt – den Verwaltungsleiter zu einer persönlichen Auseinandersetzung provozieren.

Häufig übernimmt an solchen Nahtstellen der am meisten paranoide und opponierende Personalangehörige die Gruppenleitung und scheint nun sowohl die Gruppe als auch den Verwaltungsleiter selbst zu beherrschen; eine Entwicklung, die beim Verwalter paranoide Regressionsvorgänge auslösen kann. Es kann vorkommen, daß der Verwalter auf den »Herausforderer« mit übertriebener Angst, mit Wut und Autorität reagiert und damit die inneren Konflikte in der Personalgruppe, das heißt die »stillschweigende Unterstützung« jener Herausforderung übersieht, die in der Gruppe besteht; außerdem kann ihm auch die Selbstkritik der anderen Personalangehörigen im Hinblick auf die Gewalt untereinander entgehen. Das Bewußtsein des Verwalters von den Gruppenprozessen und von seinen Reaktionen auf diese kann für ihn sehr hilfreich sein, um eine solche potentiell gefährliche Situation in eine kreative umzuwandeln.

Jeder Leiter einer Gruppe oder Organisation hat es ständig mit Aggressionsäußerungen seiner Untergebenen zu tun, die aus verschiedenen Quellen stammen. Die Aggression, die sich auf Elternbilder und auf ihren Ausdruck und/oder ihre Projektion auf den Leiter richtet, ist ein wichtiger Aspekt des Gruppenlebens: Enttäuschung, Wut und rebellischer Haß bilden das Gegenstück zur Idealisierung des Führers und zur Unterordnung unter ihn, die auf ödipale und präödipale Elternbeziehungen zurückgeht. Bion (1961) äußert die Vermutung, daß die übermäßigen Erwartungen der Abhängigkeitsgruppe einen Haß gegen den Aufgabenleiter erzeugen, der die Bedürfnisse nach vollständiger Befriedigung und die Gruppensehnsucht nach unbegrenzter Abhängigkeit enttäuscht. Die Kampf-Flucht-Gruppe kämpft mit Aggression gegen den Aufgabenleiter, der in verzerrter und paranoider Weise als rachsüchtige und gefährliche Autorität wahrgenommen wird.

Weil der Leiter unvollkommen ist und Fehler macht, lassen sich immer Gründe dafür finden, daß das Personal die tieferen Schichten des irrationalen Hasses gegen ihn in bezug auf die allgemein menschliche Beschränktheit rationalisiert. Der Haß gegen Autorität erscheint dann nur als konsequent, und dadurch werden die tatsächlichen Störungen in den Leitungsfunktionen noch bekräftigt.

Jedenfalls verdichten sich gewöhnlich die verschiedenen Ursprünge des Hasses gegen die Führung, und es ist häufig schwer zu beurteilen, ob der Leiter gehaßt wird, weil die Verwaltungsstruktur autoritär ist, weil er selbst inkompetent ist, weil er die Bedürfnisse seiner Gefolgschaft nach Idealisierung und ihre unrealistischen Erwartungen enttäuscht, oder aufgrund einer individuellen Psychopathologie aller Beteiligten, einschließlich des Leiters selbst. Im Idealfall sollte sich die Antwort auf die Frage, woher denn der Haß gegen den Leiter stamme, aus einer Analyse der Hauptaufgabe der Organisation, der Angemessenheit der Verwaltungsstruktur hinsichtlich dieser Aufgabe, der Angemessenheit der funktionalen Führung in bezug auf die Aufgabe usw. ergeben.

Erst nachdem die allgemeineren Moralprobleme in der Organisation und die Aufgabenorientierung in den Beziehungen zwischen den einzelnen Gruppen untersucht worden sind, kann man folgern, daß regressive Gruppenphänomene nicht der Hauptfaktor sind und daß die Psychopathologie einiger Individuen – vor allem die des Leiters – beteiligt ist. Organisationsstörungen können an entscheidenden Verwaltungsstellen innerhalb der Organisationsstruktur durch eine individuelle Psychopathologie verursacht sein, doch diese Diagnose läßt sich erst dann stellen, wenn alle übrigen Ursachen einer emotionalen Regression in der Organisation eliminiert wurden. Diese Auffassung steht im Gegensatz zu einer Analyse von Organisationskonflikten, die allein in bezug auf individuelle Psychopathologie oder auf Gruppenprozesse, auf die Organisationsstruktur oder auf politische Faktoren vorgenommen wird.

Wenn der Leiter seiner Aufgabe einigermaßen gewachsen zu sein scheint und keine besondere Persönlichkeitsstörung aufweist, und wenn zum betreffenden Zeitpunkt keine großen Organisationsprobleme auftauchen – das heißt, wenn die Verwaltungsstruktur der Aufgabenerfüllung angemessen und die äußere Umwelt relativ stabil ist –, läßt sich die Frage einer »unangemessenen« Aggression des Personals gegenüber dem Leiter häufig dadurch lösen, daß die Notwendigkeit auf seiten des Leiters eingeräumt wird, einen bestimmten Aggressionsgrad zu ertragen, ohne sich deswegen besondere Sorgen zu machen. In der Praxis ist es ja so, daß dann, wenn ein Leiter vorbehaltlos geliebt wird und niemand sich über ihn ärgert, zwangsläufig irgend etwas nicht in Ordnung ist. Entscheidungen sind – wenn es sinnvolle Entscheidungen sind – immer für irgend jemanden unangenehm. Natürlich schieben die Betroffenen der

Person an der Spitze die Schuld zu, und die Person an der Spitze muß dies ertragen. Von einem guten Leiter wird eine solche Toleranz erwartet. Das ist einer der Gründe, weshalb schwer narzißtische und paranoide Persönlichkeiten so schlechte Aufgabenleiter abgeben. Die Fähigkeit des Verwaltungsleiters, zeitweilige irrationale Ausbrüche des Personals zu ertragen, vermag an sich schon häufig die Ängste zu vermindern, die dem Ausdruck des Zorns zugrunde liegen; sie kann mithin für alle Betroffenen eine emotional korrigierende Erfahrung darstellen.

Sexualität

Eine Zunahme an sexuellen ödipalen Anreizen beim Leiter bildet das Gegenstück zur Aktivierung aggressiver ödipaler Rivalitäten im Zusammenhang mit den Themen der Macht und der Kontrolle in der institutionellen Hierarchie. Besteht einer der genetischen Aspekte für den Antrieb zur Übernahme von Machtpositionen darin, die Stelle des Vaters einzunehmen und zur dominierenden männlichen Figur in der sozialen Gruppe zu werden, so bildet die unbewußte Wahrnehmung des männlichen Leiters als Besitzer aller Frauen in der Institution und die ödipale Ausrichtung des weiblichen Personals auf ihn – als Entsprechung zu dieser gemeinsamen Phantasie – zusätzliche potentielle Quellen für sexuelle Versuchungen bei Leiter und Personal, solche ödipalen Wünsche auszuleben. Die umgekehrte Situation entsteht dann, wenn eine Frau Leiterin der Organisation ist; in beiden Fällen – bei der männlichen und bei der weiblichen Führung – üben die vorherrschenden sozialen Konventionen und Tabus, die die öffentlichen und privaten Interaktionen zwischen den Geschlechtern regeln, einen starken Einfluß auf diese Dynamik aus. Die Sexualpolitik von Institutionen – das im politischen Machtkampf und in den sexuellen Spannungen von Männern und Frauen als einander ergänzende oder entgegengesetzte Meinungsgruppen erreichte Gleichgewicht – wird oft an der Spitze der Institutionen ausgetragen, beispielsweise in der sprichwörtlichen Beziehung zwischen Chef und Sekretärin oder zwischen Chefarzt und Oberschwester.

Psychiatrische Institutionen werden meist von Männern be-
herrscht, und sie reproduzieren die kulturell dominierende (sichtbare) Kontrolle durch »sadistisch kontrollierende« Männer über
»masochistisch untergeordnete« Frauen. Deshalb nehmen die politischen Kämpfe zwischen den Geschlechtern, wie sie in regressiven
Gruppenphänomenen zum Ausdruck kommen, häufig die Form an,
daß Männer (scheinbar) den öffentlichen Entscheidungsprozeß dominieren und Frauen die von Männern gefällten Entscheidungen
(scheinbar) bewundern, sich ihnen unterordnen und die Anordnungen ausführen, wobei sie gegen diese Unterordnung zugleich passiv
protestieren, indem sie bei den Männern ein Schuldgefühl wegen der
schlechten Behandlung erzeugen, der sie sich unterworfen fühlen.
Die Konflikte zwischen Ärzten und Schwestern darüber, wer tatsächlich die endgültigen Entscheidungen über irgendeine psychiatrische Versorgung fällt, ist ein Beispiel für dieses Problem. Die
»sexuellen Neckereien« im Personal, mit den unbewußten Versuchen, das andere Geschlecht dazu zu verleiten, als erstes die verbotene Grenze zwischen beruflichen und sexuellen Beziehungen zu
überschreiten – um sich dann zu rächen, indem beim Übeltäter mas-
sive Schuldgefühle erzeugt werden –, bilden einen weiteren Aspekt
desselben Problems. Hinter den Verlockungen und Ängsten um die
Überschreitung von Sexualschranken stecken die Ängste vor der
Überschreitung von Hierarchieschranken, verbunden mit dem
Agieren einer in diesem Vorgang implizierten ödipalen Rebellion.
Weil psychiatrische Institutionen sich mit Patienten befassen, die zu
einer befriedigenden Lösung ihrer ödipalen Schwierigkeiten außerhalb der Klinik unfähig waren, können gerade die Zwänge aufgrund
der Eigenart der Aufgabe, solche Patienten zu behandeln, diese
Konflikte innerhalb des Personals noch verschärfen.

Die Gefahr, daß die ungelösten ödipalen Konflikte des obersten
Leiters eine drastische Steigerung von ödipalen Konfliken in der gesamten Institution auslösen können, ist häufig gegeben. Die Situation wird noch durch die oft auf der Führungsebene stattfindende
Sexualisierung von Konflikten erschwert, die sich in Wirklichkeit
auf die enttäuschten Abhängigkeitsbedürfnisse des Leiters beziehen. Ödipaler und präödipaler Regressionsdruck können sich verbinden, um die sexualisierten Abhängigkeitsbeziehungen des Verwalters zu aktivieren; meist Beziehungen eines »großen Mannes«,

der von »bemutternden« Frauen – die häufig bewundernd und unterwürfig, aber dennoch dominierend sind – wie ein Säugling gehätschelt wird.

Gruppen, die nach der Grundannahme der Paarbildung funktionieren, erleben Intimität und sexuelle Entwicklungen im allgemeinen als möglichen Schutz vor Gefahren und Konflikten mit der Abhängigkeit und Aggression. Die sexuelle Paarbildung kann auch eine reale oder phantasierte Flucht vor den gefährlichen und/oder kontrollierenden Gruppenzwängen in der Organisation darstellen; sie kann eine Verknüpfung der ödipalen Rebellion gegen die »etablierte Ordnung« mit der abwehrenden Sexualisierung primitiverer Konflikte um Aggression und Abhängigkeit symbolisieren.

So kann um den Leiter herum ein sexuell anregender und schwärmerischer Druck bestehen, der zwischen ihm und andersgeschlechtlichen Verwaltungsangehörigen eine sexualisierte Bindung begünstigt. Unter optimalen Bedingungen kommt diese Bindung in einer Arbeitsbeziehung zum Ausdruck, die ganz leicht erotisch gefärbt ist. Eine gewisse Erotisierung von Arbeitsbeziehungen kann für die Arbeitsgruppe in der Tat anregend sein. Wenn aber regressive Züge zur Überschreitung der Sexualschranken führen, kann die sexuelle Intimität eines Paars nicht nur zu einer überhöhten Verdichtung der sexuellen Gefühlswelt in der Arbeitsgruppe führen, mit einer entsprechenden Störung der normalen Arbeitsgrenzen und Arbeitsbeziehungen, sondern auch zu einer Freisetzung der aggressiven Komponenten, die in solchen sexualisierten Beziehungen mit den ödipalen Konflikten zusammenhängen. Die Folge davon ist ein allgemeiner Zusammenbruch von interpersonalen Beziehungen im System. Organisationstheoretisch gesprochen treibt die Sexualisierung von Personalbeziehungen das Erwartungsniveau auf eine solche Höhe, daß gewöhnliche Befriedigungen bei der Arbeit (früher oder später) gegenüber derart übersteigerten Erwartungen in ein katastrophales Mißverhältnis geraten, woraus sich ein allgemeiner Zusammenbruch der Moral ergeben wird.

Es besteht eine offenkundige Notwendigkeit, daß die Sexualbefriedigungen des Leiters außerhalb der Grenzen seiner Leiterfunktionen liegen. Vielleicht erscheint diese Bemerkung als zu trivial, um überhaupt erwähnt zu werden, wenn nicht die regressiven Zwänge zu sexualisierten Beziehungen innerhalb der Leitungsgrenzen so

stark wären. Gleichzeitig kann aber – wenn sich in einer Organisation eine sachbezogene, von wechselseitiger Achtung bestimmte,
offene Arbeitsbeziehung zwischen den Geschlechtern entwickelt,
die zwar möglicherweise erotisiert ist, aber die Arbeitsgrenzen ein-
hält – die anregende Erfahrung, daß Männer und Frauen als Freunde
zusammenarbeiten können, ohne zwangsläufig sexuelle Bindungen
einzugehen, höchst kreativ sein und indirekt eine sexuell gereifte
und tolerante Atmosphäre fördern, die in der psychiatrischen Institution zur Behandlung der Patienten beitragen kann.

Allgemeine zwischengeschlechtliche Konflikte in der gesellschaftlichen, kulturellen und wirtschaftlichen Umwelt – zum Beispiel sozial begünstigte und ritualisierte sadomasochistische Beziehungen zwischen Mann und Frau, sexuelle Ausbeutung und
Neckereien – werden automatisch als Teil der sexuellen Spannungen
in Organisationen ausgedrückt und drohen die Arbeitsbeziehungen
zu stören. Dies wird deutlich in der masochistischen Unterordnung
der Krankenschwestern gegenüber den Ärzten und in der manipula-
tiven Ausbeutung sexueller Verführbarkeit, wenn ein – reales oder
phantasiertes – Gleichgewicht zwischen sadistisch handelnden
Männern und masochistisch handelnden Frauen hergestellt werden
soll. Werden politische Spannungen zwischen Gefühlsklima-Grup-
pen (sentience groups) und Aufgabengrenzen sexualisiert, dann
nehmen sexuelle Aggression, Unterwerfung und Neckereien eine
politische Bedeutung an: Sie bringen die Sexualpolitik in einer
Organisation zum Ausdruck. Die durch das allgemeine sexuelle
Gefühlsklima verstärkte Sexualpolitik kann mit den aufgabenorientierten Beziehungen und der Aufgabenstruktur kollidieren. Um
die Sexualpolitik offenzulegen, muß diagnostiziert werden, wie
eng die sexuelle Gefühlswelt und die aufgabenbezogene Gefühlswelt aufeinander bezogen sind – nicht mit der Absicht, die Schran-
ken der Privatheit zu beseitigen, sondern die irreführenden Wahrnehmungen zu vermeiden, die beiden Geschlechtern gemeinsam
sind, wenn die Sexualpolitik wirksam ist. Zum Beispiel kann die
gemeinsame Rebellion junger Krankenschwestern und Ärzte gegen
ihre jeweiligen weiblichen und männlichen Leiter eine Untersuchung notwendig machen, damit allgemeine Störungen in den Beziehungen zwischen Pflegepersonal und medizinischem Personal
vermieden werden.

Dies alles darf nicht so ausgelegt werden, als ob sich zwischen einzelnen Personalangehörigen von Organisationen keine befriedigenden sexuellen Beziehungen entwickeln könnten. Ganz im Gegenteil: Menschen stellen häufig dauerhafte sexuelle und eheliche Beziehungen mit anderen Menschen her, denen sie am Arbeitsplatz begegnen. Wenn dies geschieht, verlagert sich gewöhnlich die Arbeitsbeziehung; es kommt sogar vor, daß einer (oder beide) sich aus der Arbeit zurückzieht. Sollte ein verheiratetes Paar oder ein in gleichwertiger Beziehung lebendes Paar auch die Arbeitsbeziehung fortsetzen, dann besteht das Bedürfnis, die sexuelle Beziehung in einem anderen Sinne als dem der eigentlichen Arbeitsbeziehung zu festigen. Ein Paar, das heiratet, wird in solchen Bereichen eine enge Beziehung herstellen müssen, die von den Arbeitsbereichen getrennt sind. Umgekehrt wird es besonders wichtig, daß die Organisationsführung die Wahrung der Aufgabe im Auge behält, wenn ein Paar innerhalb eines bestimmten Aufgabensystems arbeitet.

Es ist oft unbefriedigend, wenn die Ehegatten als Leiter und Untergebene im selben Aufgabensystem zusammenarbeiten, weil dies schädliche Folgen für die Aufgabebeziehung mit den Gleichgestellten haben kann. Paare werden in Organisationen häufig als mächtige oder gar bedrohliche Machtbündnisse wahrgenommen, so daß selbst dann, wenn die Arbeitsbeziehungen genauestens eingehalten werden, die Gruppen dies anders wahrnehmen und mit Angst, Aggression, Unmut und Argwohn reagieren können. Selbst unter idealen Bedingungen kann dadurch die Leistung des Paars gemindert werden. Unter weniger optimalen Bedingungen kann es vorkommen, daß das Paar von den rollenauslösenden gemeinsamen Phantasien und dem Verhalten der Gruppe »absorbiert« werden kann. Überdies kann das Paar versucht sein, die eigenen Konflikte durch Projektion auf die Umwelt sowie durch die Entwicklung einer idealisierten Bindung auszutragen, die dazu tendiert, den eigenen Zusammenhalt zum Nachteil von anderen Organisationsmitgliedern auszunutzen. Gelegentlich kontrolliert der stärkere Teil des Paars den eher unterwürfigen oder masochistischen Teil für seine/ihre Zwecke und Bedürfnisse; und wenn ein solches Paar eine Führungsposition besetzt, kann eine Störung in der Ausübung der Autorität auftreten, und es können sich typisch autoritäre Beziehungen mit destruktiven Folgen entwickeln. Klugerweise gibt es in Universitäten Prinzipien der Führung, die solche Möglichkeiten ausschließen. Ein entgegengesetztes Extrem ist die Gefahr einer unbegründeten Diskriminierung des Paars aufgrund einer allgemeinen Phantasievorstellung, die in der Institution verbreitet sein kann: Es ist ein Unglück, wenn zwei schöpferische Personen in ihrer Entwicklung und / oder ihren Beiträgen durch ein solches organisatorisches Vorurteil behindert werden.

Wenn »Arbeiten und Lieben« die Hauptaufgaben im Leben darstellen, dann sollten es die kreativen Entwicklungen in Organisationen zulassen, daß der Eros in den Dienst der Arbeit und die Arbeit in den Dienst einer sublimierten Liebe gestellt wird. Das Hauptziel einer Organisation besteht nicht darin, die allgemeinen menschlichen Bedürfnisse ihrer Mitglieder zu befriedigen, sondern eine Aufgabe zu erfüllen; eines der Ziele einer verständigen Führung besteht darin, bei der Erfüllung dieser Aufgabe die Befriedigung menschlicher Bedürfnisse zuzulassen.

Abhängigkeit

Der größte Regressionsdruck auf den Leiter entsteht gewöhnlich durch die Frustration seiner Abhängigkeitsbedürfnisse. Für diese Frustration gibt es viele Gründe. Zum einen ist die potentielle Aktivierung von Bions Grundannahme der Abhängigkeit ständig gegeben. Außerdem trägt der Leiter auch die Last der Verantwortung für die gesamte Institution; für Vorgänge, die in gewissem Maße außerhalb seiner Kontrolle und seiner Grenzen liegen. Ferner hat er es mit einem Mitarbeiterstab zu tun, dessen Freiheit im Ausdruck von Abhängigkeitsbedürfnissen größer ist als die seine. Untergebene, die gut arbeiten, werden von ihren Leitern oft belohnt; Leiter hingegen erhalten wenig an unmittelbarer menschlicher Belohnung, wenn sie tüchtig sind.

Natürlich gibt es in den Befriedigungen der Arbeit als solcher wichtige Kompensationsaspekte. Wenn der Leiter die Gewißheit hat, seine Arbeit gut gemacht zu haben, und daß er neue Ideen und Programme einführen und verwirklichen konnte, und daß er seinen

Mitarbeitern ermöglichte beziehungsweise sie dazu anregte, sich weiterzuentwickeln und kreativ tätig zu werden, dann kann dies eine wichtige Befriedigung seiner Bedürfnisse bedeuten. Im allgemeinen ist es so, daß Kreativität in der Führungsarbeit gleichzeitig Abhängigkeitsbedürfnisse (durch Projektion), narzißtische Bedürfnisse (durch Erfolg und Zustimmung) und ödipale Strebungen (durch administrative Erfolge) befriedigen kann. Die Gruppe der direkten Mitarbeiter des Leiters kann ihm, als Teil der Arbeitsbeziehung, in der sie zu ihm steht, eine wichtige Befriedigung seiner Abhängigkeitsbedürfnisse gewähren.

Ein weiterer wichtiger Ausgleichsfaktor für die Frustration der Abhängigkeitsbedürfnisse des Leiters sind persönliche Freundschaften und die Unterstützung außerhalb seiner Leitungsgrenzen. Eine realistische Befriedigung aller Triebbedürfnisse des Leiters in seinem Alltagsleben außerhalb der Arbeitssituation wird auf lange Sicht hin sehr wichtig. Ein übertriebenes Streben nach Befriedigung von Abhängigkeitsbedürfnissen durch seine Untergebenen kann zu Störungen in der Verwaltungsstruktur führen und dem Personal eine zu große Last aufbürden. Es besteht ein empfindliches Gleichgewicht zwischen einer Reserviertheit und Eigenständigkeit des Leiters, die zu einer entmenschlichenden und verzerrten Wahrnehmung durch die Mitarbeiter führen kann, und einem Vertrauen auf Befriedigung und Unterstützung durch die Mitarbeiter, das sie überfordert und ihre Konzentration auf die aktuelle Arbeit mindert. Im Zusammenhang mit diesem empfindlichen Gleichgewicht stellt sich auch die Frage, wie weit der Leiter über die äußeren Grenzen der Organisation hinweg seine eigenen Interessen und Schwierigkeiten mit seinen Mitarbeitern teilen soll.

Die Offenheit des Leiters über sich selbst kann beim Personal das Verständnis für seine eigenen Zwänge vergrößern; sie kann Verzerrungen klären, die sich aus der Wahrnehmung seiner Rolle (das heißt aus der Verwechslung seiner Rolle mit seiner Persönlichkeit) ergeben, und die Moral des Personals heben. Ein Leiter, der seine Mitarbeiter allzusehr mit den eigenen Problemen belastet, kann bei ihnen nicht nur eine Angst im Hinblick auf Probleme erzeugen, die sie selbst nicht zu lösen vermögen, sondern auch in ungeheurem Maße die Erwartung steigern, daß sich »alle Probleme durch Offenheit und Menschlichkeit lösen lassen«. Kurz gesagt, es besteht andererseits die Gefahr, daß der vermeintlich »vollkommene« Leiter primitive Idealisierungen fördert, die mit den Abhängigkeitsannahmen des Personals zusammenhängen, und solche Idealisierungen führen zwangsläufig zu Reaktionen der Enttäuschung.

Christiane Schiersmann / Heinz-Ulrich Thiel

Macht als Thema in der Supervision mit Leitungskräften

Mit diesem Beitrag möchten wir ein Stück weit die Enttabuisierung des Themas »Macht« im Rahmen von Supervision vorantreiben. In einem ersten Schritt setzen wir uns mit der sozialwissenschaftlichen Differenzierung des zumeist pauschal gebrauchten Begriffs und verschiedenen Formen der Machtausübung auseinander. Deren Kenntnis bzw. eine je eigene Definition stellen unseres Erachtens eine wichtige Voraussetzung für eine angemessene Thematisierung im Supervisionsprozeß dar. Danach resümieren wir Erfahrungen mit der Thematisierung von »Macht« im Supervisionsprozeß unter Einbeziehung geschlechtsspezifischer Aspekte. Abschließend wird die (Ohn-)Macht des Supervisors bzw. der Supervisorin reflektiert.

Zur Enttabuisierung des Machtthemas

In den Veröffentlichungen zu Supervision und beruflicher Weiterbildung als professionellen Interventionsformen findet man eine differenzierte Auseinandersetzung mit dem Thema Macht nur selten (vgl. Bauer / Gröning, 1995). Selbst in der Organisationspsychologie wird Macht innerhalb und außerhalb von Organisationen noch Mitte der 80er Jahre als neues Forschungsthema aufgeführt (vgl. Weinert, 1987, S. 380 f.). Es ist jedoch davon auszugehen, daß trotz aller angestrebten bzw. realisierten Orientierung an partizipativen Führungs- und Managementkonzepten zum einen hierarchische Dimensionen in Institutionen und Teams in der Regel existent sind und zum anderen – nicht nur von seiten der Leitung – Macht ausgeübt wird.

Eine Aufgabenteilung innerhalb von Institutionen ist mit einer spezifischen Ressourcenverteilung und Hierarchisierung verbunden (vgl. Schreyögg, 1992, S. 290). In engem Zusammenhang mit dem Thema Macht und Einfluß steht folglich der Begriff Hierarchie, da die »Funktionslogik« von Hierarchie »entwicklungsgeschichtlich mit Prozessen der Machtbildung« zu tun hat (Heintel/Krainz, 1991). Allerdings muß die formale Hierarchie nicht identisch sein mit der realen Machtverteilung. In den meisten Modellen der Organisationssoziologie wird von der Annahme ungleicher Machtdistribution in Institutionen ausgegangen. Selbst die wenigen Berichte über kollektiv geführte oder leiterlose Institutionen – beispielsweise im sozialpädagogischen Bereich (vgl. Pühl, 1994a; Leuschner, 1995) oder auch in Frauenprojekten (vgl. Koppert, 1993) – zeugen eher vom Mythos einer (scheinbaren) Gleichberechtigung als vom wirklichen Verzicht auf Machtausübung.

Die Machtbeziehung zwischen den Professionellen und dem Klientel wurde für den pädagogisch-sozialen Bereich, auf den sich die folgenden Überlegungen konzentrieren, vergleichsweise früh thematisiert (z. B. Guggenbühl-Craig, 1971). Schmidbauer (1977) hat im sog. Helfersyndrom verstecktes Machtstreben und kontrollierte Machtausübung von Professionellen als Folge eines bestimmten deprivierten Biographiehintergrunds herausgearbeitet. Das in der familialen Sozialisationsphase abgelehnte bzw. gekränkte Kind verschafft sich Selbstbestätigung und Anerkennung durch Dienstbarmachung der Klientel für seine Nachholbedürfnisse. Demgegenüber wurde der Umgang mit Macht innerhalb der Mitarbeiterschaft bzw. zwischen Leitung, Trägern und Mitarbeitern in pädagogisch-sozialen Organisationen bislang weitgehend ausgeblendet.

Ursprünglich stammt das Wort Macht von »(ver)mögen«. »Somit ist Macht die Möglichkeit oder Potenz (das Können), etwas in Bewegung zu setzen ... Damit berührt sich der Begriff Macht mit dem der Führung, bei dem die Bewegungswirkung ... ein entscheidendes Definitionsmerkmal ist ... Die Machtsphäre ist eines der wesentlichen Merkmale, durch die sich Führungspositionen von anderen Berufspositionen unterscheiden« (Blank, 1990, S. 162). Aus diesem Grund interessiert uns besonders die Bedeutung und Thematisierung von Machtstrategien zwischen Leitungskräften und Mitarbeitern in der Supervision. Auch der Supervisor bzw. die Supervisorin hat im Beratungsprozeß eine Leitungsfunktion – wenn auch »auf Zeit«. Daher stellt sich die vergleichbare Frage, ob und in welcher Form Supervisoren Macht ausüben bzw. ihr ausgesetzt sind.

Wurde Macht (und Geld) als Gegenstand von Supervision lange Zeit hinter Hilfe- und Fachlichkeitsidealen verborgen gehalten, so wird diese Dimension allmählich im Zuge einer selbstbewußten Professionalisierung und einer Zunahme des organisationsbezogenen Denkens als fachlich notwendige Basis für die Wahrnehmung von Einflußchancen thematisiert. Unter soziokulturellen Gesichtspunkten ist unseres Erachtens auffällig, daß die Kategorie Macht in Arbeitsgruppen und Institutionen zu einem Zeitpunkt stärker ins Blickfeld rückt, da überkommene Führungsstile zunehmend obsolet werden und ein Sensibilisierungsprozeß im Hinblick auf überflüssige Machtstrategien auf allen Ebenen der professionellen Interaktion einsetzt.

Die in den letzten Jahren zunächst vor allem in der Privatwirtschaft feststellbaren Bemühungen um Enthierarchisierung sind nicht nur aus der Verbreitung eines humanistischen Menschenbildes oder jüngerer Humanisierungskampagnen und -projekte in der Arbeitswelt zu erklären.[1] Angesichts steigender Konkurrenz im pädagogisch-sozialen Bereich bei sich verknappenden Ressourcen und der Notwendigkeit zur Erschließung neuer Aufgabenfelder spielen die neuen Führungs- und Managementkonzepte in zunehmendem Maße auch dort eine Rolle (vgl. Brückner, 1992; Thiel, 1994). Uns interessiert daher auch, wie sich Machtstrategien im Kontext neuerer Führungs- und Managementkonzepte verändern und wie daraus resultierende Probleme im Rahmen von Supervision bearbeitet werden können.

Es stellt sich auch in der Supervision die Frage, warum das offene Reden über die »Rückseite der Macht« tabuisiert wird. »Politisch taktieren, täuschen und verbergen, unter Druck setzen und ködern, Bündnisse schließen und Informationen lenken etc. sind keine Störfälle und Abweichungen vom klaren Pfad der Rationalität, sondern Alltagsrealität. Es geht nicht darum, diese Erscheinungen zu leugnen, zu unterbinden oder gar zu fördern, sondern sie zu kontrollieren« (Neuberger, 1991, S. 39).

Bestimmungselemente des Begriffs »Macht«

Macht als Gewalt oder Gestaltungspotential

Im Sinne der klassischen Definition von Max Weber ist »Macht« die Chance, innerhalb einer sozialen Beziehung den eigenen Willen auch gegen Widerstand durchzusetzen. In Anknüpfung daran wird der Begriff zum einen als Oberbegriff für die verschieden begründeten Durchsetzungschancen verstanden, zum Teil aber auch lediglich als Begriff für jene Durchsetzungsansprüche, die von den Betroffenen nicht anerkannt werden. Im Kontext der zuletzt genannten Definition sprechen manche Autoren aufgrund deren sozialer Illegimität auch von Gewalt. Bei der ersten Definition, die unseren weiteren Ausführungen zugrunde liegt, läßt sich der Begriff von dem allgemeinen Begriff »Einfluß« schwer trennen. Dreitzel unterscheidet beispielsweise zwischen Einfluß als dekriptivem und Macht als theoretischem Begriff (vgl. Lexikon zur Soziologie, 1994, S. 411).

Hannah Arendt hat im Gegensatz zu der Definition von Weber die Gruppe als kreatives Subjekt von Macht hervorgehoben. Sie geht davon aus, daß nie ein einzelner über Macht verfügt, sondern sie im Besitz einer Gruppe und nur so lange existent ist, wie die Gruppe zusammenhält (vgl. Blank, 1990, S. 162). Dieses konstruktive Machtverständnis ist nicht mit Gewaltausübung und Unterdrückung assoziiert, sondern Ausdruck kollektiver Handlungsfähigkeit.

Grundlagen und Typen sozialer Macht als Beziehungskonstellation

Schon die genannten Definitionen verdeutlichen, daß es sich bei Macht nicht um einen individuellen Besitz, sondern immer um eine Beziehungskonstellation handelt. Folglich hängt Macht immer von den Beeinflussungsmöglichkeiten ab, über die eine Person in Relation zu den Widerstandsmöglichkeiten einer anderen Person (der Gegenmacht) verfügt. Einen guten Anhaltspunkt für die Analyse von Formen der Machtausübung im Rahmen von Supervision, welche die Wechselbeziehung aufgreift, bietet unseres Erachtens die Typologie der Macht von French und Raven (1968). Diese Autoren stellen vor dem Hintergrund von Lewins Feldtheorie fünf Typen bzw. Grundlagen der sozialen Macht dar, die dem Beeinflusser (Person A) als Ressourcen und Mittel zur Verfügung stehen, um Person B auf einem bestimmten Gebiet zur Veränderung zu veranlassen (z. B. Einstellungen, Verhaltensweisen, Meinungen, Werthaltungen, Ziele, Bedürfnisse u. a.). Dabei wird Macht als abhängig von der Wahrnehmung des Adressaten (Person B) definiert. Das bedeutet, daß Macht nicht monokausal als feste Eigenschaft einer Person bzw. als Attribut eines Akteurs definiert werden kann, sondern als Charakteristik einer sozialen Beziehung (social influence). Macht hängt also auch von der Bereitschaft ab, sich beeinflussen zu lassen. Diese Bereitschaft kann durch bestimmte Machtgrundlagen gefördert werden.

Zwangsmacht: Die Macht, die sich auf Zwang und Druck stützt, basiert auf Furcht und Angst. Macht durch Zwang beruht auf der Wahrnehmung bzw. Überzeugung des Partners, er werde von dem Überlegenen bestraft, wenn er sich dessen Wünschen und Erwartungen nicht unterordnet. Zwang als Machtgrundlage ist eng mit Gewalt verbunden. Einerseits wird versucht, den Willen des Unterworfenen aufzuheben, andererseits ist eine innere Konformität dieser Person B als unwahrscheinlich anzusehen.

Belohnungsmacht: Sie beruht auf der Meinung des Partners B, daß der andere (A) Möglichkeiten besitzt, ihm beispielsweise für gute Leistungen ökonomische oder psychologische Belohnungen (Bezahlung, Anerkennung) zu gewähren, die in der Vermittlung positiver Werte wie auch im Fernhalten von Gefahren oder Zwang bestehen kann.

Legitime Macht: Die Legitimation der dritten Machtgrundlage beruht auf der Überzeugung des Unterlegenen, der / die Inhaber bestimmter Positionen hätten das Recht, bestimmte Handlungsweisen zu fordern, und deren Partner, die entsprechende Pflicht zu erfüllen. Diese Form der Macht beruht auf Rollenvorschriften, Gruppennormen oder internalisierten Werten und funktioniert ohne Überwachung, wenn B es als legitime Pflicht wahrnimmt bzw. als innere Notwendigkeit empfindet, diese Anweisung zu befolgen. Diese Legitimationsmacht (z. B. Entscheidungs- oder Vollzugsmacht) ist mit der Position beispielsweise eines Führers innerhalb der Gruppe oder Organisationshierarchie verbunden.

Referenz- bzw. Identifikationsmacht: Diese Machtform ist gegeben, wenn in einer Beziehung die eine Person der anderen folgt, weil sie sich mit ihr identifiziert. Das kann aus dem Motiv heraus geschehen, daß man dieser Person gleich werden möchte oder sich ihr bereits gleich fühlt. Aus der persönlichen Anziehungskraft bzw. dem Charisma der Person A ergibt sich die Identifizierung.

Expertenmacht: Diese Macht beruht auf dem Wissen und den Fähigkeiten, die A von seinem Interaktionspartner zugeschrieben werden. Sie resultiert beispielsweise aus der wahrgenommenen und praktizierten Fähigkeit eines Führers, die Aufgaben, mit denen sich eine Gruppe beschäftigt, analysieren und evaluieren zu können. Das Ausmaß der zugeschriebenen Expertenmacht ist von der eigenen Sachkenntnis und dem eigenen Selbstbewußtsein abhängig.

Nach unserer Auffassung kann man solche Klassifikationsversuche ergänzen. So ist eine Art »psychische Macht« als Kategorie vorstellbar, mit der etwa durch Leidensmiene oder zur Schau getragener Machtlosigkeit in eine bestimmte Richtung seelisch zu manipulieren bzw. zu erpressen versucht wird.

Macht als mehrdimensionales Phänomen

Wir haben den globalen Begriff »Macht« bereits nach unterschiedlichen Machtformen bzw. -mitteln differenziert und als wechselseitige Beziehung definiert. Im Hinblick auf die Thematisierung von Macht im Rahmen von Supervision scheint es uns wichtig zu sein, weitere Aspekte zu berücksichtigen, auch wenn damit die Komplexität des Begriffs wächst und seine Handhabbarkeit schwieriger wird. Mit Neuberger (1980, S. 158) ist Macht als mehrwertiger Begriff zu definieren, der zumindest die folgenden Determinanten umfaßt:

»1. den Macht-Haber;
2. den bzw. die Macht-Unterworfenen (Domäne);
3. die Leistungen, Verhaltensweisen oder Einstellungen, auf die sich die Machtbeziehung erstreckt;
4. die Ziele, Intentionen des Macht-Habers bzw. des oder der Macht-Unterworfenen;
5. die Ressourcen, die dem Macht-Haber bzw. den Macht-Unterworfenen zur Verfügung stehen;

6. die Mittel, die die beiden Parteien einsetzen;
7. die Handlungsalternativen, die den beiden Parteien offenstehen;
8. die Kosten und Gewinne von Macht-Einsatz und Abwehr;
9. situative Restriktionen ... bzw. Einwirkungen von dritter Seite auf die beiden Parteien;
10. Zeitdimension;
11. Ort.«

Macht als flüchtiges Netzwerk

Einen gedanklichen Schritt weiter geht Foucaults (1978) frühe Beschäftigung mit den »Dispositiven« der Macht. Es wird bei diesem Ansatz nicht deduktiv von einem Machtzentrum ausgegangen, wobei das Individuum dann das »Gegenüber der Macht« wäre – wie es zumeist in konservativen wie gesellschaftskritischen Konzepten der 60er und 70er Jahre vorherrschte –, und das Phänomen auch nicht auf eine einfache Opfer-Täter-Polarität reduziert:

»... die Macht ist nicht als ein massives und homogenes Phänomen der Herrschaft eines Individuums über andere, einer Gruppe über andere, einer Klasse über die andere aufzufassen, sondern man muß erkennen, daß die Macht – wenn man sie nicht aus zu großer Entfernung betrachtet – nicht etwas ist, das sich unter denjenigen aufteilt, die über sie verfügen und sie ausschließlich besitzen, und denjenigen, die sie nicht haben und ihr ausgeliefert sind. Die Macht muß als etwas analysiert werden, das zirkuliert, oder vielmehr als etwas, das nur in Art einer Kette funktioniert. Sie ist niemals hier oder dort lokalisiert, niemals in den Händen einiger weniger, sie wird niemals wie ein Gut oder Reichtum angeeignet. Die Macht funktioniert und wird ausgeübt über eine netzförmige Organisation. Und die Individuen zirkulieren nicht nur in ihren Maschen, sondern sind auch stets in einer Position, in der sie diese Macht zugleich erfahren und ausüben; sie sind niemals die unbewegliche und bewußte Zielscheibe dieser Macht, sie sind stets ihre Verbindungselemente. Mit anderen Worten: Die Macht wird nicht auf die Individuen angewandt, sie geht durch sie hindurch« (1978, S. 82).

Was von Foucault unter der interessanten Perspektive der instabilen Vielgestaltigkeit, des transformatorischen Charakters und der subjektiv erlebbaren Flüchtigkeit von Macht beschrieben wird, tritt – unter systemtheoretischer Perspektive – in abgewandelter Form in der aktuellen Managementliteratur als aktiv gestaltetes »networking« auf. Es stellt die Macht dar, die sich aus den Verbindungen und Beziehungen zwischen Menschen in einer Organisation ergibt – auf vertikaler und horizontaler Ebene. Gemeint ist hier nicht das Ausnutzen von Beziehungen (»Vitamin B«), sondern die intensive Netzwerkkommunikation. Sie liegt als Vorstellung einer idealen Kommunikationsfigur häufig Konzepten eines teamorientierten Führungsstils, der Kooperation in Projektteams und der Chiffre einer »lernenden Organisation« zugrunde. Kommunikation wird besonders bei den Theoretikern als Medium der Machtausübung verstanden, die Interaktion primär als wechselseitige Steuerung und Kontrolle konzipieren. In diese Form können natürlich die anderen genannten Machtquellen eingebettet sein.

Zusammenfassend ist festzuhalten, daß es trotz der wissenschaftlich insgesamt unübersichtlichen Diskussionslage für Supervisoren unverzichtbar ist, sich mit dieser Dimension auseinanderzusetzen, da in der Regel bei den Supervisanden von einem diffusen und undifferenzierten Machtbegriff auszugehen ist. Eine Supervision, die um die vielseitigen Aspekte und begrifflichen Schwierigkeiten weiß, kann das Thema »Macht« – zwischen Alltagserfahrung und Wissenschaftsorientierung – differenzierter reflektieren und vorhandene Machtstrukturen gegebenenfalls verändern helfen. In diesem Kontext stellen sich u. a. Fragen wie: Wer übt auf wen in welcher Situation mit welchen Mitteln zu welchem Ziel und mit welchen Wirkungen Einfluß aus?

Erfahrungen mit der Thematisierung von Macht in der Supervision

Die Thematisierung von Macht und Hierarchie gehört im Rahmen der Einzel- und Gruppensupervision bzw. der klassischen Balint-Arbeit mit Führungskräften zu einer Reflexion des persönlichen

Leitungsverständnisses, zumal wenn mit der Leitungsposition die Rolle des »change agent« im Sinne der Planung und Durchführung von Veränderungen bzw. der zukünftigen Weiterentwicklung der eigenen Einrichtung verbunden wird. Außerdem erhält die Reflexion dieser Dimension im pädagogisch-sozialen Bereich insofern einen spezifischen Stellenwert, als zu berücksichtigen ist, daß die vielen kleineren Einrichtungen im sozialen Dienstleistungssektor einen eher geringen Hierarchisierungsgrad und eine nicht sehr stark ausgeprägte Rollendifferenzierung aufweisen. Folglich sind die rollenspezifischen, institutionellen und strukturellen Komponenten des Berufsalltags häufig weniger bewußt und werden seltener reflektiert. Dies führt oft dazu, daß sich die auf Rollen und Hierarchie bezogenen Dimensionen quasi »unter der Hand« in unerwartetem Verhalten einzelner Mitarbeiter bemerkbar machen, das ihnen dann möglicherweise als persönliche Probleme oder Charakterfehler angelastet wird (vgl. Kieper-Wellmer, 1993, S. 79f.). Vor diesem Hintergrund werden im Supervisionsprozeß Machtmechanismen, -praktiken und -wirkungen auf der situativen Mikroebene analysiert. Es wird – gerade angesichts einer tendenziellen Tabuisierung dieses Themas – das Ziel verfolgt, daß die Supervisanden
- sich ihre eigenen Erlebnisse im Erfahren von Macht und Hierarchie durch andere Personen bewußtmachen;
- den zumeist diffus gebrauchten Begriff Macht kategorial differenzieren lernen und
- ihre eigenen Formen der Ausübung von Macht reflektieren.

Das Überwiegen negativer Assoziationen zu »Macht« in Sozialorganisationen

Nach unseren Erfahrungen ist von einer gewissen Differenz im Umgang mit Macht und Hierarchie in privaten Wirtschaftsunternehmen einerseits und Non-Profit-Organisationen im pädagogisch-sozialen Bereich andererseits auszugehen. Während in der Privatwirtschaft das Vorhandensein von Macht vergleichsweise fragloser anerkannt ist und deren Ausübung eher als zum Berufsalltag zählend wahrgenommen wird, überwiegen in pädagogischen und sozialen Einrichtungen die negativen Assoziationen.

Im beruflichen Alltag – so zeigt es sich zumindest in den Supervisionssitzungen – wird der Begriff Macht zumeist mit Mißbrauch assoziiert, als Zwangsmacht verstanden und als grundsätzlich legitimationsbedürftig angesehen. Dies läßt sich unseres Erachtens auf den Widerspruch mit den am Helfen orientierten Zielperspektiven der Berufsarbeit zurückführen. Gilt generell für pädagogische und soziale Berufsfelder, daß der Umgang mit Macht aufgrund der professionstypischen Einstellungen zu den konfliktreichen Themen zählt, so scheint dies in besonderer Weise für Frauen zuzutreffen, deren Anteil im sozialen Sektor hoch ist, wenngleich sie wiederum eher auf den unteren Hierarchieebenen vertreten sind, während im Leitungsbereich auch hier die Männer dominieren. »Helfen« als primär den Frauen zugeschriebenes Aufgabenfeld impliziert auf den ersten Blick Machtlosigkeit und bedeutet, die Bedürfnisse eines anderen Menschen wichtiger zu nehmen als die eigenen, selbstlos zu sein, d. h., keine Macht auszuüben. Macht ist gerade für viele Frauen männlich besetzt und wird mit negativen Begriffen assoziiert (vgl. Ehrhard-Kramer, 1992).

Für Frauen[2] in Leitungspositionen kann die Inkongruenz der traditionellen Geschlechts- und der Berufsrolle zu Irritationen und Spannungen führen. Dies ist insofern folgenschwer, als bekanntlich eine Übereinstimmung von Berufsrolle und Geschlechtsrollenidentität einen positiven Einfluß auf die berufliche Zufriedenheit hat (vgl. Kieper-Wellmer, 1993, S. 80). »Macht zu gebrauchen ... fällt Frauen offenbar schwerer, da sie in Führungspositionen aufgrund ihrer Sozialisation mit mehr Ängsten und Schuldgefühlen als Männer zu kämpfen haben« (Brückner, 1992, S. 225).

Die Ambivalenz und Problematik des Umgangs mit Macht wird beispielsweise beim Aufstieg in Führungspositionen deutlich. Er geht – vor allem bei Frauen – mit der Verunsicherung und Befürchtung einher, »Chefin«, aber nicht mehr »Kollegin« zu sein. Die hierarchisch höhere Position – verbunden mit einer vergleichsweise größeren Verantwortung – ist bei einigen mit Angst vor mangelnder Gruppenzugehörigkeit, Isolation und Einsamkeit verbunden. Die mit diesem Rollenwechsel von der gleichberechtigten Mitarbeiterin zur Führungskraft auf einer übergeordneten hierarchischen Ebene notwendigerweise verbundene größere Distanz zu den Mitarbeitern wird für viele »zum ›bitteren‹ Erlebnis« (Edding, 1990, S. 26). Auch unter hochschulsozialisierten Leitungskräften spielt nach unseren Erfahrungen – vor allem in weniger »durchprofessionalisierten« Berufsfeldern (z. B. der Familienbildung) – die kritische Überlegung eine Rolle, unter Umständen die Leitungsrolle nicht zu wollen bzw. wieder abzugeben, weil damit »Machtspielchen« im hierarchischen Gefüge verbunden sind.

In diesem Kontext muß sich die Leitungsperson unter Umständen auch mit der Weigerung der Mitarbeiter auseinandersetzen, sie aus der Führungsrolle zu entlassen. Das Begreifen, daß es sich bei Auseinandersetzungen zwischen Leitung und Mitarbeitern nicht immer um persönliche Kränkungen handelt, sondern um Rollen- und Interessenkonflikte, ist ein mühsamer Weg (vgl. Edding, 1990, S. 27).

In der Supervision kann über die Analyse vieler Einzelsituationen die damit verbundene Opferhaltung aufgedeckt und herausgearbeitet werden, daß es zur Führungsrolle gehört, »Forderungen zu prüfen, Wünsche gegebenenfalls abzulehnen und den entstehenden Unmut auszuhalten«. Auch Edding (1990, S. 28) weist darauf hin, daß es für die Betroffenen ganz überraschend ist herauszufinden, »daß Absagen und Grenzziehungen nicht zur Katastrophe, zum Beziehungsabbruch führen, sondern, im Gegenteil, Klarheit schaffen, die von den Beteiligten nach kurzem Grollen akzeptiert wird«.

Wahrnehmung unterschiedlicher Machtformen

In Supervisionsgruppen zeigt sich, daß einerseits zwischen Selbst- und Fremdwahrnehmung von Machtformen unterschieden werden muß, andererseits Ziele, Interessen, Motive und Methoden der erfahrenen Machtausübung durch andere der eigenen Machtausübung im beruflichen Kontext tendenziell ähnlich sind. Sie sind auch relativ unabhängig von der jeweiligen hierarchischen Position.

Differenziert man zwischen den oben benannten Machtformen, so zeigen unsere Erfahrungen für soziale und pädagogische Berufsfelder, daß – auch dort, wo Macht nicht mit illegitimer Macht gleichgesetzt wird – den Supervisanden häufig zunächst nur die *legitime Macht* bewußt ist. Im Zuge des Reflexionsprozesses stellt sich jedoch heraus, daß der Rückgriff auf die Legitimation der Machtausübung heute angesichts des eingeforderten teamorientierten Leitungskonzepts allein nicht genügt, um die eigenen Ansprüche durchzusetzen, vor allem nicht, um ein befriedigendes Arbeitsklima herzustellen. In manchen Supervisionsgruppen wird beispielsweise die legitime Macht unter einer Zeitperspektive hinterfragt. Auch legitime Macht kann nicht »für ewig« Gültigkeit beanspruchen, sondern muß von Zeit zu Zeit auf ihren Sinn und Nutzen überprüft und gegebenenfalls neu ausgehandelt werden.

Weiter zeigt sich, daß legitime Macht (ebenso wie Zwangsmacht) dann Unsicherheit erzeugt, wenn sie nicht mit *Expertenmacht* einhergeht. Leiter werden selbst mit der Expertenmacht ihrer Mitarbeiter konfrontiert, gegen die ihre legitime Macht womöglich nicht viel nützt (z. B. weil ihnen die jeweiligen fachlichen Detailkenntnisse fehlen). Die Supervisanden bestätigen, daß Macht heute zunehmend anders als über einen formalen Status legitimiert werden muß, was durch die partizipatorischen, aufgaben- und beziehungsorientierten Managementkonzepte ja auch versucht wird. Als zentral für die Wahrnehmung und Akzeptanz von Macht wird von vielen die Frage erlebt, ob der Betreffende ein *Identifikationsmodell* für die Mitarbeiter darstellt, d. h. mit dem Mittel der Referenz- bzw. Identifikationsmacht arbeitet.

Unsere Supervisionserfahrungen bestätigen die Situativität der Machtmittel und -ziele. Bei ein und derselben Person können in unterschiedlichen Berufssituationen Transparenz der Beeinflussung und »Manipulation« dicht nebeneinanderliegen (besonders in Überforderungs- und Streßsituationen, bei denen auch biographische und berufssozialisatorische Aspekte relevant werden). Sowohl aus der Perspektive von Leitungskräften als auch von Mitarbeitern stellt sich die Frage, wie angemessen die Macht in den jeweiligen Situationen ist. Die Thematisierung der unterschiedlichen Formen und Typen von Macht führt dazu, daß die Teilnehmer sich der Breite der eigenen Möglichkeiten bewußt werden, verschiedene Formen von Macht einsetzen zu können. Eine Hilfe für einen reflektierten Einsatz unterschiedlicher Machtmittel stellt die kriterienbezogene Unterscheidung dar, wann ich als Leitungsperson allein entscheide und wann z. B. mit dem Team.

Leitungskräfte aus großen Sozialorganisationen bestätigen, daß in ihren Einrichtungen entweder bestimmte Machtformen dominieren oder sich auf verschiedene Hierarchieebenen verteilen (vgl. Pühls ›Zwitterinstitutionen‹, 1994a).

Die mehrdimensionale Differenzierung des Machtbegriffs führt in der Einzel-, Gruppen- und Teamsupervision dazu, daß dann eine Vielfalt von Machtzentren und deren Zusammenspiel entdeckt wird.

Situationsabhängigkeit, Mehrdimensionalität und Netzwerkartigkeit von Macht und Einfluß spielen auch in Teamentwicklungsprozessen und Projektbearbeitungen eine Rolle. Macht und Einfluß in aufgaben- und sozialbezogener Hinsicht werden in ihrer Temporalität, individuellen Flüchtigkeit und gruppalen Nichtverfügbarkeit sinnlich erfahren. Diese mit- und voneinander lernenden Gruppen und Organisationen – ein Prozeß, der weder von einzelnen Leitungskräften noch Supervisoren allein gesteuert werden kann – erfahren gemeinsam, wie gelungene Synergieeffekte als wechselseitige Beeinflussungen zur Balance von produktiver Effektivität und sozialer Zufriedenheit (oder als destruktive Interessenvertretungen zum Chaos) führen können.

Im Prozeß der Supervision oder der Organisationsentwicklung und -beratung werden längerfristig Machtkonstellationen verändert. Dies bedeutet nicht, daß nicht in den Anfangsphasen beispielsweise einer Teamsupervision traditionelle Machtvorstellungen gewisse Beharrungstendenzen aufweisen können. Dann ist der Widerstand gegen partizipative und kooperative Führungskonzepte auf seiten der Vorgesetzten häufig mit der Furcht vor Verlust des eigenen Einflusses gekoppelt. Nach dem Prinzip des Nullsummenspiels wird der Zuwachs an Einfluß bei den Mitarbeitern mit einem Verlust des Einflusses beim Vorgesetzten gleichgesetzt. Wie u. a. Einsiedler (1991, S. 209) gezeigt hat, geht demgegenüber die erlebte Einflußsteigerung von Mitarbeitern durch größere Mitspracherechte durchaus einher mit einem gesteigerten Einfluß des Vorgesetzten.

Dieser Zusammenhang zwischen Führungsstil und Kreativität der Gruppe erfordert unseres Erachtens die Anwesenheit der Leitungskraft bei Teamsupervisionen. Das gilt auch für das andere Extrem, wenn nämlich der für Helferberufe typische Modus der Fürsorge auf die kollegialen Beziehungen übertragen und die spezifische Leitungsrolle dabei nicht wahrgenommen wird, was zu versteckten massiven Vorwürfen von seiten der Mitarbeiter führen kann.

»Der Supervisor hat gut reden, aber nichts zu sagen«?

Das Thema Macht im Rahmen von Supervision umfaßt nicht nur die wechselseitigen Beeinflussungen zwischen den Professionellen und ihrer Klientel, zwischen der Leitung und der Mitarbeiterschaft bzw. den Mitarbeitern untereinander, sondern auch die zwischen Supervisoren einerseits und den Leitungskräften, Mitarbeitern, Teams sowie der Gesamtorganisation andererseits. Dem Supervisor stehen dabei tendenziell dieselben Machtformen zur Verfügung. Insbesondere in der Einzel- und Gruppensupervision (nur) mit Leitungskräften treffen zwei unterschiedliche professionelle Expertensysteme mit Führungsaufgaben aufeinander – eine besondere Konstellation für die Beratungspraxis und -theorie.

»Macht« und Hierarchie in der beruflichen Sozialisation
von Supervisoren

Im Themenheft zur Leitungsberatung der Zeitschrift *Supervision* (1990) wird darauf hingewiesen, daß nicht nur viele Führungskräfte im Sozialbereich, sondern auch Supervisoren in ihrer beruflichen Sozialisation vom »Geist der 70er Jahre« wesentlich geprägt wurden, woraus typische Schwierigkeiten im Umgang mit fremder und eigener Leitung, Hierarchie und Macht resultieren können. Es entsprach der antiautoritären und häufig auch antiinstitutionellen Attitüde, »die Mächtigen« und das »Establishment« prinzipiell zu hinterfragen bzw. tendenziell zu bekämpfen. Möglichst ohne herausragende Leitungsrolle sollten Gruppen zusammenarbeiten und kollektiv entscheiden – das war die Alternative.

Die persönlich gehaltenen Berichte (z. B. Freitag-Becker, 1990) über die Beratung bzw. das Coachen insbesondere von Leitungskräften verweisen auf die notwendige Reflexion dieser eigenen beruflichen Sozialisation als Supervisor, auf eine intensive Auseinandersetzung mit Prinzipien der horizontalen und vertikalen Arbeitsteilung, d. h. letztlich mit Hierarchie, Macht und Leitung.

Es fällt auf, daß beispielsweise das Problem einer potentiellen Konkurrenz zwischen formaler, institutioneller Leitung eines Teams bzw. einer Einrichtung und der »Leitung auf Zeit« durch den Supervisor in der einschlägigen Literatur mit Fallbeispielen kaum belegt ist oder eingehender theoretisch behandelt wurde. Sekundäranalysen insbesondere von Teamsupervisionen im letzten Jahrzehnt (z. B. Weigand, 1990) und bemerkenswert offene Eingeständnisse von Irrtümern durch versierte professionelle Berater (z. B. Buchinger, 1991) untermauern die Vermutung, daß der größere Teil der Teamsupervisionen ohne die offizielle Leitung eines Teams stattfindet oder höhere hierarchische Positionen – wie Geschäftsführer und / oder Auftraggeber – von der Teilnahme an Supervisionssitzungen ausgespart bzw. per Kontrakt nicht einmal gelegentlich eingebunden werden, obwohl sie sich bei den dokumentierten Fällen – zumindest in der Retrospektive – überwiegend als für das Problem zuständig bzw. mitverursachend erweisen.

Die mehr oder weniger deutliche Aussparung oder gar latente Tabuisierung von Themen wie Macht, Hierarchie und institutioneller Einfluß in den verschiedenen Supervisionskonzepten und -formen mag wiederum damit zusammenhängen, daß erst allmählich die in der Supervisionsgeschichte dominierenden therapietheorieorientierten Grundkonzepte um sozialwissenschaftliche Terms angereichert werden. Bei einer institutionsbezogenen Praxisberatung müßten Supervisoren stärker auf die Anwesenheit der Leitung bzw. einen angemessenen Einbezug weiterer hierarchischer Positionen achten.

Der Supervisor als »Spielball« in der Machtdynamik von Teams und Organisationen?

Von Schweitzers u. a. (1976) Dokumentation »Über die Schwierigkeit, soziale Institutionen zu verändern« bis zu Selvini Palazzolis Publikation *Hinter den Kulissen der Organisation* (1984) – um nur einige Stationen exemplarisch zu nennen – wird deutlich, daß Berater (ähnliches gilt für Mitarbeiter) fundierte Kenntnisse in bezug auf formale Organisationsstrukturen und informelle Machtverhältnisse brauchen. Wellendorf (1994) hat darüber hinaus auch auf die Bedeutsamkeit der (Vor-)Geschichte von Supervisionen in einer Einrichtung hingewiesen, um als professioneller Berater nicht zum »Spielball« der Machtdynamik von Teams, Einrichtungen und deren Leiter zu werden. Diese Überlegungen haben letztlich zur Konsequenz, daß auch Supervisoren eine begriffliche Vorstellung von Einfluß und Macht im Hinblick auf ihre Person und Interaktion mit den (Sub-)Systemen entwickeln müssen – wie immer die eigene Definition und Klassifikation dann aussehen mag (z. B. relational, mehrdimensional, netzwerkartig, systemisch). Wie stark ist die Erwartung von Teams an die Supervisoren, sich mit ihrer Arbeit und der Einrichtung zu »identifizieren«? Und wie intensiv ist die explizite oder unbewußte Erwartung der Experten an die Supervisanden ausgeprägt, sich mit dem betreffenden Beratungskonzept als Referenzrahmen mehr oder weniger zu »identifizieren«? Welche Machtmittel (z. B. Experten-, Identifikations- und Belohnungsmacht) setzt der Supervisor in welcher Situation wem gegenüber mit welchem Ziel wie (un)bewußt ein?

Die (Ohn-)Macht des Supervisors?

Nevis (1988, S. 222 ff.) u. a. haben auf die marginale Rolle von Supervisoren und Organisationsentwicklungsberatern als »Grenzgänger« und auf die Besonderheit ihrer Machtlosigkeit hingewiesen. Auch das Urteil vieler Kollegen aus der Supervisionspraxis geht eher in die Richtung der Aussage, daß Ohnmachtserlebnisse überwiegen und Machtgefühle demgegenüber eher untergehen (vgl. Pühl, 1994a). Ohne Weisungsbefugnis und hierarische Einbindung (legitime

Macht) zu arbeiten – da bleibt für den Supervisor womöglich »nur« eine Vermittlerrolle übrig. Es ist in manchen Beratungsphasen – einmal negativ etikettiert – der »Eiertanz« zwischen vielen oder gar allen Stühlen. Diese manchmal sogar (selbst)gefällige Redeweise kann aber auch die spezifische Macht bzw. die wirklichen Einflußmöglichkeiten des Supervisors eher verdecken.

Jede Form angewandter Sozialwissenschaften – wie Weiterbildung, Supervision, Therapie und Organisationsentwicklung – zielt auf Beeinflussung von Menschen ab (vgl. Schreyögg, 1992, S. 277). Diese scheinbar mit wenig »Macht« ausgestattete Vermittlerrolle bezieht ihre Mächtigkeit unseres Erachtens aus dem Phänomen, daß sich jemand zutraut bzw. jemandem zugetraut wird (im Sinne der Expertenmacht), die vielen verschiedenen Perspektiven der Mitarbeiter herauszuarbeiten und ernst zu nehmen, in einen hypothetischen Zusammenhang zu bringen und auf ein gemeinsames Problem und Lösungswege hin zu pointieren. Die Macht der Vermittlerrolle gleicht unter Umständen der eines Spielers, eines Jongleurs – um die verschiedenen individuellen Perspektiven wissend und den gemeinsamen Kompromiß ahnend – oder eines Bungee-Springers, der aufgrund von gewagten Konfrontationen Denk- und Handlungsspielräume auslotet und das Entdecken von Ressourcen und Innovationspotentialen befördert. Im Konzert der Supervision spielt er eben verschiedene Rollen – von der ersten Geige bis zum seltenen Auftritt eines Beckenschlägers. Die Macht des Supervisors ist diese behutsame Leitung für eine begrenzte Zeit, dieser Umgang mit Interessenvielfalt und das Aushalten von Unsicherheit. Ob das Werk gelingt, hängt von der situativen »Passung« der beiden Expertensysteme ab.

In einer Zeit, in der einerseits traditionell-autoritäre Machtausübung und klassische Hierarchie nicht nur obsolet, sondern betriebswirtschaftlich dysfunktional werden und in der andererseits durch partizipative Führungsstile eine neue Form der Machtbalance entstehen soll, stellen Supervisoren selber ein interessantes Modell von Leitung dar – so sehen es jedenfalls häufig die Supervisanden. Durch emphatisches Verstehen und Ernstnehmen der unterschiedlichen Persönlichkeiten von Mitarbeitern mit ihren verschiedenen Biographien und berufsspezifischen Perspektiven sowie durch Überzeugungsarbeit, durch den Einbezug verschiedener Ebenen und das Sich-Zeit-Nehmen für einen solchen Diskurs kann eine Art Vorbildwirkung für das Führen und Leiten entstehen (im Sinne der Referenz- bzw. Identifikationsmacht). Kann man da ernsthaft von Macht- und Einflußlosigkeit der Supervisionszunft reden? Oder ist diese Bescheidenheit nur eine geschickte Variante der Tabuisierung der eigenen Macht bzw. der Selbsttäuschung über eigene Omnipotenzphantasien?

Anmerkungen

1. Vielmehr spielt auch eine Rolle, daß arbeitsorganisatorische und betriebswirtschaftliche Veränderungen (Einsatz neuer Technologien, Veränderungen der Arbeitsorganisation, Konzepte der *lean production* und des *lean management*, Zunahme von Projektvorhaben u. a.) eine gesteigerte Selbstregulierung und -kontrolle von Individuen und Gruppen, eine Delegation von Verantwortung nach ›unten‹ und eine partizipative Konsenssicherung angesichts eines normativen Strukturvakuums notwendig erscheinen lassen. Nur so können entstandene Flexibilitätsspielräume effektiv genutzt und höhere Komplexität bewältigt werden. Hinzu kommt, daß Prinzipien der Selbstorganisation und chaostheoretische Überlegungen die Gestaltbarkeit von Gruppen und Institutionen in ein anderes Licht gerückt haben.

2. Wir formulieren dies bewußt als Tendenz und mit Vorsicht, um nicht ungewollt erneut Geschlechtsstereotypen zu reproduzieren. Sowohl in bezug auf unsere eigenen Erfahrungen mit der Thematisierung von Macht in Supervisionsgruppen als auch in der einschlägigen Literatur zum Themenbereich Frauen und Macht läßt sich ein breites Spektrum von Positionen ausmachen. Es reicht von der These, daß sich keine geschlechtsspezifischen Unterschiede nachweisen ließen bis zum Nachweis dediziert frauenspezifischer Führungsstile und einer dediziert geschlechtsspezifischen Differenz im Umgang mit Macht.

Sabine Scheffler

Organisationskultur in Frauenprojekten

Einleitung

Frauenprojekte als Ausdruck der Frauenbewegung und des Feminismus sind ein Beispiel für die strukturierenden, angstbindenden, stabilisierenden und kreativen Potentiale von Organisationskulturen, ein Beispiel für die Wirksamkeit alternativer Projektorganisation. Dies ist so, obwohl die Anliegen des Feminismus auch nach 25 Jahren noch den »Charakter eines historischen und politischen Experiments haben« (Jung, 1993).

Seit der Gründung des ersten Frauenhauses in Berlin (1976) hat diese Projektbewegung eines der grundsätzlichen Dilemmata sozialer Arbeit in ihre Professionalität integriert. Die Projekte sind durch ihr Selbstverständnis in der Lage, politische Vertretung und öffentliche Wirksamkeit sowie soziale Arbeit dauerhaft miteinander zu verknüpfen. Selbstverständnis meint hier die Ansprüche, die Werte, die Grundüberzeugungen und die Verhaltensregeln, sprich: die Organisationskultur. Außerdem hat die Projektbewegung mit ihren Themen in die traditionelle Sozialarbeit hinein gewirkt wie keine andere alternative Bewegung früher (vgl. z. B. Sozialarbeit im Kapitalismus, Randgruppenstrategie; Brückner, 1992).

Die Projekte sind, trotz aller strukturellen Schwierigkeiten, als Institutionen professioneller Arbeit von Frauen aus der Öffentlichkeit nicht mehr wegzudenken. Es ist auf absehbare Zeit sicherlich nicht damit zu rechnen, daß die auf der Geschlechterhierarchie aufruhenden Problemlagen – Gewalt, geschlechtersegregierter Arbeitsmarkt, geschlechtsspezifisches Gesundheits- und Krankheitsverhalten, Verweigerungen von gesellschaftlicher Teilhabe – sich qualitativ und quantitativ verändern, im Gegenteil. So ist es reizvoll, die Eigenart und Widersprüchlichkeit von Frauenprojekten exemplarisch zu schildern; es ist insbesondere reizvoll, eine Analyse ihrer Projektkultur zu versuchen.

Frauenprojekte symbolisieren in ihrer Randständigkeit und Originalität gesellschaftliche Entwicklungen; sie spiegeln sie verzerrt, und sie machen sie deutlicher. Die Konfliktlagen in den Projekten mit frauenspezifischem Inhalt verdeutlichen »Ungleichzeitigkeiten der Moderne« – Individualisierung und Enttraditionalisierung – in sich selbst in besonderer Weise (Beck, 1994): Sie sind Beispiel für die Entwicklung alternativer institutioneller Strukturen, und sie bieten gleichzeitig Freiräume für persönliche Entwicklungen. Sie sind aber auch Ausdruck der nach wie vor prekären Situation von Frauen in der Öffentlichkeit (Brückner, 1994, S. 27 ff.).

In der supervisorischen Arbeit in Frauen- und alternativen Projekten beschäftigen die Widersprüchlichkeiten und Brüche, die Diskontinuitäten und Spannungen, die Liebenswürdigkeit und die Strenge, die Radikalität und die Verzagtheit, die Lebenslust und auch manchmal die Verzweiflung. Da die theoretischen Konzepte zu supervisorischem Handeln die Geschlechterdifferenz eher neutralisierend behandeln, ist diese Betrachtung auch eine Möglichkeit, Geschlechterdifferenz als analytische Strukturkategorie und als soziale Ordnungskategorie in den supervisorischen Diskurs einzuführen. Dabei bedeutet das Arbeiten mit der Geschlechterdifferenz als analytischer Kategorie in der Regel zum einen das Hervorheben und Sichtbarmachen der Differenz, das Verdeutlichen der Verzerrung, der Projektions- und Containerfunktion von Geschlechtlichkeit. Arbeiten mit der Differenz bedeutet aber auch strukturelles Sehen von Benachteiligungen, die in individuellen Handlungstendenzen und Bewältigungsstrategien sichtbar werden (z. B. Depression nicht nur als individuelle Pathologie zu sehen, sondern als die Psychodynamik der Unterdrückten; Szasz, 1970).

Die Geschlechterdifferenz als analytische Kategorie hinterfragt die Projekte männlicher Dominanz und verdeutlicht die geleugneten, subversiven, verpönten Anteile im jeweils anderen, im jeweils Fremden. Arbeiten mit der Geschlechterdifferenz meint aber auch, auf strukturellen Gleichbehandlungsmöglichkeiten zu beharren; daraus ergibt sich immer ein doppelter Blick (vgl. Hagemann-White, 1993). Die Frage nach der Geschlechterdifferenz konfrontiert immer alle Beteiligten, Männer und Frauen, mit den eigenen Lebenschancen und Eingrenzungen, sie entblößt tabuisierte Problemlagen (z. B. Gewalt in der Ehe, sexueller Mißbrauch, Frauenhandel und Homosexualität), sie stellt die Frage nach politischen Strukturen, nach der Machtverteilung und der Verfügbarkeit über Ressourcen. Dabei befleißigen sich Männer eher der Emanzipationsrhetorik, etwa im Stil »Gleichbehandlung o.k., Quotierung überflüssig, Feminismus indiskutabel«. (Wann hätten Männer in der Politik je die überdeutliche männliche Quotierung zu ihren Gunsten in den politischen Parteien und in den Machtpositionen hinterfragt?)

Organisationskultur in Frauenprojekten

Frauen und alternative Projekte sind in der supervisorischen Praxis dezidierte Beispiele für die Wirksamkeit von Organisationskulturen. Die Beteiligten regulieren dabei Gleichgewicht und Spannung in der Organisation im wesentlichen über metakommunikative und selbstreflexive Akte. Dies schafft charakteristische Stärke, die ich bereits versucht habe zu beschreiben, aber auch typische, wiederkehrende Konfliktmuster in der supervisorischen Arbeit. Im folgenden werde ich einige dieser Konfliktmuster problematisieren.

Der Begriff »Organisationskultur«

Der Begriff der Organisationskultur wurde als Konzept für die latenten und manifesten Annahmen, Grundüberzeugungen und Verhaltensstandards in Organisationen und Institutionen entwickelt (vgl. Schreyögg, 1995; Gebert/Rosenstiel, 1992; Schein, 1985). Schein (1985) beschreibt Organisationskultur als ein Muster grundlegender Annahmen und Überzeugungen, die bestimmen, wie eine Organisation sich selbst und ihre Umwelt sieht. Diese Annahmen werden als erlernt betrachtet; sie werden im allgemeinen in der Organisation geteilt; sie sind häufig zur Selbstverständlichkeit geronnen, bleiben oft aber auch unbewußt. Schein geht es nicht nur um Regeln und Normsysteme, die Arbeit, Kommunikation und Beziehung bestimmen, sondern um sehr grundsätzliche Wertorientierungen und Überzeugungen, z.B. Vorstellungen und Bilder über das Verhältnis der Organisation zur Umwelt, Überzeugungen von dem, was als wahr zu gelten hat, Überzeugungen von dem Wesen der Menschen und ihren Beziehungen, ihrem Verhältnis zu Autorität und Gesetz.

Schein (1985) bringt die kollektiven, auch unbewußten Bilder in seinem Konzept vor allem in Beziehung zu symbolischer Führung, welche die Aufrechterhaltung funktionaler Ideologien garantiert. Da Entscheidungen aber in Unternehmungen eher etwas mit Macht als mit Sachlogik zu tun haben und da Situationen der geringen Einflußnahme eher destabilisierend wirken, kommt es darauf an, daß Führungspositionen so besetzt werden, daß man(n) an ihnen die Sicherheit gebenden Zuschreibungen gut vollziehen kann; Führung muß die »essentials« der Organisationskultur stimmig repräsentieren können (vgl. auch: Schreyögg in diesem Band; Scheffler, 1995).

Weiterhin prägend für die Organisationskultur ist die Zielsetzung der Institution, das Verhältnis der Arbeitsthematik zur umgebenden Kultur und die Verfügbarkeit von Ressourcen. Das Konzept der Organisationskultur, wie es hier beschrieben wurde, ist ein ideographisches, um grundlegende, latente überindividuelle, emotional-affektive Phänomene sichtbar und über Führung funktional handhabbar zu machen (vgl. Douglas, 1991).

Frauenprojekte liegen nun aber auf den ersten Blick hin eigentlich quer zu dieser Konzeption, da es dort selten ausgewiesene Führungsfunktionen gibt. Dennoch verdeutlicht die Analyse mit dem Organisationskulturkonzept die tragenden und bindenden Sinnsysteme, die Grundüberzeugungen mit allen Widersprüchen und Brüchen, die durch die Betreiberinnen selbst und ihre Identität, durch die Inhalte und sichtbaren Forderungen nach gesellschaftlicher Teilhabe und durch die hohe Differenzierung zur sozialarbeiterischen und politischen Umwelt entstehen. Die latent wirksamen Überzeugungen und Sinnsysteme sind das Herzstück von Frauenprojekten: Ihr politisches Verständnis von sozialer Arbeit ist ein Teil der professionellen Identität. Dies wird sichtbar in der betriebenen Öffentlichkeitsarbeit, am mehr oder minder deutlich vertretenen Selbsthilfeansatz, am Beharren auf Selbstverwaltung und Autonomie, an der antihierarchischen Grundhaltung, an den Vorstellungen von ganzheitlichem und parteilichem Arbeiten und an den praktizierten Entscheidungsstrukturen, dem Beharren auf dem Konsensprinzip. Diese Neuschöpfung eines sozialen und professionellen Raumes für Frauen gerät durch den Sozialabbau, die struktu-rell geschaffene Fluktuation durch ABM (Arbeitsbeschaffungsmaß-nahmen) zunehmend unter Druck. Außerdem gibt es bei den Mitar-beiterinnen einen Professionalisierungs- und Karriereschub, der die Veränderung von organisatorischen Abläufen und Grundannah-men erfordert.

So scheint es, als seien nach zwanzig Jahren neue Suchbewegun-gen und neue Bewältigungsstrategien gefordert. Dies signalisieren jedenfalls die Veröffentlichungen, die sich mit der strukturellen Situation von Frauenprojekten befassen (Rieger, 1993, 1995; Kop-pert, 1993; Brückner, 1992; Scheffler, 1993). Zunächst aber sind Pro-jekte »Betriebe, die bei Beibehaltung der politischen Analyse ihres Arbeitsfeldes mit selbstreflexiver psychosozialer Kompetenz und professioneller Haltung ihre Arbeit vollziehen« (Brückner, 1992, S. 216 ff.). Dabei ist im Sinne der Überzeugung von Ganzheitlichkeit auch die persönliche Herausforderung und Möglichkeit, den eige-nen Arbeitsplatz und sich selbst zu entwickeln, von Bedeutung. (Dolleschka, 1995).

Im weiteren werde ich zu zeigen versuchen, welche Spannungen die Projektkultur nach der »Phase der Planwagenmentalität – wo-men go west« strukturell gegeben sind, wie sie verkraftet werden und wie sie zu integrieren sind. Bei Frauenprojekten sind das Pro-jekt und die Institution in der Regel identisch, die Basis des Um-gangs ist der persönliche Kontakt, der formalrechtliche Rahmen ist durch eine Vereinsstruktur und Ziele gegeben. Es gibt eine Vielzahl von Untersuchungen, die, ausgehend von der Sozialisationstheorie und zum Teil der Psychoanalyse, die Eigenarten, die Konfliktdyna-miken und die Stolperstellen von Frauen im Umgang miteinander beschreiben (Flaake, 1991; Dorst, 1991; Brückner, 1995; Rom-melspacher, 1992; Hagemann-White, 1993; Scheffler, 1991, 1993). Supervisorisch gewendet, fokussieren solche Ergebnisse eher den Blick auf das Defizit oder die Eigenart, auf die Bewältigungsweise und den dahinterliegenden Konflikt.

Es ist in jedem Falle hilfreich, persönliche und soziale Entwick-lungsdynamiken in das supervisorische Handeln einzubeziehen; zuweilen steht jedoch auch zu befürchten, daß die so im Vorder-grund stehende »Kultur der Benachteiligung« sich eher an der Schwäche und dem Nichtkönnen orientiert. Geschlechtlichkeit kann so zur Nische werden und Isolation fördern und als Gemeinsamkeit gehandelt werden. Brückner (1994) beschreibt aber sehr eindrücklich den »wahren Kern der Scheu« vor dem öffentlichen Auftritt. Interaktive Konzeptionen im Sinne des »doing gender« betonen dagegen eher Komponenten der fortdauernden aktiven Selbstkonstitution von Geschlechtlichkeit (Bilden, 1991).

Solche Modalitäten der interaktiven Herstellung von Geschlechtlichkeit werden beispielsweise im Arbeitsbereich Universität und in den Medien beschrieben und analysiert (Schultz, 1990; Kotthoff, 1994). Mit dieser Konzeption läßt sich in der supervisorischen Arbeit der Blick leichter auf interaktive Spielräume und Gestaltungsmöglichkeiten lenken. Der Blick ruht dann eher darauf, wie dominante und informelle Hierarchie beispielsweise hergestellt werden – auch bei Frauen – und welche Spannungen sich daraus zu den geteilten Vereinbarungen und Verbindlichkeiten ergeben. Dann wäre zu schauen, ob diese Verbindlichkeiten noch Stimmigkeit beanspruchen können.

Neben dem »interaktiven Blick« ist es in Frauenprojekten sicherlich zielführend, den strukturellen Aspekt zu fokussieren und Konflikte, Widerstände, Lähmungen auf strukturelle Widersprüche hinzuführen. Außer der Erleichterung durch Bewußtwerden und Verstehen entlastet dies u. a. von Schuld. Diese Handlungsorientierung unterstützt die Formulierung von neuen und klareren Übereinkünften.

Strukturelle Widersprüche und Brüche im Sinngefüge und Grundüberzeugungen von alternativen und Frauenprojekten ergeben sich aus:

- einander ausschließenden Überzeugungen und Sinnsystemen, wenn sie nicht kognitiv und emotional-affektiv geklärt worden sind;
- extremen Wertorientierungen, die keine oder zu hohe Flexibilität bzw. Beliebigkeit oder zu wenig / zu viel Spielraum ermöglichen;
- Tabuisierungen;
- Spannungen zwischen »Unternehmensziel«, Selbstverständnis und Öffentlichkeit;
- der kollektiv geteilten Erfahrung von Frauen über Organisation, Führung und Öffentlichkeit;
- Sinnsystem und Überzeugungen.

Die Bedeutung des politischen Selbstverständnisses von Frauen-projekten und das Wissen um die Marginalität der Arbeitsinhalte schaffen hohe Normierungen der Projekte nach innen, eine Art »Festungsmentalität«. Dies gibt Halt und Anbindung, kann aber untereinander unflexibel machen, den kommunikativen und den Handlungsspielraum einengen.

Die offizielle Verständigung auf kooperative und konsensuelle Arbeitsformen gerät zuweilen in Konflikt zu persönlich unterschiedlichem Arbeitsengagement und zu unterschiedlichen Motivationen (z. B. Ehrgeiz, Konkurrenz, Engagement). Solche belebenden Verhaltensweisen einzelner Kolleginnen stellen in kollektiven leiterinnenlosen Teams eine Verunsicherung dar, denn hier »geht die Macht namenlos um« (Sichtermann, 1993).

Führungsfunktionen werden häufig nur formal benannt und lediglich nach außen präsentiert. Eine persönlich und sozial produktive Verhaltensweise wird in solch sensiblen Gleichgewichtssystemen schneller bedrohlich, da es keine Funktionalisierung und Hierarchie als Schutz gibt. Häufig ist so die Gruppendynamik in Teams ein bedeutsamer Indikator für das informell gestaltete Kräfteverhältnis und das Spiel damit. So manches Team leistet sich dort schon ein »recht dramatisches Theater«. Frauen verhindern eher an der sachlichen Arbeit angelagerte Auseinandersetzungen, Bewertungen und Herausforderungen. Solche Konflikte werden eher personalisiert und auf die Beziehungsdynamik bezogen, was letztendlich sehr viel herausfordernder und anstrengender und auch zuweilen kränkender ist als der funktionale Weg. Macht wird sicherlich mit gutem Grund eher als Dominanz- und Unterwerfungsbeziehung gesehen.

Macht ist in den Phantasien der Frauen immer eher Aktionsmacht, bestimmt von der Spannung zwischen Verletzungsmacht und Verletzungsoffenheit (Popitz, 1992). Auch instrumentelle und tatensetzende Interventionen als Machtäußerungen werden »ausgeblendet« zugunsten von gruppenzentrierten Handlungsvollzügen nach außen, wo Frauen dann gemäß einer getroffenen Absprache handeln. Der persönliche Spielraum ist dabei in der Regel eher eng. Macht als Einflußmöglichkeit, als Möglichkeit, etwas zu bewegen, etwas durchzusetzen, etwas zu wollen, ist bei Frauen eher scham- und schuldbesetzt (vgl. Benjamin, 1993). Die auf dem Hintergrund der Psychoanalyse herausgearbeiteten, unbewußten Konfliktstrukturen und Abwehrhaltungen verdeutlichen die Bedürftigkeit und den Wunsch nach Identifikation sowie Abhängigkeitswünsche ebenso wie die gegenseitige Bestärkung von Idealen und Illusionen. Die einzelnen Projektkonflikte können auch als Reinszenierung von konflikthaften Primärbeziehungen gesehen werden (Flaake, 1991; Eckart, 1988; Brückner, 1994).

Extreme Wertorientierung, Tabus

Für die institutionelle Projektarbeit gibt es keine kulturelle Symbolik, die für das Sinngefüge der Organisationskultur unterstützend herangezogen werden könnte. Im Gegenteil: Die Frauen in den Projekten knüpfen an ein Berufsfeld an, das durch die traditionelle bürgerliche Frauenrolle legitimiert war (Sozialarbeit als »geistige Mütterlichkeit« gegenüber den »proletarischen Schwestern«). Die zuweilen unflexiblen ideologischen Setzungen, die Arbeitsabläufe und persönliche Effizienz behindern, sind so Pfeiler für professionelle und politische Identität. Sie verbergen das Mißtrauen gegenüber und die Bedrohung durch herkömmliche Organisations- und Ablaufstrukturen.

Die helfende Beziehung oder das Mitarbeiterinnen-Klientinnen-System ist durch die persönliche Beziehungskompetenz der Kolleginnen oft zentraler und wichtiger als zuarbeitende, vor- und nachbereitende Tätigkeiten. Die Reserviertheit gegenüber arbeitsteiligen Strukturen führt zu einer Überfrachtung von Arbeitsbeziehungen. Konflikte werden dann personalisiert, und Arbeitsbeziehungen, die nicht auf einem regelhaften System beruhen, sind ähnlich anfällig wie Liebesbeziehungen, die sich über die Gefühle allein, ohne soziales Netz und soziale Funktion definieren (Scheffler, 1991). Ebenso ist aber zu erwähnen, daß die Kränkungskultur der Anfangsjahre eine sehr distanzierte, unterkühlte Atmosphäre in manchen Teams geschaffen hat. Schutzbedürftigkeit und Distanzierungswunsch erscheinen als oberstes Gebot. Die emotional-affektive Begleitung der Arbeit erscheint zurückgenommen, es geht »cool« zu, so daß es kaum noch eine spritzige Idee oder eine spontane Äußerung gibt. Solche Bewältigungsstile findet man auch in Teams, die sehr selbsterfahrungszentriert und »therapeutisch«

miteinander umgegangen sind (Clausen, 1992; Scheffler, 1991; Sichtermann, 1993).

Tabuisierungen betreffen in Teams häufig vor allem die Macht, die Führungsbereitschaft, die Konkurrenz, die eigene Stärke, den Stolz, den Ehrgeiz, den Erfolg und die Lust an der Arbeit, also alles, was wirklich Spaß macht. Die Frauen geben sich da eher Orientierungen an den gegenseitig geteilten Schwächen und dem gemeinsam geteilten Verzicht. Dies ist aber auch in Zusammenhang zu sehen mit dem Verhältnis von Frauen zur Öffentlichkeit, zu Führung und Hierarchie.

»Unternehmensziel und Öffentlichkeit«

Die finanziell immer mangelhafte Ausstattung, die Fluktuation durch die ABM-Kräfte und die inhaltliche Arbeit mit der und gegen die Ohnmacht, die ja auch im Sinne der sozialen Dienstleistung an die Projekte delegiert wird, machen eine dauernde Ausnahmeideologie erforderlich (Krisenmanagement). Der Stolz auf das Erreichte, die gegenseitige Anerkennung und auch die notwendige Kritik geraten so aus dem Blick. Die sozialpolitischen Begrenzungen der Arbeit, wo eigentlich ständig Improvisation gefordert ist, machen die Einschätzung der eigenen Kompetenz schwierig, ganz abgesehen davon, daß sich Frauen eher lieber bescheiden und überselbstkritisch zu den eigenen Arbeitsergebnissen äußern.

Die Arbeit an der Enttabuisierung von gesellschaftlich verleugneten Konfliktbereichen (§ 218, Gewalt in der Ehe, sexueller Mißbrauch, Pornographie, Frauen- und Mädchenhandel, Sextourismus) erfordert spezielle Rechtfertigungsstrategien, um die Zuschreibungen und Projektionen von seiten der Öffentlichkeit abzuwehren und zu bewältigen. Die Solidarisierungsbereitschaft ist hoch, die Bereitschaft zur gegenseitigen Herausforderung eher niedrig. Es entsteht so etwas wie eine dysfunktionale Homöostase. Hier kann es auch zu Mythenbildungen kommen, die Realitäten und ihre Wahrnehmung entlastend beeinflussen (Pühl, 1989).

Mit der Projektbewegung ist die Absicht verbunden, Frauenträume und -kultur in der Öffentlichkeit zu markieren (vgl. Frauenbildungsprojekte). Hier läßt sich vermuten, daß es sich jenseits des Arbeitsauftrages um so etwas handelt wie eine »Gegenkultur zur Moderne« (Koppert/Lindberg, 1993). Die Autorinnen sehen die Spannung und Widersprüchlichkeit der feministischen Projekte vor allem in der Dynamik zwischen einem Individualisierungs- und Professionalisierungsschub der 80er Jahre, der im ökonomischen Sektor stattgefunden hat, und der Notwendigkeit, dieser Tendenz zur »Individualisierung sozialer Problemlagen« (Beck, 1994) mit Versuchen zur Solidarisierung und der Schaffung von neuen sozialen Orientierungen entgegenzutreten (vgl. Keupp, 1994, »soziale Vernetzung«). Die Projektdynamik spiegele dabei eine Ungleichzeitigkeit der Moderne wider. Die Sicherung von Arbeitsplätzen und die persönliche Entwicklung stehe im Gegensatz zur Erprobung neuer Solidarisierungsformen.

Frauen, Organisation, Führung, Öffentlichkeit

Frauen haben sich mit den Projekten öffentlich gemacht; sie vertreten eigene Belange und die der Klientinnen als allgemeine Belange von politischem Interesse. Dabei treten sie in unterschiedlicher Funktion an die Öffentlichkeit. Die Funktionalität der hierarchischen Positionen in der Öffentlichkeit kommen ja »scheinbar geschlechtsneutral daher«; sie basieren aber auf der Geschlechterdifferenz, setzen sie voraus und produzieren sie. »Nirgends ist die Häme und die gnadenlose Kritik gegenüber Frauen so stark wie gegenüber Frauen in der Öffentlichkeit, die sich Kompetenz und Macht nehmen, die sich nicht an die geschlechtsneutrale Organisation öffentlicher Funktionalität halten« (Brückner, 1994, S. 19 ff.).

Die Asymmetrie und Dominanz der Geschlechterhierarchie und ihr geschlechtsneutrales Gewand der Funktionalität werden durch den öffentlichen Auftritt prekär. Die Art und Weise des Auftritts und der transportierte Inhalt sind für Frauen eine Herausforderung, weil sie eigentlich an ihrer »Weiblichkeit« und eben nicht an ihrer Funktionalität gemessen werden. Bei Männern geht die öffentliche Beurteilung eher zu den Fähigkeiten und zu den geäußerten Inhalten, nicht aber so sehr zu Geschlechtlichkeit und Männlichkeit. So bevorzugen Frauen den kollektiven Auftritt; das »Hervortreten« ist mit Unsicherheit, Zögerlichkeit oder auch Scham kombiniert, sie bilden lieber eine »Schutzgemeinschaft der Unterdrückten« (Sichtermann, 1992, S. 93).

Frauen in öffentlichen und in Führungspositionen sind eher damit beschäftigt, das Geschlecht zu neutralisieren, obwohl das Frausein weite Bereiche der Arbeitstätigkeit zentral mitbestimmt (vgl. Schultz, 1990, zum Selbstmanagement von Professorinnen, und Roloff, 1993, zur Technikdistanz von Oberschülerinnen). In beiden genannten Untersuchungen wird für unterschiedliche Altersgruppen und Funktionen deutlich, daß Frauen ihre Berufstätigkeit mit der Geschlechterdifferenz verknüpfen, sei es, daß sie besondere Anstrengungen unternehmen, sei es, daß sie ein Bewußtsein von den Anstrengungen entwickeln, mit denen sie sich im Fach und im Beruf herumschlagen müssen. Metz-Göckel (1993) beschreibt sehr eindringlich, wie eine Kollegin die Funktion der Frauenbeauftragten ablehnt, nicht weil sie keine Frauenbelange vertreten könne, sondern weil es »rufschädigend« sei, Frauenbelange im universitären Rahmen zu vertreten, wo es doch um objektive Leistungen als Kriterium für Status und Position gehe.

Supervision und Coaching finden in einem Alltag statt, in dem die Plausibilität und scheinbare Natürlichkeit der Geschlechterordnung in Hierarchie, Geschlechtersegregation und Organisationsstrukturen ungebrochen wirksam sind. Organisationen sind in ihrer Neutralität auf die Geschlechterdifferenz angewiesen, und sie stellen sie mit her (z. B. Aufteilung in Öffentlichkeit und Privatheit; geschlechtersegregierter Arbeitsmarkt). Die Organisationstheorien psychologischer und soziologischer Provenienz festigen die geschlechtsspezifische Arbeitsteilung, wobei die Alibifrauen dann eher ideologische Bedeutung gewinnen. Acker (1991) und Cockburn (1988) untersuchen Organisationen als einen vergeschlechtlichten Prozeß, in dem Geschlecht und Sexualität durch einen geschlechtsneutralen asexuellen Diskurs verschüttet sind.

Geschlecht, Körperlichkeit und Sexualität sind die Bereiche, die in Organisationen kontrolliert werden. So die These! Formale Organisationen sind in ihren Strukturen dadurch zu charakterisieren, daß sie unabhängig von den individuellen Merkmalen ihrer Mitglieder funktionieren, daß sie hierarchisch gegliedert sind und daß sie Kontinuität und Sicherheit über die Kontrolle ihrer Mitglieder garantieren. Sie verfügen über eine Innen/Außen-Differenzierung (Wertsystem, Verhaltenskodex, Organisationskultur). Moderne Organisationstheorien sind zwar sensibel »für den Zusammenhang von Anforderungen und Verhalten in Organisationen und den Bezug zur Maskulinität, aber es gibt keine Analyse der Geschlechterhierarchie in Organisationen und der Rolle, die Sexualität und Geschlecht zur Abwehr von Gleichheitsansprüchen von Frauen spielen« (Müller, 1993, S. 97). Acker (1991) faßt die Notwendigkeit einer systematischen Theorie von Geschlecht und Organisation zusammen:

1. Die geschlechtsspezifische Arbeitsteilung, einschließlich der Teilung zwischen bezahlter und unbezahlter Arbeit (Hausarbeit), wird durch organisatorische Praktiken und durch Prozesse in Organisationen durchgesetzt.

2. Einkommens- und Statusungleichheit (Geschlechtersegregation) wird durch stratifikatorische Organisationsprozesse hergestellt.

3. Organisationen sind Foren, wo kulturelle Bilder von Geschlecht erzeugt und reorganisiert werden.

4. Aspekte der individuellen Geschlechtsidentität – hier besonders der Maskulinität – sind Ergebnisse von Organisationsprozessen und -druck (vgl. Manthey, 1993).

Psychologisch gesehen sind Organisationen also damit beschäftigt, Positionen auszufüllen, deren Struktur eine gesellschaftliche Spaltung fortschreibt. Schultz (1990) bezeichnet dies für Frauen dann als »Leben in Zwischenwelten«, bei der die Selbstwertproblematiken die Individualisierung des Problems andeuten. Rommelspacher (1992) analysiert in ihrer Studie zu Konflikten im beruflichen Selbstverständnis von in der Praxis tätigen Sozialwissenschaftlerinnen die Sackgasse einer vergeschlechtlichten Berufsidentität. Frauen beziehen sich in ihrer Berufstätigkeit (Organisation, Funktionalität) auf die Beziehungsideale und moralischen Anforderungen von Caretaking, Mitmenschlichkeit und Verantwortlichkeit. Die Struktur der professionellen Beziehung wird eher als Dilemma zwischen privat gelebter Weiblichkeit und Zweifel an der Professionalität erlebt; so wird das komplementäre Verhältnis von privater und professioneller Beziehung sichtbar. Das sogenannte Caretaking bleibt dennoch in eine Dienstleistungsstruktur eingebunden, obwohl private und professionelle Hilfeleistungen von der gleichen Mitmenschlichkeit getragen werden. Die erlebte Dissonanz beschreiben die befragten Frauen als professionellen Selbstzweifel. Auch Rohde-Dachser (1985) hat bereits auf die zwiespältige Wirkung der Emanzipation in sog. Frauenberufen am Beispiel von Therapeutinnen hingewiesen. Es ist also in gewisser Weise folgerichtig, daß die Frauenprojektebewegung die Distanz zu formaler Strukturierung und eher funktionellen Arbeitsweisen aufrechterhält.

Eingangs wurde erwähnt, daß Schein (1985) sein Organisationskulturkonzept an symbolische Führung bindet. So meint er, daß es eine wichtige Führungsfunktion sei, den Glauben an die Relevanz der Führung zu stabilisieren. Führung habe über Symbolhandlung zur Aufrechterhaltung funktionaler Ideologien beizutragen sowie Entscheidungskompetenz, Sicherheit und Orientierung zu vermitteln. Dies sei eine Möglichkeit, die mangelnde Kontrollmöglichkeit des einzelnen zu kompensieren. Kontrollverhalten meint hier, daß in den Führungspositionen vor allem bestimmte Werte, Überzeugungen und verhaltenssteuernde Erwartungen symbolisiert werden. Frauen können diese Funktionen und Symbolisierungen jedoch in der Regel nicht garantieren. Sie gefährden so eher den ideologischen Konsens der scheinbaren Neutralität und Logik des Arbeitsplatzes, der für Männer und ihr Selbstverständnis so bindend ist. Sie gefährden mit ihrem Aufstieg die von der Organisation her bindend betrachteten Werte der allseitigen Verfügbarkeit des »männlichen, körperlosen Arbeiters«; sie gefährden den Dominanzanspruch einer männerbündischen Kultur, die auf der Unsichtbarkeit von Haus- und Beziehungsarbeit aufruht.

Die Beschäftigungsquoten von Frauen in Führungspositionen sind mit dem Rationalisierungsschub der 90er Jahre wieder rückläufig (vgl. *Die Woche* v. 24.2.1995). In diesem Sinne, vielleicht etwas verkürzt zusammengefaßt, ist es in der Tat diskussionswürdig, ob Frauen in ihren Projekten unter dem Veränderungsdruck des Sozialabbaus solch traditionelle Führungsmodelle einführen sollten. Auch der sogenannte kooperative weibliche Führungsstil, der vielbeschworene, hilft da nicht. Die empirische Forschung zu Führungsverhalten und Geschlechtsspezifität spricht in der Gesamteinschätzung eher dafür, daß die sog. weiblichen Verhaltensaspekte eher status- und positionsgebunden sind:

– sozialbezogenes Verhalten nimmt auch bei Frauen mit steigender

beruflicher Position ab, autonomes Verhalten nimmt zu (Maracek, 1990);
- Reaktionen auf Frauen und Männer sind eher von der Position des betroffenen Menschen in der Hierarchie bestimmt; je geringer der soziale Status, desto eindeutiger ist die geschlechtsspezifische Ansprache (Eagly, 1987);
- Frauen zeigen dann Konkurrenzverhalten zueinander, wenn sie sich in gesicherten sozialen Kontexten bewegen (Keller / Moglen 1987).
- Frauen zeigen im Führungsverhalten keine unterschiedlichen Verhaltensweisen im Vergleich zu Männern (Dobbins / Platz, 1986).

Diese empirischen Schlaglichter legen den Schluß nahe, daß sich geschlechtsspezifisches Verhalten verringert, wenn Frauen in Systemen und Kontexten qua Position und Status anerkannt werden. Es sind unter diesem Aspekt eher soziale, interaktive und Machtstrukturen, die »Frauenverhalten« produzieren. Man könnte sagen, daß Frauen in ihrem Verhalten eher »Coping-Strategien« wählen, die ihrer weniger anerkannten Position entsprechen: nach Anerkennung suchendes Verhalten, sich rückversicherndes Verhalten, Fürsorglichkeit, gruppenzentriertes Agieren. Bei den weiblichen Führungsqualitäten handelt es sich eher um ein Verhaltensrepertoire, das in Positionen mit Minderheitenstatus relevant ist.

Widersprüche

Die in der Literatur zu Frauen und ihren alternativen Projekten häufig aufgezählten Widersprüche und Brüche sollen der Eindringlichkeit halber im folgenden aufgereiht sein:
- Ein traditionell weibliches Arbeitsfeld steht in der Spannung des Auf-(Aus-)bruchs aus herkömmlich definierter sozialer Arbeit (Brückner, 1992).
- Die Frauenprojekte symbolisieren einen Aufbruch aus weiblicher Tradition bei einer subtilen psychodynamischen Eingebundenheit in dieselbe (Flaake, 1991).
- Ein komplexes, eher unklares Anforderungsprofil der Arbeit steht in Spannung zu niedriger professioneller Identität als kollektivem Selbstverständnis einer Profession (Dolleschka, 1995).

- Das Projekt als Arbeitsplatzsicherung, als Professionalisierungs- und Karrieremöglichkeit (Individualisierung) steht im Gegensatz zum Kollektivgedanken und zu notwendiger Solidarisierung (Koppert, 1992).
- Professionelle Dienstleistungserwartungen der Zielgruppe stehen im Gegensatz zu den Werten politisch-feministischer Arbeit (Koppert/Lindberg, 1993).
- Das Bemühen um persönliche Individuation und Zufriedenheit am Arbeitsplatz steht zuweilen in einem konflikthaften Verhältnis zu Gruppennormen und Interdependenznotwendigkeiten (Dolleschka, 1995; Scheffler, 1993).
- Geschlechterdifferenz als »Kampfkategorie« gegen Diskriminierung steht im Kontrast zur Geschlechterdifferenz als Vehikel für soziale Nischen und Schutzräume (Brückner, 1992).
- Die eingestellten Frauen im Projekt sind immer in einer doppelten Funktion. Sie sind ihre eigene Arbeitgeberin und Arbeitnehmerin. Projektnotwendigkeiten stehen im Konflikt zu individuellen Ansprüchen und Berechtigungen (Scheffler, 1993).

Die eher harte Auseinandersetzung und Kritik an der Organisationskultur der Projekte aus den eigenen Reihen ist sicher berechtigt und zielführend (Sichtermann, 1993; Freytag, 1993; Meulenbelt, 1993). Die Umstrukturierungsvorschläge und reflexiven Deutungen des Projektalltags treffen auf eine Organisationskultur, die sichtlich so flexibel ist, daß erst der Sozialabbau der 90er Jahre Fragen nach einem Sozialmanagement laut werden läßt. Die formale, nach außen zur Schau getragene Struktur, die nach innen durch Konsenslösungen ersetzt wird, scheint viel persönliche Gratifikation und Bindung zu bewirken. So manche pfiffige, kreative und gewitzte Eulenspiegelei in der Auseinandersetzung mit Trägern und Kommunen verbirgt sich hinter Chaos und chronischem Krisenmanagement. Die Frauenprojekte haben wirklich eine eigene Organisationskultur gefunden.

Hinweise und Adressen

Die Anschriften ausgebildeter Supervisoren sind über die jeweiligen Fachverbände erhältlich. Die Deutsche Gesellschaft für Supervision e. V. (DGSv) gibt jährlich ein neues Mitgliederverzeichnis heraus. Darin finden sich auch die Anschriften der Ausbildungsinstitute, die nach festgelegten Standards ausbilden und von der Gesellschaft anerkannt sind. Zum Teil verfügen die Institute auch über eigene Listen von Supervisoren. Interessenten aus der Schweiz und Österreich wenden sich an ihre Fachverbände, die ebenfalls über die Adressen ausgebildeter und anerkannter Supervisoren verfügen.

Anschriften der Fachverbände:

DGSv
Deutsche Gesellschaft für
Supervision e. V.
Flandrische Str. 2
D-50674 Köln
Tel. 02 21 / 2 57 44 82
FAX 02 21 / 2 57 61 19

BSO
Berufsverband für Supervision und
Organisationsberatung
Gutenbergstr. 33
CH-3011 Bern
Tel. / FAX 031 / 3 82 44 82

ÖVS
Österreichische Vereinigung für
Supervision
Hießbergergasse 13
A-3002 Purkersdorf / b. Wien
Tel. / FAX 0 22 31 / 51 97

Fachzeitschriften:

Supervision
erscheint halbjährlich im Verlag
Fachhochschule Frankfurt / M.
Limescorso 5

D-60439 Frankfurt
Tel. 0 69 / 15 33-28 20
FAX 0 69 / 15 33-28 40

Forum Supervision
erscheint halbjährlich im
Verlag edition diskord
Schwärzlocher Str. 104 B
D-72070 Tübingen

Organisationsentwicklung
erscheint 4mal jährlich:
Organisationsentwicklung
Postfach 147
CH-4003 Basel
Tel. 0 61 / 2 61 47 01

*OSC-Organisationsberatung,
Supervision, Clinical Management*
erscheint 4mal jährlich:
Verlag Leske & Budrich
Postfach 30 05 51
D-51334 Leverkusen

*Zeitschrift für angewandte Psycho-
analyse* halbjährliches Erscheinen
geplant im Kore-Verlag
Brombergstr. 9 A
D-79102 Freiburg
Tel. 07 61 / 70 32 00

Die Autorinnen und Autoren

Benjamin Bardé, geb. 1948, Dr. phil. Diplomsoziologe, Diplompsychologe, wissenschaftlicher Mitarbeiter für Gruppenanalyse, Psychoanalyse, Supervision und Organisationsentwicklung im Sigmund Freud-Institut Frankfurt/M.

Thea Bauriedl, geb. 1938, Dr. phil habil., Diplompsychologin, Psychoanalytikerin, Supervisorin, Privatdozentin für Klinische Psychologie an der Universität München, Vorsitzende der Akademie für Psychoanalyse und Psychotherapie e.V. München, Leiterin des Instituts für Politische Psychoanalyse München.

Otto F. Kernberg, Prof., M.D., Medizinischer Direktor des New York Hospital-Cornell Medical Center, Lehranalytiker am Psychoanalytischen Forschungs- und Ausbildungszentrum der Columbia University und Professor für Psychiatrie an der medizinischen Fakultät der Cornell University.

Karl König, geb. 1931, Prof. Dr. med., Arzt für Innere Medizin, Psychotherapie, Psychoanalyse, Leiter der Abteilung für klinische Gruppenpsychotherapie der Universität Göttingen.

Bernd Oberhoff, geb. 1943, Dr. phil. Diplompsychologe, freiberuflicher Supervisor und Fortbildungsdozent, Supervisorenausbilder an der Kolping-Bildungsstätte Coesfeld, Münster.

Harald Pühl, geb. 1947, Dr. phil. Diplompsychologe, freiberuflicher Supervisor und Institutionsanalytiker, Ausbilder und Leiter der TRIANGEL e.V. – Institut für Supervision und Gruppenerfahrung, Therapeutischer Anleiter im sozialpsychiatrischen Verein Pinel-Gesellschaft, Berlin.

Sabine Scheffler, geb. 1943, Dr. phil. Diplompsychologin, Professorin für Frauenforschung, Universität Wien, Gesprächs-, Gestalttherapeutin und Supervisorin, Wien–Köln.

Christiane Schiersmann, geb. 1950, Professorin am Erziehungswissenschaftlichen Seminar der Ruprecht-Karls-Universität Heidelberg.

Astrid Schreyögg, geb. 1946, Dr. phil. Diplompsychologin, Psychotherapeutin, Supervisorin und Organisationsberaterin in freier Praxis, Supervisionsdozentin an verschiedenen Instituten, Berlin.

Johann August Schülein, geb. 1947, Professor für Soziologie an der Wirtschaftsuniversität Wien.

Hermann Staats, geb. 1957, Dr. med., Psychotherapie, Psychoanalyse, Oberarzt an der Abteilung für klinische Gruppenpsychotherapie der Universität Göttingen.

Heinz-Ulrich Thiel, geb. 1940, Dr. phil. Diplompsychologe, Supervisor/

Organisationsberater, Akademischer Oberrat am Pädagogischen Seminar der Universität Göttingen.

Harald Thoms, geb. 1941, Diplompsychologe, Psychotherapeut, Supervisor; freiberuflich in Kiel.

Franz Wellendorf, geb. 1935, Dr. phil. Professor für Psychologie an der Universität Hannover, Psychoanalytiker, Supervisor und Institutionsberater, Fischerhude / Hannover.

Literaturverzeichnis

Acker, J. (1991): Hierarchies, Jobs, Bodies: A Theory of Gendered Organizations.

Adorno, Th. u. a. (1950): The Authoritarian Personality. New York (dt. gekürzt: Der autoritäre Charakter, 2 Bde.).

Alheit, P. (1990): Der »biographische Ansatz« in der Erwachsenenbildung, in: Mader, W. (Hg.): Weiterbildung und Gesellschaft. Bremen (Universität).

Alneas, A. (1963): Klinische Sozialtherapie, in: Zeitschr. für Psychotherapie 2, S. 37–42.

Alsford, C. F. (1990): Reparation and civilization. A Kleinian account of the large group, in: Free Associates 19, S. 7–30.

Anzieu, D. (1984): The group and the unconscious. London.

Auer-Hunzinger, V./Sievers, B. (1991): Organisatorische Rollenanalyse und -beratung, in: Gruppendynamik 1, S. 33–46.

Aulenbacher, B./Goldmann, M. (Hg.) (1993): Transformationen im Geschlechterverhältnis, Frankfurt/M.

Baethge, M. (1995): Übergänge wohin? Vernachlässigte Aspekte der Standortdebatte. Unveröfftl. Manuskript. Göttingen.

Bardé, B. (1991): Supervision – Theorie, Methode, empirische Forschung, in: Supervision 19, S. 2–37.

– (1993): Die psychotherapeutische Behandlung des Patienten durch ein Team, in: B. Bardé/D. Mattke (Hg.): Therapeutische Teams. Göttingen, S. 51–108.

– (1994): Großgruppe. In: Haubl, R.; F. Lamott (Hg.) Handbuch Gruppenanalyse. Quintessenz, München, S. 253–267.

Bardé, B./Mattke, D. (Hg.) (1993): Therapeutische Teams. Göttingen.

Bastoe, O. (1960): Environmental therapy of chronic formale schizophrenic patients and social psychiatric study of the problems of nursing staff, in: Int. Journal of Social Psychiatry 5, S. 81–85.

Bauer, A./Gröning, K. (Hg.) (1995): Institutionsgeschichten/Institutionsanalysen. Sozialwissenschaftliche Einmischungen in Etagen und Schichten ihrer Regelwerke. Tübingen.

Bauriedl, Th. (1980): Beziehungsanalyse. Das dialektisch-emanzipatorische Prinzip der Psychoanalyse und seine Konsequenzen für die psychoanalytische Familientherapie. Frankfurt/M.

– (1994): Auch ohne Couch. Psychoanalyse als Beziehungstheorie und ihre Anwendungen. Stuttgart.

– (1996): Leben in Beziehungen. Von der Notwendigkeit Grenzen zu finden. Herder: Freiburg.

Beck, U./Beck-Gernsheim, E. (Hg.) (1994): Riskante Freiheiten. Individualisierungen in modernen Gesellschaften. Frankfurt/M.

Becker, H. (Hg.) (1995): Psychoanalytische Teamsupervision. Göttingen.

Benjamin, J. (1993): Phantasie und Geschlecht, Studien über Idealisierung, Anerkennung und Differenz. Basel.

Berger, P./Luckmann, T. (1979): Die gesellschaftliche Konstruktion der Wirklichkeit, Frankfurt/M.

Berker, P. (1994): Externe Supervision – interne Supervision, in: H. Pühl (Hg.): Handbuch der Supervision 2. Berlin, S. 344–352.

Berlin, R. (1970): The team approach in a hospital treatment as a defence of the psychiatrist, in: Comprehensive Psychiatry 11, S. 14–18.

Berne, E. (1967): Spiele der Erwachsenen. Reinbek.

Bilden, H. (Hg.) (1991): Das Frauentherapie Handbuch. München.

Bion, W. R. (1970): Attention and Interpretation. London.

– (1974): Erfahrungen in Gruppen. Stuttgart.

Bischoff, N. (1985): Das Rätsel Ödipus. München.

Blank, M. (1990): Frauen in Führungspositionen – Entwicklungstendenzen und Erklärungsansätze, in: Berty, K. u. a. (Hg.): Emanzipation im Teufelskreis. Weinheim, S. 152–173.

Bleger, J. (1966): Psychoanalysis of the psychoanalytic frame, in: Int. Journal of Psychoanalysis 48, S. 511–519.

Bloch, E. (1959): Das Prinzip Hoffnung. Frankfurt/M.

Böll, H. (1958): Doktor Murkes gesammeltes Schweigen und andere Satiren. Köln–Berlin.

Brigl, H./Lindinger, H. (1963): Psychotherapeutische Station und Rehabilitationsabteilung in der psychiatrischen Heilanstalt, in: Nervenarzt 34, S. 549–554.

Brody, R. (1993): Effectively managing human service organizations. Newbury Park–London–New Delhi.

Brückner, M. (Hg.) (1992): Frauen und Sozialmanagement. Freiburg.

– (Hg.) (1994): Die sichtbare Frau. Freiburg.

– (1994a): Geschlecht und Öffentlichkeit, in: Brückner, M. (Hg.): a. a. O., S. 19–57.

Buchinger, K. (1988): Teamsupervision in Institutionen, in: Gruppenpsychother. Gruppendyn. 24, S. 1–14.

– (1991): Eine Organisation hält sich für eine Gruppe und ein anderer Irrtum des Supervisors, in: Brandau, H. (Hg.): Supervision aus systemischer Sicht. Salzburg, S. 101–115.

Caudill, G. (1985): The Psychiatric Hospital as a Small Society. Cambridge.

Ceachin, G./Lane, G./Ray, W. A. (1993): Respektlosigkeit. Eine Überlebensstrategie für Therapeuten. Heidelberg.

Chapin, F. S. (1935): Contemporary American Institutions. New York.

Clausen, G. (1993): Konflikte bewältigen. Supervision und Organisations-entwicklung in Frauenprojekten, in: Koppert, C. (Hg.): a. a. O., S. 58–75.

Coch, L. / French, J. R. P. (1948): Overcoming Resistance to Change, in: Human Relations 1, S. 512–532.

Cockburn, C. (1988): Die Herrschaftsmaschine. Geschlechterverhältnisse und technisches Know-how. Berlin–Hamburg.

Cooper, A. M. (1987): Changes in psychoanalytic Ideas: Transferce interpretations, in: Journal of the American Psychoanalytic Association 35, S. 77–98.

Cyran, W. (1992): Vermeidbare Behandlungsfehler des Arztes. Stuttgart–Jena–New York.

Deal, T. E. / Kennedy, A. A. (1982): Corporate Cultures – The Rites and Rituals of Corporate Life, Reading, Mass.

De Board, R. (1978): The psychoanalysis of organizations. London.

Deutschmann, M. (1994): Psychiatrische Team-Supervision, in: H. Pühl (Hg.): Handbuch der Supervision 2. Berlin, S. 217–234.

Diamond, M. A. (1991): The Unconscious Life of Organizations. Interpreting Organizational Identity. Westport–London.

Dicks, H. V. (1967): Marital Tensions. London.

Dobbins, G. H. / Platz, S. J. (1986): Sex Differences in Leadership: How Real are They?, in: Academy of Management Review 11, S. 118–127.

Dolgoff, T. (1973): Organisation as sociotechnical system, in: Bulletin of the Menninger Clinic 37, S. 232–257.

Dolleschka, K. (1995): Professionelle Identität von Mitarbeiterinnen psychosozialer Frauenprojekte. Diplomarbeit, Psychologisches Institut Wien.

Dörner, D. / Lautermann, D. (1990): Experiment und Empirie in der Psychologie, in: K. Grawe u. a. (Hg.): Über die richtige Art, Psychologie zu betreiben. Göttingen, S. 37–57.

Dorst, B. (1991): Psychodynamische und gruppendynamische Besonderheiten von Frauengruppen, in: Supervision 20, S. 8–21.

Douglas, M. (1991): Wie Institutionen denken. Frankfurt/M.

Dülfer, E. (Hg.) (1991): Organisationskultur. Stuttgart.

Eagly, Ch. (1987): Sex Differences in Social Behaviour: A Social-role Interpretation. Hillsdale, NJ.

Eckart, Ch. (1988): Töchter in der vaterlosen Gesellschaft. Das Vorbild des Vaters als Sackgasse zur Autonomie, in: C. Hagemann-White/M. S. Rerrich (Hg.): a. a. O., S. 170–194.

Edding, C. (1990): Neue Rolle: Führungskraft, in: Sozialmagazin 6, S. 26 ff.

Ehrhardt-Kramer, A. (1989): Frauen in Leitungsfunktionen in der sozialen Arbeit, in: Nachrichtendienst 69, S. 233–236.

Einsiedler, E. H. (1991): Führung nach oben, in: Rosenstiel, L. v., u. a. (Hg.): Führung von Mitarbeitern. Handbuch für erfolgreiches Personalmanagement. Stuttgart, S. 207–217.

Enke, H. (1965): Bipolare Gruppenpsychotherapie als Möglichkeit psychoanalytischer Arbeit in der stationären Psychotherapie, in: Zeitschr. für Psychotherapie und med. Psychologie 15, S. 116–121.

Erdheim, M. (1984): Die gesellschaftliche Produktion von Unbewußtheit. Frankfurt/M.

Fatzer, G./Eck, C. D. (1990): Supervision und Beratung. Köln.

Fatzer, G. (1992): Prozeßberatung als Organisationsberatungsansatz der neunziger Jahre, in: H. Wimmer (Hg.): Organisationsberatung. Wiesbaden, S. 115–127.

Federn, P. (1956): Ichpsychologie und Psychosen. Teil II: Die Behandlung der Psychose. 6. Kap.: Die Psychosen-Analyse. Bern.

Festinger, L./Schachter, S./Back, K. (1950): Social pressures in informal groups. New York.

Fürstenau, P. (1992): Psychoanalytisch-systemische Teamsupervision, in: ders.: Entwicklungsförderung durch Therapie. München.

Flaake, K. (1991): Frauen und öffentlich sichtbare Einflußnahme – Selbstbeschränkungen und innere Barrieren, in: Feministische Studien 1, S. 136–142.

Foucault, M. (1978): Dispositive der Macht. Über Sexualität, Wissen und Wahrheit. Berlin.

Freitag-Becker, E. (1990): Leitungssupervision – ein Erfahrungsbericht, in: Supervision 17.

French, J. R. P./Raven, B. (1959): The Basis of Social Power, in: Cartwright, D./Zander, A. (1968): Group Dynamics. New York, S. 259–268.

Freud, S. (1900a): Die Traumdeutung, Gesammelte Werke (GW) II–III. S. Fischer, Frankfurt/M.

– (1912a): Ratschläge für den Arzt bei der psychoanalytischen Behandlung, GW VIII. Frankfurt/M.

– (1917): Brief an Groddeck. Zit. nach Freud, S./Groddeck, G. (1988): Briefe über das Es, hg. v. M. Honegger, Frankfurt/M.

– (1925h): Die Verneinung, GW XIV. Frankfurt/M.

– (1930a): Das Unbehagen in der Kultur, GW XIV. Frankfurt/M.

– (1933a): Neue Folgen der Vorlesungen zur Einführung in die Psychoanalyse. GW XV. Frankfurt/M.

Freytag, G. (1993): Die große und die kleine Freiheit, in: Koppert, C. (Hg.): a. a. O., S. 27–42.

Friedberg, E. (1980): Macht und Organisation, in: Reber, G. (Hg.): Macht in Organisationen. Stuttgart, S. 123–134.

Frühmann, R. (Hg.) (1985): Frauen und Therapie. Paderborn.

Gagliardi, P. (Hg.) (1990): Symbols and Artifacts: Views of the Corporate Landscape. Berlin–New York.

Garfinkel, H. (1974): Bedingungen für den Erfolg von Degradierungszeremonien, in: Gruppendynamik 5, S. 77–83.

Gebert, D./Rosenstiel, L. v. (Hg.) (1993): Organisationspsychologie. Stuttgart.

Gehlen, A. (1958): Die Seele im technischen Zeitalter. Reinbek.

– (1961): Anthropologische Forschung. Reinbek.

– (1975): Urmensch und Spätkultur, Frankfurt/M.

Goffman, E. (1973): Asyle. Frankfurt/M.

– (1977): Rahmen-Analyse. Frankfurt/M.

– (1988): Wir alle spielen Theater. Selbstdarstellung im Alltag. München.

Gregory, K. L. (1983): Native-view paradigms: Multiple cultures and culture conflicts in organizations, in: Administrative Science Quarterly 28, S. 359–376.

Green, A. (1975): The Analyst, Symbolization and Absence in the analytic Setting, in: Int. J. Psychoanal. 56, S. 1–22.

Guggenbühl-Craig, A. (1971): Macht als Gefahr beim Helfer. Basel.

Haeberle, B. (1994): Zur Funktion des Settings in der psychoanalytischen Teamsupervision, in: H. Becker (Hg.): Psychoanalytische Teamsupervision. Göttingen, S. 26–50.

Häfner, H. (1966): Ein sozialpsychologisch-psychodynamisches Modell als Grundlage für die Behandlung symptomarmer Prozeßschizophrenien, in: Sozialpsychiatrie, Bd. 1, S. 33–45 u. S. 88–93.

Hagemann-White, C. (1993): Die Konstrukteure des Geschlechts auf frischer Tat ertappen? in: Feministische Studien 11, S. 68–79.

Hagemann-White, C./Rerrich, M. S. (Hg.) (1988): FrauenMännerBilder. Bielefeld.

Hare-Mustin, R. T./Maracek, J. (Hg.) (1990): Making a Difference Psychology and the Construction of Gender. New Haven–London.

Hasenfeld, Y. (Hg.) (1992): Human services as complex organizations. London–New Delhi.

Haubl, R./Lamott, F. (Hg.) (1994) Handbuch Gruppenanalyse. Quintessenz, München.

Heigl-Evers, A./Heigl, F. (1973): Gruppenpsychotherapie: interaktionell – tiefenpsychologisch fundiert (analytisch orientiert) – psychoanalytisch, in: Gruppenpsychother. Gruppendyn. 14, S. 310–325.

Heigl-Evers, A./Hering, A. (1970): Die Spiegelung einer Patientengruppe durch eine Therapeuten-Kontrollgruppe, in: Gruppenpsychother. Gruppendyn. 4, S. 179–190.

Heinecke, H. (1995): Das triadische Ballett: Überlegungen zur Team-Supervision, in: Triangel-Institut für Supervision und Gruppenerfahrung (Hg.): Familie–Gruppe–Institution. Hille, S. 55–62.

Heintel, P. / Krainz, E. E. (1991): Führungsprobleme im Projektmanagement, in: Rosenstiel, L. v., u. a. (Hg.): Führung von Mitarbeitern. Handbuch für erfolgreiches Personalmanagement. Stuttgart, S. 327–335.

Hertzler, O. (1946): Social Institutions. Lincoln.

Hirschhorn, L. (1988): The workplace within. Cambridge.

Hodgson, R. C. u. a. (1965): The executive role constellation: An analysis of personality and role-relations in management. Cambridge.

Horkheimer, M. / Adorno, Th. W. (1956): Soziologische Exkurse, in: Institut für Sozialforschung. Frankfurt / M.

Husserl, E. (1987): Cartesianische Meditationen. Hamburg.

Janssen, P. L. / Quint, H. (1977): Stationäre und analytische Gruppenpsychotherapie im Rahmen einer neuropsychiatrischen Klinik, in: Gruppentherap. Gruppendynamik 11, S. 221–243.

Janssen, P. L. (1987): Psychoanalytische Therapie in der Klinik. Stuttgart.

Jones, M. (1962): Social Psychiatry. Springfield.

– (1976): Prinzipien der therapeutischen Gemeinschaft. Bern.

Jüttemann, G. (Hg.) (1990): Komparative Kasuistik. Heidelberg.

Jung, D. (1993): Das Experiment Frauenbewegung – Strukturen der politischen Praxis von Frauen, in: Rieger, R. (Hg.): a. a. O., S. 23–39.

Katz, E. 1955: Skills of an effective administrator, in: Harvard Business Review 33, S. 33–42.

Kayser, H. / Krüger, H. / Veltin, A. / Zumpe, V. (1973): Das therapeutische Team, in: H. Kayser (Hg.): Gruppenarbeit in der Psychiatrie. München, S. 46–97.

Keller, E. F. / Moglen, H. (1990): Gefallene Engel, Frauen in der Wissenschaft, in: Miner, V. / Longino, H. E. (Hg.), Konkurrenz. Ein Tabu unter Frauen. München, S. 14–34.

Kernberg, O. F. (1978): Borderline-Störungen und pathologischer Narzißmus. Frankfurt / M.

– (1988): Innere Welt und äußere Realität. München–Wien.

– (1994): Übereinstimmungen und Unterschiede in der zeitgenössischen psychoanalytischen Technik, in: Forum Psychoanalyse 10, S. 296–314.

Kersting, H. J. / Krapohl, L. (1990): Teamsupervision: Eine Problemskizze. In: Pühl, H. (Hg.): Handbuch der Supervision. Berlin, S. 149–160.

Kets de Vries, M. F. (1980): Organizational paradoxes. London–New York.

– (Hg.) (1984): The irrational executive. Psychoanalytic explorations in management. New York.

– (1989): Prisoners of leadership. New York.

– (Hg.) (1991): Organizations on the couch: Clinical perspectives on organizational behavior and change. San Francisco.

– (1993): Leaders, fools, and impostors. San Francisco.

Kets de Vries, K./Miller, D. (1985): Organisationspathologien und Management-Neurose, in: Management Forum, Bd. 5.

Keupp, H. (1994): Ambivalenzen postmoderner Identität, in: Beck, U./ Beck-Gernsheim, E. (Hg.): a. a. O., S. 336–353.

Kieper-Wellmer, M. (1993): Wo Frauen unter sich sind. Überlegungen zur Struktur, Beziehung und Macht in frauendominierten sozialpäd. Einrichtungen, in: Derichs-Kunstmann, K. (Hg.): Frauen lernen anders. Theorie und Praxis der Weiterbildung für Frauen, Bielefeld, S. 79–89.

Kind, J. (1992): Suizidal. Die Psychoökonomie einer Suche. Göttingen.

Kluckhohn, F. R./Strodtbeck, F. L. (1961): Variations in value orientations. Evenston.

Klüwer, R. (1983): Agieren und Mitagieren, in: Psyche 37, S. 828–840.

König, K. (1982): Der interaktionelle Anteil der Übertragung in Einzelanalyse und analytischer Gruppenpsychotherapie, in: Gruppenpsychother. Gruppendyn. 18, S. 76–83.

– (1991): Praxis der psychoanalytischen Therapie. Göttingen.

– (1993): Gegenübertragungsanalyse. Göttingen.

König, K./Kreische, R. (1991): Psychotherapeuten und Paare. Göttingen.

König, K./Lindner, W. (1992): Psychoanalytische Gruppenpsychotherapie. Göttingen.

Körner, J. (1984): Neuere Überlegungen zum psychoanalytischen Übertragungskonzept und seine Anwendungen in der Supervision sozialberuflich Tätiger, in: Supervision 6, S. 61–72.

Kohut, H. (1973): Narzißmus. Frankfurt/M.

Koppert, C. (Hg.) (1993): Glück, Alltag und Desaster. Über die Zusammenarbeit von Frauen. Berlin.

Koppert, C./Lindberg, D. (1993): Projekte der Moderne. Zu zwanzig Jahren feministischer Zusammenarbeit, in: Koppert, C. (Hg.): a. a. O., S. 76–101.

Kotthoff, H. (1993): Kommunikative Stile, Asymmetrie und »Doing Gender«. Fallstudien zur Inszenierung von Expertinnen in Gesprächen, in: Feministische Studien 11, S. 76–96.

Kreische, R. (1985): Kollektive Verleugnung und kollektive Ideologisierung als kombinierte Abwehrform, in: Gruppenpsychother. Gruppendyn. 20, S. 356–367.

Kutter, P. (1985): Die unbewußte Bedeutung von Institutionen, in: Management Forum 5, S. 25–32.

– (1990): Das direkte und indirekte Spiegelphänomen, in: H. Pühl (Hg.): Handbuch der Supervision, Berlin, S. 291–301.

– (1994): Spiegelungen und Übertragungen in der Supervision, in: H. Pühl (Hg.): Handbuch der Supervision 2, Berlin, S. 52–62.

Langmaack, B./Braune-Krickau, M. (1985): Wie die Gruppe laufen lernt. Anregungen zum Planen und Leiten von Gruppen. Weinheim/Basel.

Lapassade, G. (1975): Der Landvermesser. Stuttgart.

Lapassade, G./Loreau, R. (1971): Clefs pour la sociologie. Paris.

Lawrence, P. R./Lorsch, J. W. (1969): Organization and environment, Homewood, III.

Leithäuser, T./Volmerg, B. (1988): Psychoanalyse in der Sozialforschung. Opladen.

Leitungsberatung (Themenheft) (1990): Rolle der Leiter in organisationsbezogenen Beratungsprozessen. Supervision, 17.

Leuschner, G. (1995): Macht von Frauen und Männern in sozialen Institutionen aus der Sicht eines Gruppendynamikers und Supervisors. In: Bauer, A./Gröning, K. (Hg.): Institutionsgeschichten/Institutionsanalysen. Tübingen, S. 203–219.

Leuzinger-Bohleber, M. (1995): Die Einzelfallstudie als psychoanalytisches Forschungsinstrument, in: Psyche 49, S. 434–480.

Levinson, Harry (1968): The exceptional executive: a psychological conception. Cambridge, Mass.: Harvard Univ. Pr., 1970.

Lexikon zur Soziologie (hg. von W. Fuchs-Heinrich u. a.) (1994): »Macht«. Opladen.

Lorenzer. A. (1970): Sprachzerstörung und Rekonstruktion. Frankfurt/M.

– (1985): Der Analytiker als Detektiv, der Detektiv als Analytiker, in: Psyche 39, S. 1–11.

Luborsky, L. (1988): Einführung in die analytische Psychotherapie. Berlin–Heidelberg–New York.

Luhmann, N. (1964): Funktionen und Folgen formaler Organisation. Berlin.

– (1968): Zweckbegriff und Systemrationalität. Über die Funktion von sozialen Systemen. Tübingen.

– (1991): Wie lassen sich latente Strukturen beobachten, in: P. Watzlawick/P. Krieg (Hg.), Das Auge des Beobachters. München.

Macalpine, I. (1950): The development of the transference, in: Int. J. Psychoanal. 19, S. 501–539.

Maccoby, M. (1976): The Gamesman. New York.

– (1981): The Leader. New York.

– (1989): Warum wir arbeiten. Motivation als Führungsaufgabe. Frankfurt/M.

Malinowski, B. (1975): Eine wissenschaftliche Theorie der Kultur. Frankfurt/M.

Mallach, H. J./Schlenker, G./Weiser, A. (1993): Ärztliche Kunstfehler. Eine Falldarstellung aus Praxis und Klinik sowie ihre rechtliche Wirkung. Stuttgart–Jena–New York.

Manthey, H. (1993): Verordnetes Wohlbefinden oder Der neue Man(n)ager auf der Suche nach Authentizität, in: Zeitschrift für Frauenforschung 4, S. 33–46.

Mastenbroek, W. (1993): Conflict Management and Organization Development. Chichester.

Matakas, F. (1988): Psychoanalyse in der Anstalt, in: Psyche 42, S. 132–158.

Mayntz, R. (1967): Soziologie der Organisation. Reinbek.

Mentzos, S. (1976): Interpersonale und institutionalisierte Abwehr. Frankfurt/M.

Menzies-Lyth, I. (1989): The Dynamics of the Social. London.

– (1991): Eine psychoanalytische Betrachtung sozialer Institutionen, in: E. Bott-Spilius (Hg.), Melanie Klein heute, Bd. 2. Weinheim, S. 379–400.

Mertens, W. (1993): Einführung in die psychoanalytische Therapie. Stuttgart–Berlin–Köln.

Metz-Göckel, S. (1993): Frauen in akademischen Berufen. Wie sie kooperieren, konkurrieren und sich aus dem Wege gehen, in: Rieger, R. (Hg.): a. a. O., S. 128–147.

Meyer, A. E. (1993): Nieder mit der Novelle als Psychoanalysedarstellung. Hoch lebe die Interaktionsgeschichte, in: U. Stuhr/F. W. Denecke (Hg.): Die Fallgeschichte. Beiträge zu ihrer Bedeutung als Forschungsinstrument. Heidelberg.

Miller, E. J./Rice, A. K. (1967): Systems of organization. London.

Mintzberg, H. (1989): Über Management. Mythos und Realität, Führung und Organisation. Wiesbaden.

Müller, U. (1993): Sexualität, Organisation und Kontrolle, in: B. Aulenbacher/M. Goldmann (Hg.): a. a. O., S. 97–115.

Nelson, D. L./Quick, J. Q./Joplin, J. R. (1991): Psychological Contracting and Newcomer Socialization: An Attachment Theory Foundation, in: P. Perewe (Hg.): Handbook on Jobstress. Corte Madeira.

Neuberger, O. (1980): Führung und Macht. Entwurf einer »Alltagstheorie der Führung«, in: Reber, G. (Hg.), Macht in Organisationen. Stuttgart, S. 151–179.

– (1991): Mikropolitik, in: Rosenstiel, L. v., u. a. (Hg.): Führung von Mitarbeitern. Handbuch für erfolgreiches Personalmanagement. Stuttgart, S. 35–42.

Nevis, E. C. (1988): Organisationsberatung. Ein gestalttherapeutischer Ansatz. Köln.

Oberhoff, B. (1994): Der frühkindliche Symbiose-Separationsprozeß in seiner Bedeutung für ein Konzept kreativen Lernens in der Supervision, in: Supervision 25, S. 75–87.

– (1995): Die Foulkes'sche Gruppenmatrix im Lichte der Säuglingsforschung, in: Gruppenpsychotherap. Gruppendynamik, 3.

Oevermann, U. (1993): Struktureigenschaften supervisorischer Praxis – Exemplarische Sequenzanalyse des Sitzungsprotokolls der Supervision eines psychoanalytisch-orientierten Therapie-Teams im Methodenmodell der objektiven Hermeneutik, in: Bardé, B./Mattke, D. (Hg.): Therapeutische Teams. Göttingen, S. 141–269.

Pascale, R. T./Athos, A. G. (1981): Japanese Management. New York.

Parin, P./Parin-Matthey, G. (1978): Der Widerspruch im Subjekt, in: P. Parin (1992), Der Widerspruch im Subjekt. Hamburg.

Parsons, T. (1975): Gesellschaften. Evolutionäre und komparative Perspektiven. Frankfurt/M.

Peters, T. J./Waterman, R. H. (1983): Auf der Suche nach Spitzenleistungen. Landsberg/Lech.

Pohlen, M./Kauß, E./Wittmann, L. (1979): Der therapeutische Raum als psychotherapeutisches Behandlungsprinzip im klinischen Feld, in: Heigl-Evers, A. (Hg.), Die Psychologie des 20. Jahrhunderts, Bd. VIII. Zürich, S. 919–927.

Popitz, H. (1992): Phänomene der Macht. Tübingen.

Poppe, H. G. (1991): Sand im Getriebe. Zur Problematik der alternden Institution, in: Gruppenpsychother. Gruppendyn. 27, S. 37–46.

Pühl, H. (1989): Alternativprojekte: Der Kollektivmythos als Chef, in: Supervision 15. S. 15–27.

– (Hg.) (1990): Handbuch des Supervision. Berlin.

– (1990a): Erstkontakt, Beginn und Nachfrageanalyse in der Team-Supervision, in: H. Pühl, (Hg.), Handbuch der Supervision. Berlin, S. 161–174.

– (1991): Institutionen als Orte der Angstbindung und -mobilisierung, in: N. Lippenmeier (Hg.), Beiträge zur Supervision, Bd. 7. Kassel, S. 57–74.

– (1992): Supervision als praktische Ethnopsychoanalyse, in: Supervision 22, S. 38–45.

– (Hg.) (1994): Handbuch der Supervision 2. Berlin.

– (1994a): Angst in Gruppen und Institutionen. Hille.

– (1995): Der Institutionelle Mythos, in: A. Bauer/K. Gröning (Hg.): Institutionsgeschichten, Institutionsanalyse. Tübingen, S. 70–79.

– (1995a): Das allgegenwärtige Dreieck, in: Triangel-Institut für Supervision und Gruppenerfahrung (Hg.), Familie–Gruppe–Institution: Die Vielfalt in der Dreiheit. Hille, S. 7–27.

– (1996): Von der Gruppenmatrix zur Institutionsmatrix, in: Arbeitshefte Gruppenanalyse 2/95, S. 60–73.

Pühl, H./Schmidbauer, W. (1991): Supervision und Psychoanalyse. Frankfurt/M.

Raguse, H. (1988): Psychoanalytische Teamsupervision, oder: Der Psychoanalytiker als Teamsupervisor, in: Supervision 14, S. 38–49.

Rappe-Giesecke, K. (1994): Supervision. Gruppen- und Teamsupervision in Theorie und Praxis. Berlin–Heidelberg–New York.

- (1994a): Gruppensupervision und Balintgruppenarbeit, in: H. Pühl (Hg.): Handbuch der Supervision 2. Berlin, S. 72–84.

Rau, H. (1994): Wenn der Chef geht, in: OSC 1, S. 55–68.

Reinhardt, R. (1993): Das Modell organisationaler Lernfähigkeit und die Gestaltung lernfähiger Organisationen. Frankfurt/M.–Berlin–Bern–New York–Paris–Wien.

Rice, A. K. (1963): The Enterprice and its Environment. London.

- (1965): Learning for Leadership. London.

- (1969): Individuals, group and intergroup process, in: Human Relations 22, S. 565–584.

Rieger, R. (Hg.) (1993): Der Widerspenstigen Lähmung? Frauenprojekte zwischen Autonomie und Anpassung. Frankfurt/M.

- (1995): Thesen zur Psychodynamik in Frauengruppen und -projekten, in: Triangel-Institut für Supervision und Gruppenerfahrung (Hg.): Familie–Gruppe–Institution. Hille, S. 71–75.

Rioch, M. J. (1970a): The work of Alfred Bion on groups, in: Psychiatry 33, S. 56–66.

- (1970b): Group relations: Rationale and techniques, in: Int. Journal of Group Psychotherapy 10, S. 340–355.

Rive, A. K. (1976): Individual, Group and Intergroup Processes, in: E. J. Miller (Hg.): Task and Organisation. London.

Rohde, J. J. (1974): Soziologie des Krankenhauses. Stuttgart.

Rohde-Dachser, Ch. (1985): Frauen als Psychotherapeuten. Das Janusgesicht der Emanzipation im Helfermilieu, in: Frühmann, R. (Hg.): Frauen und Therapie. Paderborn, S. 53–71.

Roloff, Ch. (1993): Weiblichkeit und Männlichkeit im Feld der Technik. Zum Erwerb technischer Kompetenz, in: B. Aulenbacher/M. Goldmann (Hg.): a. a. O., S. 47–71.

Rommelspacher, B. (1992): Mitmenschlichkeit und Unterwerfung. Zur Ambivalenz der weiblichen Moral. Frankfurt/M.

Rudnitzki, G./Voll, R. (1991): Institution als Tagesveranstaltung. Erfahrungen im Spannungsfeld zwischen aktuellem Auftrag und der Aphasie der Institution von gestern, in: Gruppenpsychother. Gruppendynamik 27, S. 141–152.

Sachsse, U. (1989): Psychotherapie mit dem Sheriff-Stern, in: Gruppenpsychother. Gruppendynamik 28, S. 158–168.

Sackmann, S. (1992): Culture and Subcultures: An Analysis of Organizational Knowledge, in: Administrative Science Quarterly 37, S. 140–161.

Sandler, J. (1976): Gegenübertragung und Bereitschaft zur Rollenübertragung, in: Psyche 30, S. 297–305.

- (1982): Unbewußte Wünsche und menschliche Beziehungen, in: Psyche 36, S. 59–74.

Sathe, V. (1983): Implications of corporate culture, in: Organizational Dynamics 2, S. 5–23.

Schachter, S. (1959): The psychology of affiliation. Experimental studies of the Sources of gregariousness. Stanford.

Schaub, H. A. / Schwall, H. J. (1992): Institution und Supervision: Auf dem Wege zu einem Supervisionskonzept, in: Gruppenpsychother. Gruppendyn. 28, S. 158–168.

Scheffler, S. (1985): Zur Entwicklung selbst organisierter Frauenprojektgruppen. in: Frühmann, R. (Hg.), Frauen und Therapie. Paderborn, S. 151–164.

– (1991): Supervision in selbstorganisierten sozialen Projekten, in: pro familia magazin 6.

– (1993): Wer ist denn nun das schönste Aschenputtel?, in: Frauenberatung Wien (Hg.), Zusammenspiel und Kontrapunkt Frauen Team Arbeit. Wien, S. 41–57.

– (Hg.) (1995): Das Geschlecht läuft immer mit. Alibifrauen, Führungsstile und Management, Geschlechterdifferenz und Supervision.

Schein, E. H. (1984): Coming to a new awareness of organizational culture, in: Sloane Management Review 25, S. 4–10.

Schein, E. (1985): Organisational culture and leadership. London.

Schelsky, H. (1965): Über die Stabilität von Institutionen, in: ders.: Auf der Suche nach der Wirklichkeit. Düsseldorf–Köln.

– (Hg.) (1970): Zur Theorie der Institution. Düsseldorf.

Schepank, H. / Tress, W. (Hg.) (1988): Die stationäre Psychotherapie und ihr Rahmen. Berlin–Heidelberg–New York.

Schick, M. / Wittwer, W. (1992): Lehr- und Wanderjahre für Weiterbildner. Ein neues Bildungskonzept für berufliche Bildungsexperten. Stuttgart.

Schmidbauer, W. (1977): Die hilflosen Helfer. Reinbek.

Schmidt, M. (1986): Institutionelle Veränderung in der Geschichte eines Jugendheimes. Soziologische Diss. Universität Bonn.

Schöttler, C. (1981): Zur Behandlungstechnik bei psychosomatisch schwer gestörten Patienten, in: Psyche 35, S. 111–141.

Schreyögg, A. (1992): Supervision. Ein integratives Modell. Paderborn.

– (1993): Prozesse der Organisationsentwicklung von FPI/EAG, Kultur- und Strukturanalyse, in: Petzold, H./Sieper, J. (Hg.): Integration und Kreation, Bd. I. Paderborn.

– (1994a): Die Supervision von Therapiesystemen als moderne Form der Organisationsberatung – am Beispiel von stationären Einrichtungen der Suchtkrankenhilfe, in: Wilke, F.-C. (Hg.): Supervision – aus der Praxis für die Praxis. Bonn.

– (1994b): Supervisionsausbildung im »Mulit-Kulti-Setting«, in: OSC 2, S. 185–191.

– (1995): Organisationskulturen von Human Service Organisations, in: OSC 1, S. 15–35.

Schreyögg, G. (1987): Unternehmenskultur (Video-Film). Wiesbaden.

– (1989a): Zu den problematischen Konsequenzen starker Unternehmenskulturen, in: Zfbf 2, S. 49–113.

– (1989b): Unternehmenskultur (Video-Film). Wiesbaden.

Schülein, J. A. (1987): Theorie der Institution. Eine dogmengeschichtliche und konzeptionelle Analyse. Opladen.

Schultz, D. (1990): Das Geschlecht läuft immer mit ... Die Arbeitswelt von Professorinnen und Professoren. Pfaffenweiler.

Schwanold, B. / Anderson, S. / Sachsse, U. (1987): Erst Feuer und Flamme – dann ausgebrannt?, in: Deutsche Krankenpflegezeitschrift 10, S. 6–20.

Schwediauer, K. (1984): Alltag im Steinhof. Leben in einer psychiatrischen Großanstalt. Böhlau–Wien–Köln–Graz.

Schweitzer, H. u. a. (1976): Über die Schwierigkeit, soziale Institutionen zu verändern. Frankfurt / M.

Schwendter, R. (1991): Totale Institutionen, in: Gestalt und Integration, S. 64–71.

Schwing, G. (1940): Ein Weg zur Seele der Geisteskranken. Zürich.

Scobel, W. A. (1991): Was ist Supervision? Göttingen.

Selvini Palazzoli, M. u. a. (1984): Hinter den Kulissen der Organisation. Stuttgart.

Sherif, M. (1962): Intergroup Relations and Leadership. New York.

– (1966): Group Conflict and Cooperation. Their Social Psychology. London.

Shrivastava, P. (1985): Integrating strategy formulation with organizational culture, in: Journal of business strategy 5, S. 103–111.

Sichtermann, A. (1993): Auf der Suche nach dem Glück in Frauenprojekten. Eine Streitschrift, in: Rieger, R. (Hg.): a. a. O., S. 83–100.

Siegrist, J. (1978): Arbeit und Interaktion im Krankenhaus. Enke, Stuttgart.

Sievers, B. (1985): Rollen und Beratung in Organisationen, in: Supervision 7, S. 41–62.

Staats, H. (1992): Psychoanalytisch-interaktionelle Gruppentherapie mit manisch-depressiv Kranken, in: Gruppenpsychother. Gruppendyn. 28, S. 356–370.

Staats, H. / Leichsenring, F. / König, K. (1995): Ideologiebildung auf psychiatrischen Stationen, in: Gruppenpsychother. Gruppendyn. 2.

Steinmann, H. / Schreyögg, G. (1993): Management. Wiesbaden.

Stone, L. (1973): Die psychoanalytische Situation. Frankfurt / M.

Strauß, B. (1992): Empirische Untersuchungen zur stationären Gruppenpsychotherapie: eine Übersicht. Gruppenpsychother. Gruppendynamik 28, S. 125–149.

Strauß, B., M. Burgmeier-Lohse (1994): Stationäre Langzeitgruppentherapie. Ein Beitrag zur empirischen Psychotherapieforschung im stationären Feld. Asanger, Heidelberg.

Summer, W. G. (1906): Kolkways. Boston.

Summer, W. G. / Keller, A. G. (1927): The Science of Society, Bd. 1–4. New Haven.

Szasz, Th. (1960): The Myth of Mental Illness, in: American Psychologist 15, S. 113–118.

Tausk, V. (1919): Über die Entstehung des »Beeinflussungsapparates« in der Schizophrenie, in: Internationale Zeitschr. für Psychoanalyse 5, S. 1–33.

Thiel, H.-U. (1994): Fortbildung von Leitungskräften in pädagogisch-sozialen Berufen. Ein integratives Modell für Weiterbildung, Supervision und Organisationsentwicklung. Weinheim–München.

Thomä, H. / Kächele, H. (1995): Lehrbuch der psychoanalytischen Therapie. Berlin–Heidelberg–New York.

Tress, W. / Ehl, M. (1987): Die stationäre psychoanalytische Behandlung bei schweren Störungen der Persönlichkeit, in: Psychiatrische Praxis 14, S. 115–120.

Trimborn, W. (1983): Die Zerstörung des therapeutischen Raumes. Das Dilemma stationärer Psychotherapie bei Borderline-Patienten, in: Psyche 3, S. 204–236.

Troschke, J. v. (1983): Konsequenzen bei Kunstfehlern, in: Troschke, J. v. / Schmidt, H. (Hg.): Ärztliche Entscheidungskonflikte. Falldiskussionen aus rechtlicher, ethischer und medizinischer Sicht. Stuttgart, S. 185–198.

Türk, K. (1976): Grundlagen einer Pathologie der Organisation. Stuttgart.

Veltin, A. (1966): Die Einstellung und Aufgaben des Behandlungsteams in der therapeutischen Gemeinschaft, in: Dt. Zentralblatt für Krankenpflege 11, S. 485–491.

Volk, W. (1980): Reflexionen zu den Einstellungen und Wünschen des Klinikpersonals in der stationären Psychotherapie, in: Praxis der Psychotherapie und Psychosomatik 25, S. 251–258.

Watzlawick, P. (1983): Anleitung zum Unglücklichsein. München.

Watzlawick, P. / Beavin, J. H. / Jackson, D. D. (1989): Menschliche Kommunikation. Bern.

Weber, M. (1956): Wirtschaft und Gesellschaft, Bd. I. Tübingen.

– (1976): Wirtschaft und Gesellschaft, Grundriß der verstehenden Soziologie, 2. Halbbd. Tübingen.

Weigand, W. (1990): Analyse des Auftrages in der Team-Supervision und Organisationsberatung, in: G. Fatzer / C. D. Eck (Hg.), Supervision und Beratung. Köln, S. 311–326.

- (1990a): Interventionen in Organisationen: Ein Grenzgang zwischen Teamsupervision und Organisationsberatung, in: Pühl, H. (Hg.): Handbuch der Supervision. Berlin, S. 175–193.
- (1994): Teamsupervision: Ein Grenzgang zwischen Supervision und Organisationsberatung, in: H. Pühl (Hg.): Handbuch der Supervision 2. Berlin. S. 112–131.

Weinert, A. (1987): Lehrbuch der Organisationspsychologie. München–Weilheim.

Wellendorf, F. (1994): Supervision als Institutionsanalyse und zur Nachfrageanalyse, in: H. Pühl (Hg.): Handbuch der Supervision 2. Berlin, S. 26–36.

Willi, J. (1975): Die Zweierbeziehung. Reinbek.

Willke, H. (1987): Strategien der Intervention in autonome Systeme, in: Baecker, D. u. a. (Hg.): Theorie als Passion – Niklas Luhmann zum 60. Geburtstag. Frankfurt/M.

Wimmer, R. (1993): Zur Eigendynamik komplexer Organisationen, in: Fatzer, G. (Hg.): Organisationsentwicklung für die Zukunft. Köln, S. 255–308.
- (1993): Zur Eigendynamik komplexer Organisationen: Sind Unternehmungen mit hoher Eigenkomplexität noch steuerbar?, in: G. Fatzer (Hg.): Organisationsentwicklung für die Zukunft. Köln, S. 255–308.

Wittwer, W. (1995): Betriebliche Weiterbildung und berufsbiographische Krisenbewältigung, in: Arnold, R. (Hg.): Betriebliche Weiterbildung zwischen Bildung und Qualifizierung. Frankfurt/M., S. 55–70.

Wolf, M. (1994): Institutionsanalyse in der Supervision, in: H. Pühl (Hg.): Handbuch der Supervision 2. Berlin, S. 132–151.
- (1995): Stellvertretende Deutung und stellvertretende Leitung. Funktionen und Kompetenzen des psychoanalytischen Teamsupervisors, in: J. Becker (Hg.), a. a. O., S. 126–178.

Wolf, M./Bardé, B. (1994): Coaching für die Leitung. Zum Verhältnis von Supervision und Organisationskultur. Mabuse 90, S. 35–42.

Wolff, E. (1977): Konzept einer Kooperation bei institutioneller Therapie und Erziehung, in: Psychiatrische Praxis 4, S. 77–85.

Namen- und Sachregister

(Die Namen aus dem Literaturverzeichnis wurden nicht aufgenommen)

Geist und Psyche

Begründet von Nina Kindler 1964

Psychoanalyse

Raymond Battegay
**Psychoanalytische
Neurosenlehre**
Eine Einführung
Band 12233

Bruno Bettelheim
**Aufstand gegen
die Masse**
Band 42217
**Die Geburt des
Selbst. The Empty
Fortress**
Erfolgreiche
Therapie autisti-
scher Kinder
Band 42247

Heinrich Deserno
**Die Analyse
und das Arbeits-
bündnis**
Kritik eines
Konzepts
Band 12131

Anna Freud
**Zur Psychoanalyse
der Kindheit**
Band 11519
**Das Ich und
die Abwehr-
mechanismen**
Band 42001

Merton M. Gill
**Die Über-
tragungsanalyse**
Theorie und
Technik
Band 12528

Wolfgang Harsch
**Die psychoanaly-
tische Geldtheorie**
Band 12665

Karen Horney
**Neue Wege in der
Psychoanalyse**
Band 11595
Selbstanalyse
Band 12571

Robert Langs
**Die psycho-
therapeutische
Verschwörung**
Band 11719

Ludger Lütkehaus
**Psychoanalyse
ohne Zukunft?**
Band 12635

Abraham A. Maslow
**Psychologie
des Seins**
Band 42195

Stavros Mentzos
**Neurotische Kon-
fliktverarbeitung**
Band 42239
Hysterie
Band 42212

Herausgegeben von
Stavros Mentzos
Angstneurose
Band 42266

Fischer Taschenbuch Verlag